Die tierischen Verführer
Auf Safari durch den Dschungel der Werbung

Deutsches Werbemuseum e. V.

WERBE-ZIRKUS

Impressum
Ausstellung und Katalog

Projektteam

Projektleitung:
Dr. Michael Peters
Petra Kockerbeck

Projektmanagement:
Heinz-Michael Bache, Hans-Jörg Beck-Folten, Peter Brocker, Eva Erfert, Annette v. Pelser, Joachim Kellner, Marianne Kral, Ulrich Kurth, Werner Lippert, Lothar S. Leonhard, Hans-Joachim v. Schön-Angerer, Rainer Scholze, Peter Skroch

Ausstellung

Ausstellungsorganisation:
Bien & Giersch Projektagentur GmbH (Berlin)

Recherchen:
Helmut M. Bien (Wiesbaden/Berlin)
Ute Brüning (Berlin)
Dr. Ulrich Giersch (Berlin)
Annette Leonhard (München)
Bettina Schaschke (Berlin)
Dr. Karin Westermann (Frankfurt/M)

Einrichtungsleitung:
Helmut M. Bien
Christoph Steeger (Köln)

Restauratorische Beratung:
Stefan Böhmer (Berlin)
Valerian J. Wolenik (Königstein/Ts.)

Realisation:
Helmut Bien (Moers)
Monika Brock (Viersen)
Dr. Ulrich Giersch
Jörg Münstedt (Wiesbaden)
Museumstechnik GmbH (Berlin)
Sabine Seyerlein (Frankfurt/M)
Angelika Prenzel (Wuppertal)
Sabine Wannemacher (Wiesbaden)

Video-Produktion:
Studio Pieper Video & TV-Produktion (Nidderau)

Ausstellungsort:
Zoologischer Garten Frankfurt
Dr. Christoph Scherpner

Katalog

Katalog-Herausgeber:
Heinz-Michael Bache
Dr. Michael Peters

Redaktion:
Helmut M. Bien
Dr. Ulrich Giersch
Dr. Karin Westermann

Grafische Konzeption und Beratung:
Theres Weishappel, Inken Greisner, Büro für Gestaltung (Berlin)

Katalog-Realisation:
Stefan Knaab (Marburg)
Mechthild Schönknecht (Frankfurt/M)
Ulrike Springer (Frankfurt/M)

Fotographie:
Marianne Franke (München)
Sigrid Schmidt (Leipzig)
Ursula Seitz-Gray (Frankfurt/M)
Horst Ziegenfusz (Frankfurt/M)

Lithographie:
Blöink Reprotechnik GmbH (Darmstadt)
reprotechnik D. Wörn & Co. (Frankfurt/M)

Druck:
Gottlob Volkhardtsche Druckerei (Amorbach)

Verlag:
Westermann-Kommunikation
Naumannstraße 4, W-1000 Berlin 62

1. Auflage, September 1992
Printed in Germany
ISBN 3-928710-04-4

Die Deutsche Bibliothek – CIP-Einheitsaufnahme

Die tierischen Verführer : Auf Safari durch den Dschungel der Werbung ;
[Ausstellungsort: Zoologischer Garten Frankfurt]
[Hrsg.]; Deutsches Werbemuseum e. V.; Zoologischer Garten >Frankfurt, Main< / Deutsches Werbemuseum e. V.
Hrsg. : Heinz-Michael Bache ; Michael Peters. – 1. Auflage – Berlin : Westermann-Kommunikation, 1992
ISBN 3-928710-04-4
NE: Bache, Heinz-Michael

Herausgeber:

Heinz-Michael Bache
Dr. Michael Peters

Die tierischen Verführer

Auf Safari
durch
den
Dschungel
der
Werbung

Deutsches
Werbemuseum e.V.

Impressum
Ausstellung und Katalog

Deutsches Werbemuseum e.V.
Postadresse
Elbinger Straße 1
6000 Frankfurt/M 90

Sponsoren der Ausstellung:

apetito Restauration GmbH & Co. KG (Frankfurt/M)
Beck-Folten, Albert Werbeagentur GmbH (Karben)
büro actuell e.G. (Frankfurt/M)
Deutsche Städte-Reklame GmbH (Frankfurt/M)
Druckhaus Becker (Ober-Ramstadt)
ECG TV Studios GmbH (Frankfurt/M)
E. Gundlach GmbH & Co. KG (Oerlinghausen)
ELEKTRA Versicherungs-AG (Frankfurt/M)
G.C.I. Ringpress GmbH (Frankfurt/M)
GGK Werbeagentur GmbH (Frankfurt/M)
GKR Unternehmensberatung GmbH (Frankfurt/M)
Gruner + Jahr GmbH & Co. (Frankfurt/M)
Joachim Fritz (Bad Soden)
Joachim Kellner Unternehmensberatung GmbH (Frankfurt/M)
Kaufmann & Partner Veranstaltungsservice GmbH (Frankfurt/M)
Lippert Wilkens Partner GmbH (Düsseldorf)
Marabuwerke GmbH & Co. (Tamm)
Media Frankfurt GmbH (Frankfurt/M)
Michael Conrad & Leo Burnett GmbH & Co. KG (Frankfurt/M)
Dr. Mussler & Partner GmbH (Frankfurt/M)
Ogilvy & Mather GmbH & Co. KG (Frankfurt/M)
O.K. Kopie GmbH (Frankfurt/M)
O/R/T/ Creative Lithographie (Krefeld)
reprotechnik D. Wörn & Co. (Frankfurt/M)
Schiweck & Partner Veranstaltungsservice (Frankfurt/M)
Studio Pieper Video & TV-Produktion (Nidderau)
TYPO Profis GmbH (Frankfurt/M)
Young & Rubicam GmbH (Frankfurt/M)
Zanders Feinpapiere AG (Bergisch Gladbach)
Zoologischer Garten (Frankfurt/M)

Inhaltsverzeichnis

9 Heinz-Michael Bache, Dr. Michael Peters
Die tierischen Verführer – Prolog und Dank

13 Helmut M. Bien
Werbers Tierleben – Warum Werbung mit Tieren ankommt

14 **Vom Totem zum Logo – Ein Gespräch mit Prof. Bazon Brock**

24 **Zwitter – Tiermenschen und Menschentiere in der Werbung**

25 **Analogien: Werbung mit Tieren, die „einleuchtet"**

26 **Aus einer Mücke einen Elefanten machen – Das Verhältnis von Groß und Klein**

27 **Mythentiere – Schutzmarken und Bannzeichen**

28 **Tierzeichen als Schutzsymbole – Gasthausschilder und Hotel-Werbung**

30 **Tante Emmas Werbe-Zoo – Tiere in Email**

32 **Litfaß-Tierwelt: Historische Plakate aus dem Archiv der Deutschen Städte-Reklame**

34 Simone Schneider-Tippach
Von der Illustration zur Fotographie: Zur Geschichte der Tier-Darstellung

42 **Angekommene Tiere: eine Giraffe, zehn Fuß hoch....**
Werbung für den Zoologischen Garten Frankfurt/M

44 **Tiere im Zirkus: Alles Nähere wird durch Plakat bekannt gemacht...**
Aus den Beständen der Plakatsammlung des Historischen Museums Frankfurt/M

47 Dr. Karin Westermann
Vom schlauen Fuchs und dem Froschkönig: Die ewig junge Lust am Fabulieren

55 Horst Ziegenfusz
Großwildjagd im Reich der Mythen

59 Annette Leonhard
Tier-Motive in der Werbung: Überblick und Analyse

80 Sibylle Langenkamp
Im Zeichen des Panda – der World Wide Fund For Nature

85 **Der Tele-Zoo / Das ABC der Tiere:**
Adler, Affe, Bär, Camel, Elefant (Text: Dr. Stephan Oettermann), Ente, Frosch, Fuchs, Gans, Hanimals, Hase, Hirsch, Huhn, Hund (Text: Dieter Vorsatz), Insekten (Text: Dieter Vorsatz), Katze, Kriechtiere, Krokodil, Kuh, Löwe, Maus, Nager, Nilpferd, Pelikan, Pfau, Pferd, Pinguin, Raubkatze, Saurier, Schaf, Schlange, Schwan, Schwein, Vögel

199 Michael K. Wustrack
Die Bedeutung des Vogels für die Luftfahrt – Mythos und Realität, Symbol und Emblem

Die Redaktion dankt für Texte, Materialien, Abbildungen und Hinweise:

Reinhard Abels (Spiess Ermisch Abels, Düsseldorf), **Mark Ankerstein** (Young & Rubicam, Frankfurt/M), **Yvette Aeppli** (Young & Rubicam, Frankfurt/M), **Jürgen Assmann** (Lintas:Hamburg), **Astrid Böning** (Spiess Ermisch Abels GmbH, Düsseldorf), **Herr Braun** (Young & Rubicam, Frankfurt/M), **Karin Berendson** (McCann-Erickson Frankfurt/M), **Oliver Beuning** (Lintas:Hamburg), **Ute Bartel** (Heye + Partner, Unterhaching), **Uwe Braun** (Lowe, Lürzer, Frankfurt/M), **Sven A. Crone** (BMZ, Düsseldorf), **Frederika Dubusschere** (Hoechst AG, Frankfurt/M), **Karin Dicke** (Dicke & Partner, Dortmund), **Sabine Eisenreich** (Eiler & Riemel, München), **Wilfried Engbrox** (Eurocom Advertising, Düsseldorf), **Bettina Flögel** (Wagner Ufer und Compagnie, Frankfurt/M), **Carola Feucht** (Boebel, Adam/BBDO, Frankfurt/M), **Fred Fransen** (Philips, Eindhoven (NL), **Helga Falkenstein** (DF&H, Frankfurt/M), **Klaus Dieter Flachsbarth** (Pragma Werbung, Heilbronn), **Oliver Freigang** (documenta GmbH, Kassel), **Peter Gubrinski** (Borsch, Stengel & Partner, Frankfurt/M), **Christa Guerrero** (!Eureka!, Düsseldorf), **Marion Goldmann** (Grey Düsseldorf), **Marita Godtmann** (Michael Conrad & Leo Burnett, Frankfurt/M), **Wolfgang Greiner** (Salamander, Kornwestheim), **Bernhard Grötschel** (J. Walter Thompson, Frankfurt/M), **Jens Hagström** (Young & Rubicam, Frankfurt/M), **Claudia Hoppe** (von Mannstein, Solingen), **Dr. Dieter Hebestreit** (M.S. & L., Düsseldorf), **Florian von Hornstein** (ServicePlan, München), **Gerald Heinecke** (Michael Conrad & Leo Burnett, Frankfurt/M), **Herr Hepp** (Löwenbräu, München), **Jürgen Hopf** (Salamander, Kornwestheim), **Jutta Hönsch** (McCann-Erickson, Frankfurt/M), **Karen Hoffmeister** (DMB&B, Hamburg), **Klaus Hartmann** (Michael Conrad & Leo Burnett, Frankfurt/M), **Manfred Hager** (Advico Young & Rubicam, Zürich), **Petra Hendricks** (Hildmann + Schneider, Düsseldorf), **Dagmar Junkers** (BBDO, Düsseldorf), **Harald Jäger** (Gramm, Düsseldorf), **Roswitha Joschko** (Mast-Jägermeister AG, Wolfenbüttel), **Herr Jürgens** (Publicis-Vicom, Frankfurt/M), **Herr Kesselring** (Agenta, Münster), **Anette Kraft** (TBWA, Frankfurt/M), **Delle Krause** (Ogilvy & Mather, Frankfurt/M), **Eva-M. Kalker** (BBDO, Düsseldorf), **Carolin Kerscher** (Grey Düsseldorf), **Hans-Jörg Knott** (Lowe,Lürzer, Düsseldorf), **Herr Kamins** (Stuttgarter Allgemeine Versicherungs AG), **Peter Kieweg** (Lesch+Frei, Zürich), **Jeanette Kohl** (Michael Conrad & Leo Burnett, Frankfurt/M), **Jürgen F. Kahles** (Textkalibur, Baden-Baden), **Jürgen Karl** (Young & Rubicam, Frankfurt/M), **Peter Kusche** (Agip Deutschland AG, München), **Birgit Ludwig** (Lintas:Hamburg), **Herr Lünstroth** (JK Werbeagentur, Bad Oeynhausen), **Marion Lietke** (Lintas:Hamburg), **Sibylle Langenkamp** (WWF-Deutschland, Frankfurt/M), **Bärbel Moore** (Qantas Airways, Frankfurt/M), **Ellen Medenwold** (Springer & Jacoby, Hamburg), **Herr Möser** (Young & Rubicam, Frankfurt/M), **Ingrid Müller** (Lowe, Lürzer, Düsseldorf), **Wolfgang Müller** (J. Lambert Coldewey, Bremen), **Peter Mihm** (Henninger Bräu AG, Frankfurt/M), **Waldemar Meister** (Leonhardt & Kern, Stuttgart), **Ingrid Niemeier** (Herrwerth & Partner, München), **Silke Niehaus** (RSCG, Butter, Rang, Düsseldorf), **Carlos Obers** (RG Wiesmeier, München), **Manfred Ohling** (Hildmann + Schneider, Düsseldorf), **Nicola Oppermann** (Jacob Suchard, Bremen), **Olaf Oldigs** (Scholz & Friends, Hamburg), **A. Pretzsch** (Internationales Woll-Sekretariat, Düsseldorf), **Michael Pakenius** (Ogilvy & Mather, Frankfurt/M), **Bernd Pfeil** (Young & Rubicam, Frankfurt/M), **Andrews Prasser** (Springer & Jacoby, Hamburg), **Gisela Piost** (Lintas:Hamburg), **Herr Pape** (JK Werbeagentur, Bad Oeynhausen), **Herr Preiswerk** (McCann-Erickson, Frankfurt/M), **Hilger Prast** (Ernst & Partner, Düsseldorf), **Susanne Peitgen** (Yello-Sport, Köln), **Sybilla Pütz** (Agenta, Münster), **Uwe Peters** (J. Walter Thompson, Frankfurt/M), **Carola Romanus** (Ogilvy & Mather, Frankfurt/M), **Dietmar Reinhard** (Ogilvy & Mather, Frankfurt/M), **H. Rudolf** (Deutsche Bundesbahn, Mainz), **Inge Reuhl** (BMZ, Düsseldorf), **Marion Reinhardt** (Schwan-Stabilo, Nürnberg), **Uwe Romeike** (Ogilvy & Mather, Frankfurt/M), **Wolfgang Sasse** (Knopf, Nägeli, Schnakenberg, Hamburg), **Susanne Schmitz** (Young & Rubicam, Frankfurt/M), **Werner Spieker** (Pelikan, Hannover), **Angela Stöcker** (Hildmann, Simon, Rempen & Schmitz, Düsseldorf), **Bettina Scheufele** (RTS Rieger Team, Leinfelden-Echterdingen), **Dietmar Schonert** (Löhlein & Schonert, Berlin), **Herr Sievers** (McCann-Erickson, Hamburg)), **Burkhard Strauf** (Die Werbe Euro-Advertising GmbH, Düsseldorf), **Gisela Stadtmüller** (Leonhardt & Kern, Stuttgart), **Janet Selman** (EMI Electrola, Köln), **Jürgen Schug** (Saatchi & Saatchi, Frankfurt/M), **Klaus Sielker** (DMB&B, Hamburg), **Sabine Speckamp** (Ogilvy & Mather, Frankfurt/M), **Thomas Schaaf** (TBWA, Frankfurt/M), **Ulrich Schäfer** (AOK-Bundesverband, Bonn), **Andreas Uthmann** (Schott Glaswerke, Mainz), **Heidi Umland** (J. Lambert Coldewey, Bremen), **Andrea Wark** (RSCG, Butter, Rang, Düsseldorf), **Bernt Weber** (Commerzbank, Frankfurt/M), **Frau Werkmann** (DSR, Frankfurt/M), **G. Wittmann** (Allgäuer Alpenmilch AG, München), **Heike Wimmershoff** (Ogilvy & Mather, Frankfurt/M), **Horst Wackerbarth** (Düsseldorf), **Ilona Wartke** (Young & Rubicam, Frankfurt/M), **Sabine Zapp** (Debis Marketing Services, Frankfurt/M)

Heinz-Michael Bache, Dr. Michael Peters

Die tierischen Verführer

Prolog und Dank
Vorstand des Deutschen Werbemuseums e.V.

Heinz-Michael Bache mit Pascha vom Eselswald (Charly) und Dr. Michael Peters mit Siegfried Kralle (Siggi)

„Wir Spinnen", „Elefanten ins Büro!", „Wem gehört der Schwanz!", „Die Kuh ist weg!", „Wenn aus Mükken Elefanten werden", oder einfach „Tierisch!" Ein paar Beispiele für aktuelle Anzeigen-Claims, die zeigen, daß die diesjährige große Jahresausstellung des ambulanten Deutschen Werbemuseums mit dem Thema „Tiere in der Werbung" einen kapitalen Hirsch geschossen hat. Das Thema liegt im Trend. Wir sind stolz wie die Pfauen und könnten glatt ein Rad schlagen, daß wir rechtzeitig die Witterung aufgenommen haben, um diese Fährte zu verfolgen.

Anläßlich des Kommunikationsmarktes Frankfurt/M führen wir dem erlauchten Publikum die Heiligen Kühe der Werbung, ihre Tanzbären, weißen Schimmel, schnatternden Gänse, schlauen Füchse und röhrenden Hirsche vor. Daß wir diesen Werbezirkus in einem echten, berühmten und bedeutenden Zoo veranstalten dürfen, läßt uns einen Documenta-würdigen Schwanengesang anstimmen.

Hoffentlich haben wir uns bei unseren Gastgebern auf der Frankfurter Arche Noah nicht aufgeführt wie Elefanten im Porzellanladen, so daß man dort das Werbemuseum für ein Trojanisches Pferd hält. Wir jedenfalls fühlen uns wie unschuldige Lämmer und freuen uns über diese Konferenz der großen und kleinen Tiere. Heute, am Tage der Eröffnung, wird ein neues Kapitel aufgeschlagen im Dschungelbuch der Werbung.

Ein blindes Huhn findet auch mal ein Korn. Diese Ausstellung ist schon unser drittes. Nach der Ausstellung „Spurensicherung – 40 Jahre Werbung in der DDR" und den „Werbefiguren – Geschöpfe der Warenwelt", die sich in Hamburg, Berlin und Düsseldorf als Publikumsmagneten erwiesen haben, wollen wir es jetzt wissen: Sind Frankfurts Große Tiere nun daran interessiert, ein Werbemuseum in ihrem Revier zu halten oder nicht. Wir frechen Spatzen pfeifen es mit den Bremer Stadtmusikanten von den Dächern: „Etwas besseres als den Tod finden wir überall". Also: Die Kuh muß jetzt vom Eis. Schluß mit der Känguruh-Politik: Große Sprüche – nichts im Beutel!

Bevor wir nun auf die vollbrachte Arbeit mit einem „Pack den Tiger in den Tank!" anstoßen, wollen wir danksagen:

- den Firmen, Privatpersonen und Agenturen, die Ausstellungsmaterial eingereicht haben und ihren Mitarbeitern, die so spontan wie begeistert in ihren Archiven und Dokumentationen recherchiert haben;
- vor allem aber dem Frankfurter Zoo, der seine Pforten für diese exotisch anmutende Inszenierung geöffnet hat. Besonderer Dank gilt Herrn Dr. Richard Faust, der das Deutsche Werbemuseum mit offenen Armen auf seiner Arche Noah empfangen hat, Herrn Dr. Christoph Scherpner und besonders Herrn Günther Benthin und Herrn Klaus Steinert, die uns organisatorisch in jeder Weise unterstützt haben;
- dem Historischen Museum Frankfurt/M, dem Archiv der Deutschen Städte-Reklame (München), Frau Dr. Johanna Agthe vom Museum für Völkerkunde (Frankfurt/M) und Herrn Dr. Hermann Dannheimer von der Prähistorischen Staatssammlung/Museum für Vor- und Frühgeschichte in München für ihre Leihgaben sowie den privaten Leihgebern Marianne und Roman Franke (München);
- schließlich den Kolleginnen und Kollegen im Vorstand, die diese dritte Ausstellung nun in schon fast routinierter Weise auf den Weg gebracht haben;
- und zuguterletzt allen Sponsoren, ohne deren Großzügigkeit so manche Idee nicht Wirklichkeit geworden wäre.

Dank an die Unterstützer

Historische Exponate:
Archiv der Deutschen Städte-Reklame GmbH, München
Emailschilder-Privatsammlung, Wiesbaden
Marianne und Roman Franke, München
Historisches Museum, Frankfurt/M
Luftfahrthistorische Sammlung der Flughafen Frankfurt Main AG
Museum für Völkerkunde, Frankfurt/M
Pelikan-Werke, Hannover
Prähistorische Staatssammlung / Museum für Vor- und Frühgeschichte, München
Schwan-Stabilo Schwanhäußer GmbH & Co., Nürnberg

Arbeitsbeispiele für die Werbung mit Tieren:
AHLEN: Kaldewei GmbH
ALBSTADT: Groz-Beckert Nadelfabriken
BAD OEYNHAUSEN: JK Werbeagentur GmbH
BADEN-BADEN: Agentur Textkalibur
BERLIN: Bankhaus Löbbecke & Co., Löhlein & Schonert Werbeagentur GmbH
BONN: AOK – Die Gesundheitskasse, Bundesverband
BREMEN: Jacob Suchard Erzeugnisse GmbH & Co. KG, J. Lambert Coldewey Werbeagentur, Vitakraft-Werke Wührmann & Sohn KG
DORTMUND: Dicke & Partner GmbH
DÜSSELDORF: BBDO Werbeagentur, Die Werbe Euro-Advertising GmbH, DMB&B D'Arcy Masius Benton & Bowles, !Eureka! GmbH, Ernst & Partner Werbeagentur GmbH, GRAMM Werbeagentur, Grey Düsseldorf GmbH & Co. KG, Henkel KGaA, Hiepler, Valencise, Wackerbarth, Hildmann + Schneider Werbeagentur, Hildmann, Simon, Rempen & Schmitz/SMS Werbeagentur GmbH, Informationszentrum Weißblech e.V., Internationales Woll-Sekretariat, Lowe, Lürzer GmbH Werbeagentur, M.S. & L. Werbeagentur GmbH, RSCG, Butter, Rang GmbH, Spiess Ermisch Abels GmbH Werbeagentur, Team/BBDO GmbH Werbeagentur, Theodorus Niemeyer Holland, Tabak GmbH,
EINBECK: Hans Feierabend GmbH
EINDHOVEN (NL): Philips Eindhoven, Publicis FCB
FRANKFURT/M: A.B.S. Werbeagentur GmbH, Alexander Demuth GmbH, Binding-Brauerei AG, Boebel, Adam/BBDO, Borsch, Stengel & Partner GmbH, Commerzbank AG, DF & H Werbeagentur GmbH, Debis Marketing Services GmbH, Deutsche Lufthansa AG, Deutsches Tapeteninstitut GmbH, DMB & B D'Arcy Masius Benton & Bowles, Dresdner Bank, Duvendack Guenther Kersten Werbeagentur GmbH, Hoechst AG, IZE – Informationszentrale der Elektrizitätswirtschaft e.V., J. Walter Thompson GmbH, Lowe, Lürzer GmbH Werbeagentur, McCann-Erickson Frankfurt GmbH, Merz Pharma GmbH & Co., Michael Conrad & Leo Burnett GmbH & Co. KG, Neckermann Versand AG, Nestlé Deutschland AG, Ogilvy & Mather GmbH & Co. KG, Publicis-Vicom Werbeagentur GmbH, Saatchi & Saatchi Advertising GmbH, TBWA Tragos Bonnange Wiesendanger Ajroldi GmbH, Umweltstiftung WWF-Deutschland, Wagner Ufer und Compagnie Werbung GmbH, Wensauer-DDB Needham Worlwide GmbH, Young & Rubicam GmbH
FULDA: Gummiwerke Fulda GmbH
HAMBURG: B.A.T. Cigarettenfabriken GmbH, BB&G Werbeagentur GmbH, Citizen Watch Europe, Deutsche Immobilien Fonds AG, DMB & B D'Arcy Masius Benton & Bowles, Esso AG, Holsten-Brauerei AG, Knopf, Nägeli, Schnakenberg Werbeagentur GmbH, Lever GmbH, Lintas:Hamburg GmbH, Springer & Jacoby, Team/BBDO Hamburg GmbH Werbeagentur, Tempo, Jahreszeiten-Verlag GmbH, Vorwerk und Buchholz GmbH, Umweltclub der Umweltstiftung A.U.G.E.
HEILBRONN: Pragma Werbung GmbH
KASSEL: documenta GmbH
KLEVE: Elefanten-Schuh GmbH
KÖLN: Citröen Deutschland AG, EMI Electrola Deutschland, Express Verlag Neven DuMont Schauberg, Ford Werke AG, R.J. Reynolds Tobacco GmbH, REWE-Zentral AG, Toyota Deutschland GmbH, Verband der privaten Krankenversicherungen e.V., Werbeagentur Robert Pütz, Yello-Sport GmbH
KORNWESTHEIM: Salamander AG
KRONACH: Löwe Opta GmbH
KRONBERG: Braun AG
KÜNZELSAU: Mustang Bekleidungswerke GmbH & Co.
LEINFELDEN-ECHTERDINGEN: RTS Rieger Team Werbeagentur GmbH
LENNINGEN: Papierfabrik Scheufelen GmbH & Co. KG
LICH: Licher Privatbrauerei
MAINZ: Chemische Werke Werner & Mertz, Deutsche Bundesbahn, Deutsches Weininstitut GmbH, Sat 1/Satelliten Fernsehen GmbH, Schott Glaswerke
MANNHEIM: BASF AG, PWA Waldhof GmbH,
MÜNCHEN: Agip Deutschland AG, Allgäuer Alpenmilch AG, Eiler & Riemel GmbH, Freundin / Burda Verlag, H & P Herwerth & Partner-Gruppe, Löwenbräu AG, Philip Morris RG Wiesmeier Werbeagentur GmbH, Sanyo Büro Elektronic Vertriebs GmbH, ServicePlan Werbeagentur KG Marketing GmbH, Wienerwald GmbH
MÜNSTER: Agenta Werbeagentur GmbH & Co. KG
NEW YORK (USA): Lintas:New York
NIEDER OLM: Eckes AG,
NÜRNBERG: rtv Deutscher Supplement Verlag
OVERATH: Soennecken e.G.
RÜSSELSHEIM: Adam Opel AG
SCHWÄBISCH HALL: Bausparkasse Schwäbisch Hall AG
SCHWALBACH: Procter & Gamble GmbH
SIDNEY (Australien): Qantas Airways Ltd.
SOLINGEN: von Mannstein Werbeagentur GmbH
SOLOTHURN (CH): Bruppacher & Partner AG
STUTTGART: Allgemeine Stuttgarter Versicherung AG, Hetzel-Reisen GmbH, Kodak AG, Leonhardt & Kern Werbung GmbH, Mercedes Benz AG, Südmilch AG, Verlag Das Beste GmbH
UNTERHACHING: Heye + Partner GmbH Werbeagentur
VERDEN: Effem GmbH
WALDBUCH: Alfred Ritter GmbH & Co. KG
WEINSTADT: Fernet Branca Privatweinbrennerei Jacoby KG
WIESBADEN: Remy Deutschland, GmbH
WOLFENBÜTTEL: Mast-Jägermeister AG
WÜNNENBERG-HAAREN: Peacock Computer GmbH
WUPPERTAL: Boros Werbung
ZÜRICH (CH): Advico Young & Rubicam, Jean Frey AG, Lesch + Frei Werbeagentur, Ruedi Wyler Werbung, Tagesanzeiger AG

Produkt:
Verband der privaten Krankenversicherungen e.V., Köln
Agentur:
M.L. & S. Werbeagentur GmbH, Düsseldorf
Laufzeit:
seit 1991
Medium:
Print

Wer mit der EUROCARD bezahlt, zeigt, daß er mit Geld gut umgehen kann.
EUROCARD
5232 1600 0000 0000
MasterCard
Wann haben *Sie* eine?

Helmut M. Bien

Werbers Tierleben

Warum Werbung mit Tieren ankommt

Wer mit Tieren wirbt, hat schon einmal eine Menge Sympathien auf seiner Seite. Das hat die Wirkungsforschung eindeutig ergeben. Zu diesem Thema eine Ausstellung zu machen, hat auch etwas damit zu tun, weitere Sympathisanten für das im Aufbau befindliche Deutsche Werbemuseum zu interessieren. Über diesen gewünschten Nebeneffekt hinaus geht es bei der Ausstellung darum, über Werbung, ihre Wirkungsweise und ihre kulturgeschichtliche Bedeutung und Vielschichtigkeit zu informieren.

Das Thema „Tiere in der Werbung“ ist dazu besonders geeignet, weil es sich bei diesem Motiv um die Geschichte des ältesten Bildmotives der Menschheit handelt. Die ältesten auf uns gekommenen Bildwerke des Menschen, die Wandbilder in der Höhle von Lascaux, stellen Tiere dar. Dazu schreibt Georges Bataille in seinem Buch „Lascaux oder die Geburt der Kunst“: „Die Zeugnisse nämlich, die uns diese Menschen, die vor so vielen Jahrtausenden gelebt haben, von ihrer bezaubernden Welt hinterlassen haben, beschränken sich fast ausschließlich auf die Darstellungen von Tieren. Mit einer Art von unvorstellbarem Glück haben diese Menschen von Lascaux uns fühlbar gemacht, wie sehr auch sie uns ähnlich waren, indem sie die Darstellung des Tierhaften hinterlassen, das sie soeben überwunden hatten; es war, als hätten sie sich vor dem wachsenden Zauber des Tierischen schützen wollen, den sie nun verloren hatten.“ Diesen Augenblick der Menschwerdung des Menschen erzählen die verschiedenen Schöpfungsmythen wie auch die Bibel in der Geschichte von der Vertreibung aus dem Paradies. Vom Baum der Erkenntnis zu essen, grenzt die Menschen aus dem Naturkreislauf aus und zwingt sie dazu, Kulturwesen zu werden. Fortan ist der Mensch beides: Kultur- und Naturwesen. Es sind die zwei Seelen in seiner Brust, die miteinander auszusöhnen den Treibstoff aller Utopien des Menschen ausmacht.

Die Werbung ist das Medium einer Utopie des Diesseits. Ihre Bilder stellen das Prinzip Hoffnung dar, das Paradies auf Erden zu verwirklichen. In dem Bestreben, die größtmögliche Aufmerksamkeit zu erregen und sich mit den besten Gedächtnisankern im Bewußtsein der Konsumenten festzusetzen, bezieht sie die animalische Qualität, die Naturhaftigkeit des Menschen mit ein. Ihre Bilder zielen darauf, mit Reizen Handlungsimpulse zu provozieren. Die Darstellung von Tieren, die beim Betrachter Brutpflegeimpulse nach dem von dem Verhaltensforscher

AOK-Evolution
Produkt: **AOK-Die Gesundheitskasse**
Agentur: **Lowe, Lürzer GmbH Werbeagentur, Düsseldorf**
Laufzeit: **1990**
Medium: **Plakat**

MEISTERSTÜCK

Produkt:
Grand Marnier
Marnier Lapostolle,
Paris
Agentur:
RG Wiesmeier
Werbeagentur
GmbH,
München
Laufzeit:
1989 bis heute
Medium:
Print

Konrad Lorenz gefundenen „Kindchen-Schema" auslösen, gehören ebenso dazu, wie die Vielzahl von einprägsamen Firmen-Logos, die sich über eine lange Kette von heraldischen Adelswappen bis zu den Totemtieren und Stammessymbolen zurückverfolgen lassen, unter deren Schutz man sich begibt und die der Heimat Namen und Zeichen geben.

Heutzutage ist die Werbung zur bildermächtigsten Utopie geworden. Denn die Entwürfe und Utopien eines besseren Lebens auf Erden, die bislang von der Religion, der Philosophie und den großen Ideologien des 20. Jahrhunderts genährt wurden, haben ihre Faszinationskraft eingebüßt und sich weitgehend als Auslaufmodelle erwiesen. Der utopische Treibstoff, das Streben nach Glück, einem erfüllten und beschützten Leben aber ist geblieben und der Bildermacht der Werbung wie eine reife Frucht in den Schoß gefallen.

Die Wirkungsmacht der Werbung liegt darin, die großen Weltdeutungen und Entwürfe vom besseren Leben auf pragmatisch erreichbare Ziele zu simplifizieren, zu trivialisieren und zu banalisieren, anders ausgedrückt: jedermann verständlich und erreichbar zu machen und auf den Erwerb von Waren und Dienstleistungen zuzuspitzen. „Zwangsläufig macht sie aus den großen Mythen der Menschheit Trivialmythen, aus den Utopien Trivialutopien. Wo sie Hand anlegt, wird im Interesse der Verwirklichung alles Allzutiefe flach und alles Allzugroße klein, denn das Flache und Kleine sind die Formen des Überlebens. Die Werbung ist das Ende der Dinosaurier des Geistes; ihre Geschöpfe sind vielleicht Kleinvieh, das auch Mist macht; aber sie sind beim „survival of the fittest" in der Realität mit Sicherheit dabei", schreibt Oskar Cöster in „Ad'Age – Der Himmel auf Erden".

Diese Überlebensfähigkeit, die sich aus dem Simplen, Banalen und Trivialen speist, hat die Werbung bislang weitgehend aus der Kulturgeschichtsschreibung ausgeblendet, weil deren Autoren sich paradoxerweise vor der Beschäftigung mit dem scheinbar Trivialen noch immer fürchten. Dabei ist es eine Tatsache, daß wir vieles über die Kultur untergegangener Welten nicht wüßten, wenn sich die Archäologen nicht um scheinbar Unwichtiges und Weggeworfenes gekümmert hätten, sozusagen nicht aus dem Müll die damaligen Verhältnisse rekonstruiert hätten. Mit der Werbung und ihren äußerst flüchtigen Zeitdokumenten verhält es sich ähnlich. Ihre Betrachtung ergibt ein sehr genaues Bild der Gesellschaft und ihrer Träume, ein mehr oder minder verschlüsseltes Bild des gewöhnlichen Alltags und seiner Sehnsüchte.

Werbung spiegelt in ihren „öffentlichen Bildern" die Wünsche und Bedürfnisse der Gesellschaft, der Zeitgeist suffliert ihr Themen, Motive und Stimmungen. Die Werbung findet die entsprechenden Helden, Formeln und Vorbilder dazu. Zeitgeist und Werbung sind kommunizierende Röhren, sie schaukeln sich wechselseitig hoch, bestätigen einander und verstärken sich gegenseitig.

Die Kreativität von Werbung liegt weniger darin, gänzlich Neues zu schaffen, sondern aus dem Steinbruch der Magie, den heiligen Schriften, Sagen und Märchen, den Nationalepen und der Ideengeschichte die kostbarsten Ingredienzien auszuwählen, sie zu zerkleinern und in homöopathischen Dosen zu verabreichen mit dem Ziel, für das kleine Glück der größtmöglichen Zahl zu sorgen. Werbung benutzt die Mythen und aktualisiert sie, setzt sie auf mehr oder minder ästhetisch ansprechende Weise in Szene.

Wer die Journale und Illustrierten der letzten Jahre aufmerksam durchblättert, aufmerksam die Kino- und Fernsehwerbung verfolgt, stößt auf zahllose Anzeigen mit Tieren als Key-Visuals und Protagonisten der Handlung. Ihre Zahl ist sprunghaft angestiegen, während sich zum Beispiel die Anzeigen-

Produkt:
Grand Marnier
Marnier Lapostolle,
Paris
Agentur:
RG Wiesmeier
Werbeagentur
GmbH,
München
Laufzeit:
1989 bis heute
Medium:
Print

Motive mit direktem oder indirektem sexuellen Inhalt auf dem Rückzug befinden.

Hier zeichnet sich ein Trend ab, die Magie und den Mythos des menschlichen Lebens wiederzubeleben, zu den lange Zeit verschütteten Quellen zurückzukehren – „back to the roots!" – , der sich auch in anderen Bereichen des öffentlichen Lebens bemerkbar macht. Die Praktiken der Naturmedizin sind dabei, neben der aufwendigen Apparatemedizin zu ihrem Recht zu kommen, die esoterische Literatur erobert die Bestsellerlisten, die Ökologie zwingt dazu, sich der Kostbarkeit der Ressourcen der Erde bewußt zu werden.

Auch Werbekampagnen wie die von „United Colors of Benetton" oder die „Come together"-Kampagne von *Peter Stuyvesant* zehren von dem Bewußtsein, daß wir alle in einem „global village" leben, in dem nur ein harmonisches Miteinander das Überleben aller sichern kann.

In dieses Versprechen vom Paradies auf Erden sind gerade die Tiere als die Mitgeschöpfe des Menschen einbezogen. Sie verkörpern geradezu die Faszination vom Leben im Einklang mit der Natur. Die Geschmeidigkeit und instinktive Sicherheit ihrer Bewegungen, ihr fester Platz in der Hierarchie der Natur, die die Evolution des Lebens geschaffen hat, ihr Leben in freier Wildbahn lassen sie die Utopie vom anderen, besseren Leben symbolisieren. Diesen Image-Transfer sucht die Werbung für ihre Produkte zu bewerkstelligen.

Werbung mit Tieren arbeitet mit der anthropologischen Tiefendimension des menschlichen Lebens. Denn Tiere symbolisieren die Archetypen des kollektiven Unterbewußtseins.

Alle Menschen teilen eine Sprache – die der Mythen: Die Träume antiker wie moderner Menschen sind in der gleichen Sprache geschrieben – der Symbolsprache. Es ist die einzige universelle Sprache, die die Menschheit als eine Art Seelen-Esperanto je entwickelt hat und die für alle Kulturen im Verlauf der Geschichte die gleiche ist. Symbole sind Spiegel der Seele. Erich Fromm formuliert es so: „Das wichtigste Merkmal der Kultur, die Sprache, ist die Vorbedingung für jede menschliche Leistung. Man hat den Menschen mit Recht als das Symbole schaffende Tier bezeichnet, denn ohne unsere Fähigkeit zur Sprache könnten wir kaum als Menschen bezeichnet werden."

Symbole wie zum Beispiel die Tierkreiszeichen verkörpern die charakterlichen Eigenschaften des Einzelnen. Tieramulette wie Hasenpfoten schützen vor Mißgeschicken und Unglücken, Maskottchen verkörpern Gruppen-Identitäten. In den Tiersymboliken sind jahrtausende alte Menschheitserfahrungen gespeichert, die von der Werbung abgerufen werden. Tierdarstellungen gehören zu den universellen Symbolen der Menschheit, zu denen alle Angesprochenen unmittelbaren Zugang haben. Symbole, die nur wenige kulturelle und sprachliche Barrieren kennen.

Die Werbung mit Tieren verschafft nicht nur Zugang zu den Herzen der Konsumenten, sondern öffnet auch den Zugang zu den Märkten anderer Kulturkreise und überspringt mühelos Sprachbarrieren.

Tierdarstellungen, die sich mit einem Produkt verbinden, wie zum Beispiel bei der *Shell*-Muschel, dem *Lufthansa*-Kranich oder dem *Camel*-Dromedar, dem *Jaguar* oder dem *Lacoste*-Krokodil, lassen für Generationen „innere Bilder" der Marke bei den Konsumenten entstehen. Innere Bilder sind konkrete visuelle Vorstellungen, die sich im Gedächtnis festsetzen und jederzeit abgerufen werden können. Der entscheidende Vorteil, den die Werbung hier nutzt, läßt sich darauf zurückführen, daß Bilder stärker sind als sprachliche Vorstellungen. Schon die alten Griechen wußten um diese Mnemotechnik, daß im Gedächtnis verfügbare Bilder schneller und leichter auf Entscheidungen und Handlungen durchschlagen als Worte und Namen.

Werbung nutzt Tiermotive so wie einst der listenreiche Odysseus sein hölzernes Pferd vor die uneinnehmbaren Stadttore Trojas rollen ließ. Neugierig öffneten die Trojaner die Tore und brachten das hölzerne Pferd in die Stadt. Des Nachts stiegen die griechischen Krieger aus dem Bauch des Pferdes und eroberten im Handstreich die Stadt, die sie jahrelang nicht hatten einnehmen können. Die Werbung hält es ähnlich wie der schlaue Odysseus: indem sie das Interesse an den Tieren nutzt, bringt sie auch die Produkte unter die Leute.

Vom Totem zum Logo

Ein Gespräch mit Prof. Bazon Brock

Redaktion: Die ersten Tierdarstellungen, die wir kennen, stammen aus den Höhlen von Lascaux. Welche kulturanthropologische Bedeutung haben solche Tierdarstellungen überhaupt. Wie wichtig sind sie für die Entwicklung des Menschen als Kulturwesen?

Bazon Brock: Bei den Stier-Darstellungen in Lascaux handelt es sich um eine Art von Antizipation des Jagens; diese prähistorische Gemeinschaft der Clanmitglieder in Lascaux lernt also anhand dieser Tierdarstellungen das gemeinsame Jagdgeschäft. Dieses Lernen ist zugleich auch ein Beschwören, ein sich Vertrautmachen, ein sich Einstellen, vergleichbar mit dem Verhalten von Fußballmannschaften, die sich vor dem Spiel kennenzulernen versuchen. Jeder Spieler sieht vor dem Match Videos von seinem Gegenspieler, lernt dessen Tricks, Eigentümlichkeiten, Bewegungsformen. So ähnlich lief das auch in Lascaux ab. Man machte sich vertraut mit den Tieren, mit ihren Gewohnheiten. Die zweite Bedeutungsebene berührt den Aspekt der Versöhnung mit den Naturgeistern, den animistischen Kräften in den Tieren. Weil man sie jagte, also tötete, ist die Darstellung eine Art Kompensation für das Töten, das Verschwinden des Tieres. Das getötete Tier lebt in der Darstellung weiter. Es wird gleichsam musealisiert, würde man heute sagen. Was man vernichtet, wird kompensatorisch abbittend und ausgleichend erhalten, indem man es eben ins Museum stellt, die Natur, die Tiere, die alten Kulturzeugnisse usw. Daß man sie im Museum, also in der Darstellung aufbewahrt, ist dann die Entlastung von dem Schuldvorwurf, daß man es vernichtet und getötet hat. Die Tierdarstellungen sind in diesem Sinne auch eine Art von Versöhnung und Danksagung.

Das Dritte wäre, was im Totemismus der nordamerikanischen und kanadischen Indianer untersucht wurde, daß die Darstellung gleichzeitig die Garantie der Übertragung von Kräften ist. Die Dar-

Produkt: **Katapult-Karrieremagazin**
Agentur: **Ruedi Wyler Werbung, Zürich**
Laufzeit: **1990**
Medium: **Print**

stellung des Adlers, des Bären, des Elches, des Bibers ist gleichzeitig eine Übertragung von dessen Eigenschaften und Kräften. Die Bewunderung der tierischen Sozietäten beruhte darauf, daß sie den Menschen in sich stabil erschienen. Weil in menschlichen Gemeinschaften das nicht ohne weiteres funktioniert – die Instinktbindung ist aufgehoben – hatten die Tiere den menschlichen Gemeinschaften zumindest das voraus.

Die Stammesgemeinschaften haben offensichtlich versucht, durch die Übernahme eines Totemtieres, also des Clanzeichens, auch das enge soziale Bindungsverhalten zu übernehmen oder zu beschwören, das die Tiersozietäten bestimmt.

Die Tiere waren nicht nur Nahrungsquelle, sondern auch vorbildliche Nutzer der natürlichen Ressourcen. Die Indianer sahen, daß die Tiere sich optimal an die Jahreszeiten, an das Klima, an die Futterquellen anpassen konnten. Man lernte also auch von den Tieren. Die Menschen hatten größere Schwierigkeiten, Dürreperioden, Winter und ähnliches zu überleben. Am Beispiel der Tiere sahen sie, daß es offenbar irgendwie möglich war, denn die kamen ja als Art immer wieder vor. Also verwandelte man sich selber auch in ein Tier, die Clans verwandelten sich dann in Totemgemeinschaften, um auf die gleiche Weise die schweren Prüfungen der Nahrungsknappheit, der extremen Winter- oder Sommerklimata zu überwinden. So anpassungsfähig, so stark, so instinktsicher zu sein wie die Tiere, das hieß natürlich auch, Fähigkeiten zu besitzen, die die Menschen nicht hatten, also zum Beispiel die Fähigkeit der Vögel zu fliegen, der Huftiere, schnell zu laufen, der Biber, sich in einem für den Menschen lebensfeindlichen Terrain, zum Beispiel im Sumpf, zu behaupten, exakte geschickte Bauten zu errichten, funktionstüchtig zu sein, kurz: die Tiere konnten im einzelnenmehr als die Menschen.

Durch die Totemübertragung beschwor man etwas von dieser Kraft, dieser Schnelligkeit, dieser Flugfähigkeit, dieser Orientierungs- und Anpassungsfähigkeit, dieser Überlebensfähigkeit der Tiere, um es sich selber anzueignen. Man steigerte im Grunde seine eigenen, ziemlich schwachen Kräfte.

Sicher ist dann auch fünftens noch von Bedeutung, daß die menschlichen Gemeinschaften Schwierigkeiten hatten mit der Sicherung von Territorien. Sie bekämpften sich in Stammesfehden, und wenn die einzelnen Clans oder größeren Gruppen auf tieranaloges Verhalten ausgerichtet wurden, dann bestand zumindest eine gewisse Chance, das Zusammenleben der verschiedenen Clans möglich zu machen wie ja auch die Tiergattungen in der Natur koexistieren.

Johanna's Selbstgespräch, Plakat 1903, Company Lith. Dept. Buffalo, Archiv der Deutschen Städte-Reklame (DSR), München

REDAKTION: Sind diese Totemtiere, diese ersten Leitbild-Prägungen für Gesellschaftsorganisationen, in unsere Kultur eingegangen ?

BAZON BROCK: In unsere Kulturgeschichte ist der Totemismus metaphorisch eingegangen. Bekanntestes Beispiel ist der Löwe als König der Tiere und damit die Analogsetzung von König und Löwe, dem herrschaftlichsten und kräftigsten Tier. Diese Analogien haben sich verselbständigt, denn es gab ja nicht nur eine Identifikations- oder eine Übertragungsrichtung zwischen Mensch und Tier. Eine große Rolle spielt dabei die Physiognomik, die das äußere Erscheinungsbild in Beziehung zum inneren Wesen setzte, also die Physiognomie des Kamels, des Löwen, des Pferdes, des Maultieres auf die zu charakterisierende Person übertrug: Der eine war mutig, der andere war dämlich, der dritte war unsensibel, hochmütig, gelangweilt, falsch, verschlagen, füchsig. Diese „Menschenkenntnis" übertrug man wiederum zurück auf die Tiere.

Dann gibt es noch die weiteren Analogiebildungen, vor allem eignen sich Vögel, um sich im Bereich der unsichtbaren Natur eine Vorstellung davon zu machen, wie zum Beispiel Engel sich zwischen Himmel und Erde bewegen.

REDAKTION: Was hat es mit Sprachbildern wie dem von der „falschen Schlange“ auf sich ?

BAZON BROCK: Die Menschen haben von Natur aus Furcht vor Schlangen. Das hat sich evolutionär entwickelt, weil Schlangen eben gefährlich sind, und dann übertrug man umgekehrt bei der Schilderung der Vertreibung aus dem Paradies dieses Element der Gefährlichkeit als Verführung eben wieder auf die Schlange, weil ja bei der Schlange die Doppelzüngigkeit tatsächlich gegeben ist, eine Schlangenzunge hat zwei Spitzen, und das ist eine Kulturleistung, wie man von der empirischen Beobachtung auf die metaphorische Ebene der Doppelzüngigkeit kommt.

Die indische Kultur reagiert auf die Gefährlichkeit der Schlange mit ihrer Heiligung. Dabei handelt es sich um eine Strategie des sich Vertrautmachens mit dem Gefährlichen. Bei uns führte das zur Verfolgung und bei den Indern führte das zur Heiligung. Solche Vorgänge sind immer kompensatorisch analog: Entweder Verfolgen, Verdammen, Ausrotten, oder auf der anderen Seite Verehren, kultisch Überhöhen.

Weiter finden wir noch Ableitungen metaphorischer Sprechweisen: Doppelzüngige Schlange, schlauer Fuchs, die Kuhäugigkeit, die kuhäugige Hera, Zeus Gattin. Kuhäugig, dieses riesengroße offene Auge, das eine unglaubliche Gemütstiefe und Ruhe ausstrahlt. Alexander, Goethe und Boris Becker, das sind Beispiele für die Großäugigkeit, die ja immer mit der bestimmten Auszeichnung verbunden ist.

REDAKTION: Spielt das heute denn in der Werbung noch eine Rolle, bei Markenartikeln, Keyvisuals, Logos. Organisieren Tierzeichen so etwas wie Lifestyle-Gemeinschaften?

BAZON BROCK: Es gibt neue Analogiebildungen. Da gibt es *Camel*, die großäugige *Milka*-Kuh, das *Lacoste*-Krokodil, den *Jaguar*. Die Hauptlinie der heutigen Beziehungen auf die Tierwelt ist im Animismus zu sehen. Tiere dienen als allegorische Darstellung des Abstrakten, der Schnelligkeit zum Beispiel, der Zähigkeit, der Gutmütigkeit und Treue.

Die entscheidenden Allegorien in der höher entwickelten Kultur, der Griechen beispielsweise, sind anthropomorph. Im Gegensatz dazu gibt es bei uns faktisch außer den von der Antike übernommenen, wie der Freiheitsstatue, gegenwärtig wohl überhaupt keine anthropomorphen Allegorien. Der Mief ist miefig, der Gilb ist eben der Grauschleier, diese Allegorisierungen lassen sich in der tierischen Gestalt viel besser verwenden, wenn es um das Begreifen und Darstellen animistischer Kräfte geht, die gerade über das menschliche Vorstellungsvermögen hinausreichen. Tiere haben eine besondere Art der Wahrnehmung, beispielsweise Radar oder Temperaturempfinden. Fledermäuse fliegen vollkommen sicher durch die schwärzeste Nacht. Da scheint eine animistische Kraft beteiligt, die über das hinausgeht, was Menschen können. Deswegen eignen sich die Tiere viel besser als Menschengestalten zur allegorischen Darstellung dieser ungeheuren Kräfte, die die Werbung gern für ihre Produkte in Anspruch nimmt. Also greift sie zur tierischen Allegorisierung als Darstellung des Produktnutzens. Das ist der Hauptantrieb für die heutige Verwendung der Tiergestalten in der Werbung.

REDAKTION: Ist es nicht auch die Tierliebe, die sich über die Jahrhunderte aufgebaut hat, die in Kampagnen wie „Ein Herz für Tiere“ immer neue Steigerungen erfährt und der Werbung emotional den Weg bereitet?

BAZON BROCK: Auf jeden Fall ist die Zivilisationsgeschichte ganz eng mit der Domestizierung der Tiere zu Haus- und Nutztieren verknüpft. Und bei der Domestizierung kommt es zu Übertragungsleistungen. Die berühmte Verwandlung des Herren in den Hund und des Hundes in den Herren, also die wechselseitige Anpassung ist damit gemeint.

Ein schlußendlicher Vorbehalt bleibt immer, daß sich das Tier in irgendeiner Hinsicht dann doch als feindlich erweist oder als nicht beherrschbar, als eigensinnig und gefährlich. Auch da gibt es wieder zwei Reaktionen: Die eine ist, mit brutaler Unterwerfergeste vorzugehen und das Tier zu knuten und in gewisser Hinsicht wie einen Feind zu behandeln, eine andere Form von Ausrottung ist die des Indienstnehmens. Und andererseits die Vergöttlichung und Verehrung, das ist dann die Einsetzung des Tieres in die Rolle des Mitmenschen, des Kindes, des Familienmitgliedes.

Der Totemismus wirkt schon noch in gewisser Hinsicht weiter, aber heute eher über die physiogno-

Produkt:
The magic of fashion; Otto Kern, Kaiserslautern
Agentur:
Hiepler, Valencise, Wackerbarth, Düsseldorf
Photographie:
Horst Wackerbarth
Laufzeit:
seit 1988
Medium:
Print

AOK-Dalmatiner
Produkt:
AOK-Die Gesundheitskasse
Agentur:
Lowe, Lürzer GmbH Werbeagentur, Düsseldorf
Laufzeit:
seit 1989
Medien:
Print, Plakat

mische Ausdifferenzierung, also die Rückübertragung: Es werden erst anhand der menschlichen Verhaltensweisen unterschiedliche Äußerungen des Charakters der seelischen geistigen Regungen festgestellt. Die Art, wie wir differenzieren können, nämlich schlau oder dumm zu sein, brutal zu sein oder aufrichtig zu sein, die können legitimiert werden durch die entsprechende Übertragung auf die Tiere. Dann kommt die Rückübertragung aus den so gekennzeichneten Tieren wieder in die Gesellschaft. Wenn man bemerkt, daß Menschen eben schlauer oder weniger schlau sind, dann wird die Unterscheidung anhand der Gegebenheiten der Tierwelt legitimiert. Und dann überträgt man die in der Tierwelt gemachten Zuordnungen aus Physiognomie, Körperbau und Verhaltensweisen wieder zurück auf die Gesellschaft. Das ist das Eine.

Das andere ist die Allegorisierung abstrakter Kräfte, und zwar solcher animistischer Kräfte, die dem Menschen selbst nicht von Hause aus zukommen, die er aber gegeben sieht, zum Beispiel an den merkwürdigen Leistungen der Tiere, die man früher vielleicht gar nicht als Wahrnehmungsleistungen erkannte. Deswegen eignen sich die Tiere am besten, besser als Pflanzen und besser als Minerale und besser als geometrische Abstraktionen, um diese allegorischen Darstellungen einprägsam und sogar durch überindividuelle Erkennbarkeit auch kollektiv im Verständnis garantiert, darzustellen. Generell gilt, daß die Menschen Darstellungen von Tieren oder Vergegenwärtigungen des Abstrakten in der Tiergestalt von vornherein akzeptieren und deswegen kann man auf diese Weise seine Werbebotschaft vermitteln.

Redaktion: Die Tiere sind in ihrer Existenz, Arten sind bedroht, teilweise schon ausgerottet. Die reale Kenntnis der Tiere und ihrer Verhaltens-Eigentümlichkeiten geht zurück...

Bazon Brock: ...im Gegenteil, es kommen neue Tierarten dazu. Es ist doch für uns Menschen fabelhaft, fabulös, was es da alles an Tieren gibt. Bis in unser Jahrhundert gibt es Neuentdeckungen. Das Fabelhafte drückt sich darin aus, daß man Fabelwesen erfindet, das bekannteste Beispiel ist das Einhorn. Daraus entwickelten sich bis heute diese merkwürdigen Zwittergestalten, also der Variantenreichtum, wie Disney und andere ihn geschaffen haben, die kulturellen Verwandlungen der Tiere. Es überträgt sich sozusagen der Züchtungsgedanke, der evolutionäre Gedanke der Mutation und des Hervorbringens immer neuer Formen, auf das Zeichenbrett. Heute arbeitet zum Beispiel die Werbung als Schöpferin neuer Tierwelten, neuer Tiercharaktere, sicherlich immer in Anlehnung an die bereits bekannten.

Im Bereich der menschlichen Erscheinungen sind solche Spekulationen des Fabelhaften auch vorgekommen; die Schlümpfe, die Zwerge, die Heinzelmännchen von Köln. Nur ist bei dem Menschen ein gewisser Spielraum gesetzt, die Heinzelmännchen haben sich auch als realitätshaltige Phantasien erwiesen, denn irgendwann wurden die Pygmäen entdeckt, das waren eben die kleinen Männchen. Es gab durchaus in der Evolution eine realistische Basis für diese Annahme, daß es verkleinerte Formen der Menschen gegeben hat.

In der Tierpopulation kommt das viel häufiger vor, außerdem kannten die Menschen auch den Zuchtgedanken bei den Tieren sehr viel eher als bei den Menschen. Deswegen konnte sich die Fabelhaftigkeit im Bereich der Tierverkörperungen viel stärker und intensiver ausbilden. Das Fabeltier, das märchenhafte Tier, das war ja nicht nur das Einhorn oder die große Weltenschlange seit der Antike. Es gab die vielen Meeresungeheuer, seltsame Fabelwesen, Phantasien, die es ja seit der Antike gegeben hat, also gerade in Zeiten, als die Menschen mit der Beobachtung der Tierwelt angeblich viel vertrauter waren als heute. Da kann man sogar sagen, sowohl diese Art der Vertrautheit in den früheren Zeiten, als die Menschen noch viel naturnäher lebten wie auch das völlige Ausblenden der Natur stimuliert eben zu einer Überproduktion an Fabeltier-Phantasien.

Daß diese Tierphantasien zunehmen, je weniger wir den Tiergestalten in der realen Lebensumgebung begegnen, außer vielleicht im Zoo den realen Tiergestalten, zeigt der Zoo der Fabelwesen. Und es wäre sinnvoll, wenn man im Zoo neben das Schild am Elefanten-Gehege etc. auch eine Beschriftung mit den entsprechenden Fabelphantasien hängt.

Dann gab es natürlich sehr viele Tiere, deren Paarungsverhalten zum Beispiel den Blicken der

Menschen entzogen ist. Von Otto gibt es eine wunderschöne Parodie auf die Frage, wie Hamster sich vermehren. Otto Waalkes: „Aber zu wissen, daß der Hamster sich vermehrt, ist auch schon was wert", und dazu überträgt er also die bekannten Paarungsverhaltensweisen von Tieren auf die Hamster, weil die das eben unter der Erde unsichtbar betreiben. Und dieses Unsichtbarsein eines Großteils der Lebensvollzüge der Tiere heizt natürlich auch extreme Spekulationen an...

REDAKTION: Was wären denn Ihre Lieblingstiere in der Werbung ?

BAZON BROCK: Unter den Vögeln könnte ich mich eindeutig mit der Schwalbe identifizieren, bei den Säugetieren wäre es der Hund, vielleicht ein Chau-Chau oder der Bernhardiner. Dann kämen noch der Delphin in Frage oder die Schlange wegen ihrer so herrlich angepaßten Bewegungsformen. Unter den animierten Tieren ist es eindeutig Donald Duck.

REDAKTION: Welche Erfahrungen haben Sie selbst mit dem Animismus gemacht?

BAZON BROCK: Ich kann da eine schöne Geschichte erzählen. Ich fuhr jedes zweite Jahr einen neuen *Citroen DS*. Und diese Autos waren bei mir sehr anfällig. Immer funktionierte etwas nicht. Ich fuhr dann Mal um Mal in die Werkstatt, dort konnte man aber den Fehler nicht recht ausfindig machen. Eines Tages war es dem KFZ-Meister zu bunt und er sagte: „Passen Sie auf, Sie dürfen ihr Auto eben nicht als ein Stück Blech und als unbelebte Natur verstehen. Sie müssen mit dem Auto umgehen, wie mit einem lebenden Tier. Welches ist ihnen denn besonders liebenswert?" „Das Pferd", meinte ich. „Also behandeln Sie Ihr Auto doch als Pferd." „Wie soll ich das denn machen", fragte ich und er: „Indem sie halt nur mit Sporen fahren." Dann hab ich mir so kleine Sporen gekauft, mit einem kleinen Dorn und bin mit Sporen Auto gefahren und seither ist es einwandfrei gelaufen. Ich habe es geritten wie ein Pferd und kurioserweise war ich bereit, die Mak-

Produkt:
Citroën Deutschland AG, Köln
Agentur:
RSCG, Butter, Rang GmbH, Düsseldorf
Laufzeit:
1989/90
Medium:
Print

Zwitter – Tiermenschen und Menschentiere in der Werbung

Die Werbung kennt die Form der Analogiebildung im Verhältnis von Menschen und Tieren, wenn etwa *Grand Marnier* eine selbstbewußte Dame mit einem raubtierköpfigen Verehrer dinieren läßt oder *Toyota* Hunde in menschlicher Kostümierung präsentiert. Diese Collagen-Existenzen sorgen aufgrund ihrer Anomalien für großes Aufsehen.

Die animalische Seite des Menschen wird hier angesprochen, ebenso wie die Tiere als Projektionen der menschlichen Zivilisation in Erscheinung treten. Durch Computer-Animation entstehen moderne Fabelwesen, die an die kultur- und mythengeschichtlichen Traditionen der Zwitterwesen anknüpfen.

In der griechischen Mythologie sind es Kentauren, der Minotaurus, die Pan-Gestalten und Nymphen vor allem im Umkreis des Dionysos, des Gottes der rauschenden Feste, die für die modernen Fabelwesen Pate stehen. Das rituelle Fest, die schamanistischen Beschwörungen und Rauschzustände des Totemismus gestatten den Gestaltwechsel vom Menschen zum Tier und umgekehrt mit allen nur vorstellbaren Zwischenexistenzen. Diesen „Kippeffekt“ der menschlichen Existenz nutzt auch die Werbung in ihrer Überzeugungsarbeit.

Vor allem die Haustiere, die Katzen und Hunde, mit denen die Menschen seit Jahrtausenden sehr intim zusammenleben, geben eine Interpretationsfolie ab, um auch menschliche Eigenschaften sinnlich anschaulich in der Werbung zu präsentieren. Sie eignen sich zu Analogiebildungen für das Weibliche und Männliche und den damit verbundenen Wunschbildern und Träumen. Zugleich schaffen diese Tierdarstellungen eine Distanz, eine Spiegel-Situation, die es erlaubt, Vorstellungen und Wünsche auszusprechen, die Tabus unterliegen. Es ist eine Werbesprache im Konjunktiv. Tiere werden gezeigt, über sie wird gesprochen, gemeint aber ist der Mensch mit seinen verborgenen Wünschen.

Produkt:
Deutsches Tapeten-Institut GmbH, Frankfurt/M
Agentur:
Michael Conrad & Leo Burnett, GmbH & Co. KG Frankfurt/M
Laufzeit:
1987-1989
Medium:
Print

Analogien: Werbung mit Tieren, die „einleuchtet“

Wenn es um optimale Anpassungen an vorhandene Gegebenheiten geht, gilt die Natur als die Autorität, als der „Baumeister“ schlechthin. In der gesamten Entwicklung der Technik geht es um nichts anderes, als der Natur ihre Gesetze abzulauschen und ihre Lösungen zu imitieren, um zum Beispiel Menschheitsträume wie das Fliegen auch dem Menschen selbst möglich zu machen. Die Voraussetzung dafür ist die Beobachtung der Natur und ihrer Lösungen. Die Ergebnisse dieser Beobachtung werden übertragen auf die Probleme, die es zu lösen gilt. Analogien führen, wenn sie auf zutreffenden Annahmen basieren, zu den gewünschten Ergebnissen und Erfolgen.

Auch die Werbung bedient sich dieser Analogien, um den Konsumenten vom Nutzen und den Vorteilen eines Produktes zu überzeugen. Je komplizierter es ist, diesen Nutzen zu veranschaulichen, um so lieber greifen die Agenturen auf analoge Beispiele aus der Natur zurück. Denn die Autorität und Faszinationskraft der Natur ist deshalb so stark, weil wir deren Gesetzen selbst unterworfen sind.

Das Argument der Natürlichkeit einer technischen Lösung hat die Natur als unparteiische Autorität auf seiner Seite. Und der wichtigste Vorteil: Ein sichtbares und bekanntes Naturphänomen kann in Analogie zu den Vorzügen des beworbenen Produktes gesetzt werden und entwickelt seine Überlegenheit daraus, daß Bekanntes für das Begreifen des Unbekannten genutzt wird. Wenn die Adressaten der Analogie folgen, lassen sie sich auf der Ebene des „Einleuchtens“ vom Produktnutzen überzeugen.

Produkt:
Schott Glaswerke, Mainz
Laufzeit:
seit 1990
Medium:
Broschüren

Produkt:
Gehäusetechnik, Rose Elektrotechnik GmbH & Co. KG, Porta Westfalica
Agentur:
JK Werbeagentur GmbH, Bad Oeynhausen
Laufzeit:
seit 1989
Medium:
Print

Aus einer Mücke einen Elefanten machen – Das Verhältnis von Groß und Klein

In der Werbung werden auch Tiere untereinander in Beziehung gesetzt. Besonders interessant ist dabei der Gegensatz von Groß und Klein, wenn zum Beispiel in der *Bosch*-Werbung ein Elefant vor einer Maus kapituliert.

Das Thema hier ist die Umkehrung der Verhältnisse, die Kleinen können die Verhältnisse auf den Kopf stellen. Es sind die Geschichten von Gulliver oder David und Goliath, die hier anklingen. Die reine Größe als Kriterium der Qualität gilt es zu entkräften und die Verhältnisse durch Verfremdung zum Tanzen zu bringen. Durch Proportionsverschiebungen wird Kleines groß und Großes klein. Auf diese Weise entstehen ungewöhnliche Bilder mit hohem Aufmerksamkeitswert. Bilder, die eine Geschichte zu erzählen haben.

Produkt:
Antiallergikum
Zyma GmbH
Agentur:
Heye + Partner GmbH Werbeagentur, Unterhaching
Laufzeit:
seit 1991
Medium:
Print

Produkt:
Bosch-Küchen, Hans Feierabend GmbH, Einbeck
Agentur:
TBWA Tragos Bonnange Wiesendanger Ajroldi GmbH, Frankfurt/M
Laufzeit:
1991/92
Medium:
Print

Der Perspektivenwechsel erlaubt neue Einsichten. Wenn in Science-Fiction- und Horror-Filmen Insekten zu elefantengroßen Monstertieren werden und über die Städte herfallen, wenn im Gleichgewicht der Zivilisation nur ein Faktor verändert wird, so hat das Auswirkungen auf alle anderen Lebensbereiche. Der Mensch als Herr der Schöpfung wird selbst zur Beute. Solche Bild- und Gedanken-Experimente erzeugen eine Schock-Wirkung und erweitern den eigenen Horizont, die vertraute Welt mit anderen Augen aus einer fremden Perspektive wahrzunehmen und eine Vorstellung von der eigenen Bedrohtheit zu entwickeln.

In unserer hochtechnisierten Zivilisation sind es vor allem die Mikrowelten der Viren und Bakterien und anderer Kleinlebewesen, von denen die größte Gefährdung ausgehen kann. Die Werbung stellt sich auch diesem Thema.

Mythentiere – Schutzmarken und Bannzeichen

Neben den realen Tieren, die die Werbewelt bevölkern, gibt es eine Reihe vor allem von Logo-Tieren, die unmittelbar der antiken Mythologie entsprungen sind.

Eines dieser mythischen Tiere ist der Pegasus, den der Verlag *Das Beste* als Leitsymbol benutzt. Der Pegasus ist das geflügelte Pferd, das auch von *Mobil Oil* als Zeichen verwendet wird, das der griechischen Mythologie zufolge dem Rumpf der Medusa entsprang. Mit seinen Hufen hat es die den Musen geweihte heilige Quelle aus dem Boden geschlagen und gilt als Sinnbild der geistigen und poetischen Kreativität. Den „Pegasus zu reiten" gilt als Synonym für die Arbeit des Dichters.

Die Marken *Remy Martin* und *Metaxa* verwenden in ihrer Werbung die Kentauren und den Minotaurus. Die Kentauren sind Doppelwesen, halb Mensch, halb Pferd. Seit dem 18. Jahrhundert schmücken sie die Friese klassizistischer Gebäude wie zum Beispiel das Brandenburger Tor und versinnbildlichen den Eros, aber auch die dämonischen Seiten der menschlichen Existenz.

Der Minotaurus ist der Beherrscher des kretischen Labyrinths und verzehrt alle neun Jahre athenische Jungfrauen und Jünglinge, bis er von Theseus erledigt wird. Dank Ariadnes Faden kann sich Theseus im unübersichtlichen Labyrinth orientieren.

Zwei Mythengestalten, die eher die dunklen und zerstörerischen Seiten des Lebens versinnbildlichen, die aber auch den Sieg des Guten über die Macht des Bösen als Hoffnung in sich tragen. Das Gefährliche zu benennen und es zeichenhaft darzustellen, ist die Funktion dieser Schutzmarken, die die dämonischen Kräfte bannen sollen.

Schließlich der sechsbeinige feuerspeiende Hund von *Agip*, dessen Vorbild Zerberus, der Höllenhund sein dürfte, der den Eingang zur Unterwelt bewacht und die Toten freundlich schweifwedelnd empfängt, aber niemanden mehr aus der Unterwelt entweichen läßt. Allein Herkules ist es gelungen, den Höllenhund zu bändigen. Als Zeichen für eine Benzinmarke benennt er die ungeheuerlichen Kräfte des Treibstoffes und die bei Agip Tankenden können sich als die wahren Nachfahren des Herkules feiern. Das dem Leben Feindliche zeichenhaft zu beschwören ist eine Form, die Gefahren zu bannen und sich selbst gegen die feindlichen Kräfte zu schützen; Schutzmarken und Bannzeichen im wörtlichen Sinne.

Pegasus
Produkt:
Reader's Digest, Verlag Das Beste GmbH
Laufzeit:
1986 bis heute

AGIP - Der sechsbeinige Hund, Agip Deutschland AG, München
Laufzeit:
seit 1952,
Medium:
Corporate Identity

Tierzeichen als Schutzsymbole

Gasthausschilder und Hotel-Werbung

Auch in der frühen Gasthaus- und Hotel-Werbung spielen Tier-Motive eine wichtige Rolle. Es sind in erster Linie die heraldischen Tiere vom Löwen über den Greifen, den Bären und Hirschen, bis zum Adler, zum Schwan oder Storchen, die zum Beispiel seit den 90er Jahren des vorigen Jahrhunderts Koffer-Etiketten schmückten. Diese Werbemarken und Miniaturplakate wurden dem Gast bei der Abreise vom Hotel-Diener als Lebewohl des beehrten Hauses auf das Gepäck geklebt.

Die Tier-Darstellungen und Bezeichnungen leiten sich von den Gasthauszeichen ab, die schon im 13. Jahrhundert aufkamen, um die Häuser für den Passanten voneinander unterscheidbar zu machen. Es sind Schutzzeichen, die dem Reisenden Sicherheit und Geborgenheit vermitteln sollen. Teilweise leiten sich die Tiere aber auch von den Wappentieren prominenter Gäste ab, die einstmals das Haus beehrten und durch ihren Besuch auszeichneten.

Kofferaufkleber Hotel Europe, Heidelberg, Deutschland, um 1920

Kofferaufkleber Bad Hotel Bären, Baden, Schweiz, um 1920

Kofferaufkleber Gasthof zum Schwanen, Kälberbronn, Deutschland, 1930

Kofferaufkleber Hotel Los Cisnes, Jerez, Spanien, um 1930

Kofferaufkleber
Hotel Greif,
Karlsruhe,
Deutschland,
um 1920

Kofferaufkleber
Elitehotel Storchen,
Basel, Schweiz,
um 1910

Kofferaufkleber
Hotel zum Pfauen,
Freiburg
i. Breisgau,
Deutschland,
um 1925

Hotel Stadt
Hamburg,
Deutschland,
um 1910

Tante Emmas Werbe-Zoo – Tiere in Email

Die Emailschilder wurden von hellsichtigen Sammlern in den 60er Jahren gesichert als das große Sterben der Tante-Emma-Läden begann. Als Vorläufer der aufwendigen Leuchtreklamen buhlten sie um den besten Platz im Blickfeld des Konsumenten. Am oder im Laden angebracht, verkörperten sie den Typus der Dauerreklame für Markenartikel. In diesen Schildern offenbart sich eine Vorstellung von Produktwerbung, die noch keinen Begriff von der Veränderung und Schnellebigkeit der Werbung hat. Nostalgische Erinnerungen...

3

1

4

6

5

2

1

Casanova Cigaretten, um 1910, Privatbesitz

2

Riquet Kakao-Schokolade, um 1910, Privatbesitz

3

Parket-Biene, um 1910, Privatbesitz

4

Mobiloel, um 1950, Privatbesitz

5

„Hahn", Maccaroni, Knorr, um 1910, Privatbesitz

6

Glasurit, Qualitätslacke und Farben, um 1930, Privatbesitz

Versicherungs-Werbung in Email, Schilder mit heraldischen Tieren, von 1900 bis 1940, Privatbesitz

Die Litfaß-Tierwelt

Historische Plakate aus dem Archiv der Deutschen Städte-Reklame

Verkehrsverein Braunschweig, Plakat 1908, W. Wilhelms, Archiv der Deutschen Städte-Reklame (DSR), München

Die scheinbare Naivität und verspielte visuelle Umsetzung der hier abgebildeten Plakat-Aussagen weckt nostalgische Gefühle gegenüber der Frühzeit der Werbung, die anno dazumal „Reklame“ oder „Propaganda“ genannt wurde. Im grauen Einerlei der Städte sorgten die Plakatsäulen mit ihren bunten Motiven für eine heitere Abwechslung im Straßenbild und lösten kleine Sensationen im Alltagsleben aus. Konkurrierende Medien wie aufwendige Leuchtreklamen oder das Fernsehen sind für die meisten Passanten der Litfaß-Säulen noch kaum vorstellbar.

Im Medium Plakat berühren sich Kunst und Werbung. Die Künstler interessieren sich für die mit der Gestaltung verbundenen neuen Einnahmequellen, zugleich sehen aber auch viele im Plakat die Chance, die Kunst gegenüber dem Alltag zu öffnen, ihn ästhetisch zu verbessern und aufzuwerten: eine Galerie der Straße – die Plakattafeln eine mögliche Plattform.

Die hier abgebildeten Plakate stammen aus dem Münchener Archiv der Deutschen Städte-Reklame. Die DSR begann schon sehr früh damit, jeweils ein Exemplar dieser schnellebigen und deshalb flüchtigen Zeit-Dokumente beiseite zu legen. Auf diese Weise ist ein Archiv entstanden, das in eine Reihe gehört mit den großen Plakatsammlungen des Kunstgewerbemuseums Hamburg und der Berliner Staatsbibliothek, des Münchener Stadtmuseums, des Frankfurter Historischen Museums sowie des Plakatmuseums Essen.

Restaurant Tierpark, Plakat 1929, Archiv der Deutschen Städte-Reklame (DSR), München

Riquet-Tee, Plakat 1928, Archiv der Deutschen Städte-Reklame (DSR), München

Maccaroni,
Plakat 1909,
Siegmund v.
Suchodolski,
Archiv der
Deutschen Städte-
Reklame (DSR),
München

Dibold-Zigaretten,
Plakat 1922,
Archiv der
Deutschen Städte-
Reklame (DSR),
München

Bock-Bier,
Plakat o.J.,
Udo Naegeles,
Archiv der
Deutschen Städte-
Reklame (DSR),
München

Gänseleberpasteten,
J. Fischer,
Plakat o. J. ,
Archiv der
Deutschen Städte-
Reklame (DSR),
München

Waschanstalt
Zürich,
Plakat 1908,
Herrman Keimel,
Archiv der
Deutschen Städte-
Reklame (DSR),
München

Simone Schneider-Tippach

Von der Illustration zur Fotographie

Zur Geschichte der Tier-Darstellung in der Werbung

Als 1910 die ersten Grammophone ihre Käufer suchten, wurde zugleich ein neues Markenzeichen geboren, das um die Welt ging. Grund dafür war nicht zuletzt das Lebewesen, das für diese Erfindung warb: Ein Hund lauscht andächtig in den Trichter: „His Master's Voice". Die Deutsche Grammophon AG brachte ihre Schallplatten mit diesem Etikett heraus, übersetzt hieß es nun: „Die Stimme seines Herrn". Es ist die Vielfalt der Bedeutungen, die uns noch heute rührt, wenn wir die naturalistische Tierabbildung sehen und den Text wahrnehmen – das feine Gehör eines Hundes, der neugierige Blick eines Jungtieres, der geringe Größenunterschied zwischen Trichter und Hündchen – das Tier erkennt die Stimme seines Herrn, es lauscht der Musik-Stimme – das ist die Stimme des Herren, das ist die Stimme unseres Gewissens. Niemand käme bei diesem Bild auf die Idee, ursprünglich hätten Grammophone zur Erziehung und Unterhaltung von jungen verspielten Hunden gedient.

Nipper
His Master's Voice
Produkt:
Schallplatten, Grammophone, EMI Electrola, Mayes/Middlesex, Großbritannien, 1984
Laufzeit:
bis 1949, endgültiges Ende 1991

Am Anfang war der Hund

Das Haustier Hund ist seit Beginn der Werbung ständiges Attribut auf Plakaten oder Anzeigen, er ist das Symbol für Treue, Wachsamkeit, Freundschaft, Herzlichkeit, Leistung, Schnelligkeit oder Verspieltheit. Interessant ist, daß unsere Umgangssprache Hunde auch in einen negativ getönten Zusammenhang bringt. Dort kennen wir auch feige, ausgekochte und arme Hunde, von herrenlosen Hunden ist die Rede, wir fühlen uns hundeelend, wurden mit Hunden gehetzt oder gehen vor die Hunde. Der Hund spielt in der Werbung eine andere Rolle als in unserem täglichen Leben, sonst hätten wir nicht die genannten umgangssprachlichen Ausdrücke. Niemand käme zum Beispiel bei einer Auto-Werbung auf den Einfall , statt vom „Löwen" vom „Hund unter den Kompakten" zu sprechen. Auch unsere Märchen und Sagen schenken dem Hund nur wenig Beachtung. Hier sind sie zumeist eine namenlose Meute, die Spaziergänger anbellen, den Wolf hetzen oder vom Fuchs ausgetrickst werden.

In freier Wildbahn lebende Hunde gibt es nicht, ihre Ahnväter sind Wölfe. Der Mensch begann sehr früh, Wölfe zu domestizieren und Hunderassen für die verschiedensten Zwecke zu züchten. Damit stand er außerhalb der Welt, in der die Fabeltiere leben. Goethe personifiziert im „Reineke Fuchs" den Hasen, den Kranich und den Ziegenbock, nicht aber den Hund. Er ist der Begleiter des Menschen, nicht des Königs der Tiere. Hunde müssen auch dafür herhalten, was Menschen im Umgang mit anderen Menschen nicht schaffen, aber einige von ihnen offensichtlich nötig haben: der Hund wird zum Unteruntertan gemacht, zu einem Wesen, das noch unterhalb des Menschen steht – so ist der Letzte, den die Hunde beißen, immer auch ein Hund.

Werbebilder zeigen diese Lebensrealität nicht. In seiner „Kulturgeschichte" ist der Hund gleichermaßen glorifiziert und mißbraucht, geliebt und gehaßt, umsorgt und vernachlässigt worden.

Think Loewe
Produkt:
Loewe Unterhaltungselektronik Loewe Opta GmbH, Kronach,
Agentur:
Lowe, Lürzer GmbH Werbeagentur, Düsseldorf
Laufzeit:
seit 1992
Medium:
Print

Ähnliches können seine Begleiter, die Herrchen und Frauchen, über sich selbst und ihre Kulturgeschichte sagen. In der Werbung finden wir nur den tugendhaften Hund, welchen Heinrich Heine in der gleichnamigen Fabel ein „Muster der Sittlichkeit" nannte: „Man hört ihn loben, man hört ihn preisen / Als einen vierfüßigen Nathan den Weisen ..." Und in demselben Stück spielt Heine darauf an, wessen Werk diese Sichtweise des Hundes ist: „Doch unter den Hunden wird gefunden / Auch eine Menge von Lumpenhunden – Wie unter uns –, gemeine Köter, Tagdiebe, Neidharde, Schwerenöter."

Adler, Taube, Dohle ... alles Symbole

Tiere sind, betrachtet man die Geschichte der Werbung und ihre Entwicklung in Anzeigen, Plakaten, Werbefilmen und anderen Gestaltungsmitteln, verschieden häufig vertreten. Zur Zeit produziert die Werbung einen wahren Tiersegen. Die Werbung nutzt seit ihren Anfangsjahren oft die Tiersymbolik, aber im Vergleich zur Gesamtheit aller tierischen Lebewesen, die etwa zwei bis vier Millionen Arten umfaßt, blieben die meisten Tiere für die Tier-Mensch-Beziehung ohne symbolische Bedeutung. Von den etwa eine Million Insektenarten finden sich in der Werbung nur die Ameise, die Biene oder der Schmetterling.

Seit dem Mittelalter spielte das Tier im Geistesleben der menschlichen Gesellschaft eine bedeutungsvolle Rolle. In der volkstümlichen Theologie versinnbildlichte es zum Beispiel nachahmenswerte Eigenschaften oder auch bestimmte Lehrsätze des kirchlichen Dogmas. Der Elefant galt als Symbol der Keuschheit, der Pelikan als Symbol der Nächstenliebe, das Einhorn bedeutete die Menschwerdung Christi und der Löwe seine Auferstehung. Viele Deutungen gehen auf den „Physiologus" zurück, ein alexandrinisches Werk, das rund fünfzig Tiere, Pflanzen und Mineralien verzeichnet und später auch die Hauptquelle für die christliche Tiersymbolik bildete.

So galt der Frosch zum Beispiel ursprünglich als Fruchtbarkeits- und Auferstehungssymbol, später erhielt er von den Kirchenvätern eine dämonische und teuflische Bedeutung und versinnbildlichte auch die Laster Geiz und Unkeuschheit. Kröten waren im Volksglauben der Schutzgeist des Hauses und sollten, im Stall gehalten, das Seuchengift an sich ziehen.

Neue Symbole?

Als das Lebewesen, das er ist, findet der Frosch in der Werbung seltsamerweise bisher keinen Eingang. Dabei wäre das vielleicht überaus fruchtbar, schließlich legen die Weibchen bis zu 10 000 Eier ab. Der Frosch verwandelt sich auch immer wieder vom Wasser- zum Landtier, eine Quellen für neue Ideen.

Calvados-Huhn
Produkt:
Calvados, Bureau National Interprofessionel des Calvados
Agentur:
DF & H Werbeagentur GmbH, Frankfurt/M
Medium:
Print

Oft genügt der Werbung ein abgebildeter Frosch als Attribut des Lebens schlechthin. Und wir assoziieren angesichts des grünen Wasserpantschers auf der Spülmittelflasche nicht „auferstanden" und nicht „fruchtbar", sondern „umweltfreundlich!".

Häufig finden wir in Werbebildern den Friedens-Gedanken: „Alle Menschen werden Brüder". Könnte dieser Wunsch auch durch die Darstellung von Situationen im Tierreich symbolisiert werden? Sicherlich nicht nur als Darstellung von glücklich weidenden Kühen oder putzigen Annäherungsversuchen von Katze und Maus. Gemeint ist das Zusammenleben von Individuen zweier Arten bei gegenseitiger Förderung, also in Formen der Symbiose. Ich stelle mir ein Unterwasser-Großflächenplakat vor, darauf eine Aufnahme, im Vordergrund ein Einsiedlerkrebs und auf seinem Rücken eine Seerose: „Come Together". Die bekannten Headlines auf dem Plakat rufen in uns Erinnerungen wach und regen unsere Phantasie an.

Affe, Eule, Pferd ... alle illustriert

Gegenüber den Anfängen der Werbung hat ein Wandel in der Wahl der Darstellungsmittel stattgefunden. Die Illustration wurde nach und nach von der Fotografie abgelöst. Wenige Blicke in die Arbeiten der Klassiker der Gebrauchsgrafik lassen eine Vielfalt an Tierdarstellungen erkennen – allesamt gezeichnet. Viele Markennamen oder -zeichen, in denen Tiere vorkommen und deren Bekanntheit bis heute anhält, stammen aus der Zeit um die Jahrhundertwende – sei es die Pelikan- oder Schwan-Werbung, der Elefant für den *Riquet*-Kakao, der *Erdal*-Frosch und die *Asbach*-Eule. Doch sind die Tiere hier nicht einfach schmückendes Beiwerk, sondern die Meister der Gebrauchsgrafik illustrierten mit Vorliebe lustige Begebenheiten, in denen das Tier der Hauptakteur war, ganz im Sinne des kleinen Grammophon-Hörers.

So zeichnete Hohlwein 1924 einen Schwan, der in Schuhen, die mit *Dr. Genthers Schuhwachs* geputzt waren, leicht x-füßig durch den Regen schlenderte oder einen rauchenden Hund für die *Casanova* Zigarettenfabrik. Lucian Bernhard ließ als Schatten eines fahrenden Autos einen Adler mitfliegen. F. H. Ehmcke benutzte die Fabel vom Fuchs und dem Reiher für eine Sekt-Werbung, und bei den Illustrationen des Emil Preetorius erscheint regelmäßig ein „feiner" Hund neben den Herrschaften.

Das heißt, diese Tiere wurden nicht naturalistisch nachgezeichnet, sondern in abgewandelter Form neu geschaffen. Damit behielten diese Illustrationen auch ihre Nähe zu den ikonografischen und heidnischen, aber auch zu den karikierenden Tierdarstellungen.

Mit dem Einzug der Fotografie in die Werbewirtschaft entsteht ein gewaltiger Bruch in der Werbesprache. Der jahrhundertealten Tierillustration stand eine revolutionäre Abbildungsmaschinerie mit völlig neuen Sehweisen gegenüber, deren Potentiale im Gestalten erst ausprobiert werden mußten. Ereignisse und Folgen der Weltwirtschaftskrise und der beiden Weltkriege entwickelten die Leistungsfähigkeit der Fotografie vor allem in Richtung Dokumentation und Information. So kommt es, daß noch in den fünfziger Jahren die Mehrzahl der Werbefotos geradezu archaisch gegenüber der professionellen Illustration wirkt. Lange Zeit sind beide Darstellungsarten in der Werbung anzutreffen, allerdings bleiben Tierdarstellungen die Domäne der Illustration.

Illustrierte Tiere in der DDR-Werbung

Zum Beispiel weist die kurze Werbegeschichte der DDR in der Zeit um 1959–63 vorzugsweise gezeichnete Tiere in den Werbebildern auf: Die Werbung für *Babysan* zeigte weidende Kühe, ein schwarzer Kater in Latzhosen empfahl den Fensterputz, der *VEB Kühlanlagenbau* Dresden zeigte im Signet einen Eisbären oder die Werbefigur des *Minol*-Pirol erteilte Autofahrern Ratschläge, die *Wolcrylon*-Werbung zeigte stilisierte Wolken-Schäfchen und zum *Fisch auf jeden Tisch* erschien ein schwungvoll gezeichneter Fisch. In der DDR waren selten Tiere im Werbefoto zu finden, auch in einschlägiger Literatur über Werbefotografie sind Tierdarstellungen kein Thema. In den Anzeigen der fünfziger Jahre zum Beispiel überwogen gezeichnete Darstellungen – ein Hinweis auf die beschränkten Möglichkeiten der Fotografie in der Werbung und der damit verbundenen Reproduktionsmöglichkeiten. Da die Zeitungen im Rotationsdruck und auf ungeleimten Papieren gedruckt wurden, verschwammen erfahrungsgemäß die Fotos bei dieser Art der Wiedergabe.

Heute ist die Tierillustration in der Werbung eindeutig von der Fotografie verdrängt. Die Kamera erlaubt Präzision und Tempo, sie ist als besondere Form der optischen Wahrnehmung dichter am Original, ist „Augenzeuge". Der Fototrick und die Computer-Animation eröffnen eine weitere Dimension. Sie ermöglichen den Gag, bei dem dann eine Giraffe zum Fenster hineinäugt oder ein Elefant auf den Hinterbeinen tanzt.

Ente, Henne, Bär ... werden populär

Eng mit der Entstehung der Fotografie verbunden ist die Technik des Zeichentrickfilms. 1892 bot sich dem neugierigen Pariser Bürger im Musée Grevin eine sensationelle Vorstellung der ersten Zeichenfilme von Emil Reynaud, die vielfach im Milieu der Tiere spielten. Um die Jahrhundertwende gab es überall erste Kinematographentheater. Nachdem der Amerikaner Stuart Blackton 1906 mit Hilfe der Kamera zum ersten Mal Zeichnung für Zeichnung

Produkt: **Duolit Hex/VEB Fettchemie und Fewa-Werk, Karl-Marx-Stadt** *Medium:* **Anzeige in „Der Drogist", Schmerz laß nach, Katalog, Westermann-Kommunikation Berlin 1992**

nacheinander aufnahm und dabei jedesmal die Figuren um eine Phase veränderte, war die Realisierung von Zeichenfilmen in unendlichen Ausdrucksformen möglich geworden. 1909 hatte dann auch der New Yorker Broadway einen besonderen Anziehungspunkt. Blackton zeigte einen seiner ersten Trickfilme: „Gertie, der Dinosaurier".

Der Trickfilm hatte sich durchgesetzt, Zeichenfilme entstanden, den Slapsticks folgten die Comicstrips und die ersten Zeichenfiguren erfreuten sich über die Grenzen Amerikas hinaus zunehmender Beliebtheit, wie der Kater Felix von Pat Sullivan und die Katze Crazy von Ben Harrison.

Der erfolgreichste Produzent auf diesem Gebiet war allerdings Walt Disney mit seiner Micky Mouse von 1928. Disneys erste Trickfigur war ein Kaninchen namens Oswald, dann erfand er die siegreiche Maus, gefolgt von immer neuen Tierfiguren: das tolpatschig-kauzige Entlein Donald Duck, der singende Wal Willi, der kaltblütige Pinguin Pablo oder der Bulle Ferdinand. In der Weise, wie sich die Massenproduktion und die Vermarktung der Disney-Figuren vollzog, kamen Kinder und Erwachsene mit den kleinen Helden und Vorbildern in Berührung.

Mit Donald Duck gegen Entfremdung

Die neuen Bedeutungen, die heute die Tiere versinnbildlichen, werden millionenfach reproduziert und konsumiert. Der Bedeutungsverlust, den wir durch die Entfremdung vom Lebensraum der Tiere erlitten haben, wird ersetzt durch angehängte und sich schnell wandelnde Bedeutungen, die mit dem natürlichen Körper der Tiere und ihren Verhaltensweisen in der Natur wenig zu tun haben. Gut und böse werden den Tier-Figuren zugedacht, unabhängig davon, ob sie nützlich oder schädlich, gefährlich oder friedfertig sind.

Im Comic hat die Kultur bei der Deutung von Tierabbildungen die abergläubisch-naturverhaftete Ebene verlassen und sich auf die karikaturistisch-phantastische Ebene begeben. Auch in der Werbung sind Tiere häufig Zeichentrickwesen. Die berühmten Comicfiguren Tom und Jerry verkaufen zum Beispiel die Vorzüge eines *Opels,* für Weißblech-Recycling schwimmen bunte Blechenten um die Wette, eine einzelne schwarze Gans blickt ihren weißen Schwestern entgegen und verweist „irgendwie anders" auf Zigaretten, und mit kariertem Fell will ein Häschen „Made in Dresden" auf Filterlose aufmerksam machen. Angesichts der Gänse denken wir nicht mehr an den symbolischen Mittler zwischen Himmel und Erde oder an Wachsamkeit, beim Anblick der Katze glauben wir nicht an Unglück und bei den Hasen nicht an Angst und Feigheit.

In den fünfziger Jahren arbeitete in Berlin/DDR das Trickfilmstudio *Koboldfilm-Kollektiv Ernst Uchrin,* das sich auf die Herstellung farbiger figürlicher Zeichentrick-Werbefilme spezialisiert hatte. Das Studio ließ in seinen Produktionen vorzugsweise Tiere agieren: In der Werbung für Parfümerien des *VEB Decenat-Werk,* Döbeln, spielt eine Grille mit Lackschuhen und Manschetten ein Geigensolo, für die sächsische Landeslotterie begab sich ein weißer Hahn auf Wanderschaft und für das Waschmittel *Riwa* der *Konsum-Seifenfabrik Riesa,* weiß sich Mutter Pinguin zu helfen. Bewegungssystem und -rhythmus der Figuren lassen das große Vorbild aus Amerika leicht erkennen. Später arbeiteten die Werbefilm-Produzenten in der DDR mehr mit dem Flachfiguren-Trick, u.a. aus Kostengründen.

Heute werden vor allem bekannte Trickfiguren bzw. Puppen aus Film und Fernsehen in der Werbung benutzt oder in abgewandelter Form verwendet.

Sehen wir uns daraufhin noch einmal unser Beispiel-Tier, den Frosch an: Es genügt zu wissen, daß so ein kleines grünes Ding quaken und hüpfen kann und ein breites Maul besitzt – alles andere wird erfunden und reproduziert. Das Ergebnis ist der weltweit beliebte und hundertfach kopierte Kermed. Dieser wiederum steht, wie bei Stars üblich, unendlich vielen Stimmungs-Fröschen in der Werbung Pate. Auch der Hund hat wieder eine Chance, aus der „Zweierbeziehung" Mensch-Hund herauszukommen, zum Beispiel als bunter Hund für Haartönungs-Creme oder mit seinen guten Ohren für Radiorecorder – schwarz, stark, stereo....

human packaging
Hemann & Partner Design Agentur GmbH · 6000 Frankfurt/ M 1 · Kronbergerstrasse 49 · Tel. 069 · 72 72 62 · Fax. 069 · 72 72 53
Design Consultancy · Corporate Design · Package Design · Brand Development · Sales Support

Lange nicht mehr so gut g

YER 751

Es lohnt sich, einen längeren Blick auf den Transit zu werfen. Denn er bietet einen Komfort, wie Sie ihn schon lange nicht mehr gesehen haben. Da ist zum Beispiel sein neues Fahrwerk, das jede noch so lange Fahrt mit ihm zu einem kurzweiligen Vergnügen macht. Denn die Räder an der Vorderachse des neuen Transits sind jetzt einzeln aufgehängt, was ein ausgezeichnetes Fahrverha ten garantiert. Dies findet noc Unterstützung durch eine präzis Zahnstangenlenkung (Servolenkun als Wunschausstattung, beim lange

Der Transit Kombi mit langem Radstand. Schiebefenster auf Wunsch (gegen Mehrpreis).

efahren. Der neue Transit.

adstand serienmäßig), die einen akten Fahrbahnkontakt vermittelt. in verlängerter Radstand sorgt r erhöhte Fahrstabilität, und auch in bequemer Innenraum verwöhnt Fahrer und Passagiere mit neuen Komfortsitzen mit hohen Rückenlehnen und verstellbaren, gepolsterten Kopfstützen. Und den passenden Motor können Sie sich aussuchen unter vier kraftvollen Diesel-Direkteinspritzern und einem Benziner. Ihr Ford-Händler erwartet Sie zu einer langen Testfahrt.

Der Transit. Unser neues Wirtschaftswunder.

Ford

Angekommene Tiere: eine Giraffe, zehn Fuß hoch ...

Werbung für den Zoologischen Garten Frankfurt/M

Wer sich – angeregt durch das Thema dieses Kataloges – freudig auf das Sammeln von historischen Zooplakaten „werfen“ möchte, braucht sich keiner großen Mühe zu unterziehen: Es gibt sie nämlich nicht auf dem Markt! Der Zoo in Frankfurt hat einige, das Historische Museum auch, damit ist der erhaltene Bestand im Besitz der Stadt Frankfurt/M genannt.

Tiermotive auf Plakaten gibt es seit ungefähr 111 Jahren. Davor, in den sechziger Jahren des letzten Jahrhunderts, bediente man sich der Form des Schriftplakates, um zum Beispiel neu eingetroffene Tiere im Zoo anzukündigen oder besondere Eintrittspreisermäßigungen zu nennen.

Erst seit Beginn der achtziger Jahre des letzten Jahrhunderts erweiterte der Zoologische Garten seine Plakatgestaltungen um schwarz-weiße oder auch farbige Plakate mit Tiermotiven. Noch druckte man aus Kostengründen keine eigenen Tierdarstellungen, sondern bediente sich zum Beispiel der Plakatangebotsliste der Hamburger Druckerei Adolph Friedländer und ergänzte das Plakat durch einen eigenen Aufkleber oder einen Eindruck.

Zoologischer Garten, 1907, Lithographie, Historisches Museum, Frankfurt/M

Zoologischer Garten, 1889, Lithographie, Historisches Museum, Frankfurt/M

Lassen wir hier einen Fachmann, Dr. Kurt Wettenge zu Worte kommen, der im Katalog zur Ausstellung „Plakate 1880-1914“ des Historischen Museums Frankfurt/M seine Gedanken zu den Tiermotiven äußerte. „Zwei Typen der Gestaltung lassen sich bei diesen Plakaten mit Tiermotiven unterscheiden: Die Darstellung eines nahsichtigen Tieres. Andere Plakate bilden das Tier nicht ausschnitthaft, sondern ganz wie bei dem Känguruh oder dem Flußpferd ab (...) Diese Darstellungsform, bei der das exotische Tier vereinzelt, durch einen eng begrenzten Bildausschnitt gefaßt und nahsichtig gezeigt wird, hatte seit den Einblatt-Holzschnitten und Kupferstichen des 16. und 17. Jahrhunderts Tradition. Mit solchen Blättern kündigte man Schaustellungen exotischer Tiere an oder dokumentierte sie. Durch diese formalen Mittel wurde die Kraft und Monumentalität des Tieres gesteigert, ihm andererseits auch etwas von seiner Bedrohlichkeit genommen, indem der enge Bildausschnitt diesem wenig Raum ließ und es somit beherrschbar erschien.“

Bei den im ausgehenden letzten und beginnenden jetzigen Jahrhundert beliebten Völkerschauen, deren Aufführungsort oftmals der Zoo war, kam

H. Broekman's Circus und Affentheater, 1889, Lithographie und Buchdruck, Historisches Museum, Frankfurt/M

Ausstellung Samoa, Zoologischer Garten, 1901, Lithographie, Historisches Museum Frankfurt/M

auf vom Veranstalter bereits vorgefertigten Plakaten häufig eine Verbindung von Mensch und Tier vor. In unserem Jahrhundert mußte der Erste Weltkrieg vergehen, ehe auch bei Zooplakaten „ernst" gemacht wurde und ein Künstler mit der Schaffung eines individuellen Zooplakats beauftragt wurde.

Hatten die Tierplakate zwischen den Weltkriegen noch eine sichtbar ernste Komponente, verkündete da noch eine unsichtbare Fanfare: „Seht her, wie großartig ich bin", so wandelte sich die Plakatdarstellung in den letzten 35 Jahren mehr zu einer Form, die den Betrachter entweder rühren oder ihn witzig, intellektuell-ästhetisch ansprechen sollte. Dafür finden sich in den aktuellen Plakaten genügend Beispiele.

Zoologischer Garten, 1889, Lithographie, Historisches Museum, Frankfurt/M

Tiere im Zirkus: Alles Nähere wird durch Plakate bekannt gemacht ...

Aus den Beständen der Plakatsammlung des Historischen Museums Frankfurt/M

Circus Sarrasani, Ankunft des Sonderzuges, 1904/05, Lithographie, Historisches Museum, Frankfurt/M

Die Wiege des Zirkus ist die Reitschule des 18. Jahrhunderts ist, so kann nicht verwundern, daß der Zirkus in den ersten 100 Jahren seines Bestehens besonders mit der plakativen Darstellung von Tiernummern seine Besucher anlockte. Das Dressieren von Pferden, die sogenannte Hohe Schule und die akrobatische Kunstreiterei waren der ganze Stolz dieser Unterhaltungsunternehmungen auf Wanderschaft von Ort zu Ort. Kein Wunder also, daß die Attraktion des Abends, die Dressurnummer der Freiheitspferde, vom Chef persönlich, hoch zu Roß im Frack mit Zylinder und Peitsche ein häufiges Bildmotiv der Zirkus-Werbeplakate war. Wilde Wagenrennen nach römischem Vorbild, Hoch- und Weitspringen von Pferden oder Reiterkämpfe bot das einst größte Zirkusunternehmen der Welt, die Schaustellung der Amerikaner *Barnum & Bailey.* Für sein Pferde-Caroussel war der *Zirkus Kolzer* berühmt. Er reiste im Winter 1893 mit einem wahren Treck von 70 Pferden und 120 Künstlern nach Frankfurt. Den Chef, Jean Kolzer, schätzte das Publikum als Virtuosen seiner Zunft. Als Dresseur, Schul- und Jockeyreiter, Kraftjongleur und Pistolmeister bestritt er einen beachtlichen Teil seines Programms selbst. Auch das Plakat, mit dem die Mainanwohner im schlechten Schaustellermonat Dezember in den Zirkusbau an der Kaiserstraße gelockt werden sollten, zeigt den Meister, bildhaft vergrößert, um damit seine Bedeutung zum Ausdruck zu bringen, mit seinen 25 Freiheitspferden. Als unumstrittener Meister der Pferdedressur galt *Zirkus Eduard Wulff.* Er reiste sogar mit 196 Pferden und 280 Personen. Auch sein Plakat zeigt das beliebte Caroussel-Motiv, acht Pferde gruppieren sich im Kreis um den Meister herum, als wären sie ein Orchester, das Eduard Wulff dirigiert. Ganz in Weiß auf einem Schimmel, betörte die Schulreiterin Therese Renz ihr Publikum auf Varieté-Brettern, die genauso schwarz ausgeschlagen waren wie der Bühnenhintergrund. Und da Zirkusplakate ehrlich sind, also in der Regel schon das versprechen, was dann dem zahlenden Publikum gezeigt wird, hat wohl Frankfurt auch die Good-Night-Pferdeschau gesehen: „Heute Freitag den 14. April, präcis 8 Uhr; Große außerordentliche Vorstellung / Collosaler Erfolg des neuen Programms unter anderem das fin de siecle der Dressur Good Night. Das Bettpferd, sich entkleidende und schlafende Pferd. Gesetzlich geschützt. Nur kurze Zeit."

Daß wir heute mit dem Zirkus weniger das Dressieren von Pferden, als viel mehr den aufregenden Umgang mit wilden Tieren wie Löwen verbinden, hat seine Ursache in der frühen Konkurrenz von Wandermenagerien und Zoologischen Gärten mit Beginn des 19. Jahrhunderts. Bis dato war es fahrenden Schaustellern vorbehalten, mit Käfigwagen durch die Lande zu ziehen, um dem Publikum wilde und exotische Tiere zu zeigen, die es sonst vielleicht noch, aber nicht für jeden zu besichtigen, am Hofe gab. Mit dem Kolonialismus ging ein reger Handel mit exotischen Tieren aus Übersee einher, der sich etablierende internationale Tierhandel schaffte Bären, Löwen, Giraffen, Panther, Tiger, Wölfe, Hyänen, Elefanten und exotische Vögel herbei.

Julius Seeth Forest Bred Lions, 1897, Lithographie, Historisches Museum, Frankfurt/M

So entstanden schon im letzten Jahrhundert zunächst nur in Hafenstädten, später in jeder größeren Stadt Zoologische Gärten, die entschieden besser dem neugierigen Publikum ihre Tier-Raritäten präsentieren konnten als die Schausteller. In ihrer Existenz bedroht, spezialisierten sich einige von ihnen auf die waghalsige Dressur von Raubtieren, um weiterhin das Publikum anlocken zu können.

Da ließ man sich allerhand einfallen, so die *Menagerie Ehlbeck*, die sich ganz unbescheiden die „Große Amerikanische Menagerie von J. Ehlbeck“ nannte und damit *Barnum & Bailey* kopierte. Unkonventionell waren ihre Methoden der Pressearbeit. Als die *Menagerie Ehlbeck* 1894 in Frankfurt gastierte, schickte der Chef – so berichtete ein zeitgenössisches Journal – zwei junge Löwen in das Redaktionsbüro zu einem Antrittsbesuch. Mit privatem Sponsoring konnte man auch schon locker umgehen: Die Champagner-Firma Kempf erhielt Zutritt zum Löwenkäfig für eine „Sektofferte“. Besonders legendär aber waren die Menagerie von *Nouma-Hawa* und das *Geschwister Berg Löwen-Theater*, denn hier waren die Chefs Dompteusen. Über seine Prinzipalin Nouma Hawa berichtet ihr ehemaliger Tierwärter in seinen Lebenserinnerungen: „Eine imposante, üppige Erscheinung, die immer in ausgesuchter, geschmackvoller Toilette erschien und als das Merkmal ihres Berufs Narben am Kinn und an der rechten Hand trug. Sie trug ein fleischfarbenes Trikot und darüber ein kurzes Obergewand, das nicht weiter als über die Taille herabreichte, vorne mit langen Galafransen und hinten mit einer stattlichen Schleppe versehen. Im Haar trug sie ein prächtiges Diadem von acht Edelsteinen, ebenso an den Händen zahlreiche Brillantringe.“ Die erste Dompteuse der Welt steht auf ihrem Plakat im Mittelpunkt des Bildes, umgeben von brüllenden Raubkatzen, die zeichnerisch vergrößert sind. Während Nouma Hawa die erotische und unbezwingbare femme fatale verkörpert, sind die Dompteusen Hermine, Harriet und Elfriede Berg musischer. Ihre immerhin zwölf Königslöwen, mit denen sie 1899 in Frankfurt gastierten, trugen literarische Namen wie Faust, Lohengrin oder Gretchen.

Zirkus Barnum & Bailey Größte Schaustellung der Welt, 1900, Lithographie, Historisches Museum, Frankfurt/M

Auch der uns allen heute bekannte *Zirkus Krone* entstammt einer Menagerie, die ihr Gründer „*Menagerie Continental*“ nannte und die sein Sohn, Carl Krone übernahm und sie später in *Cirkus Krone* umbenannte. Die Attraktion von Carl Krone war, wie das Plakat zeigt, der Triumpfzug des gekrönten Königs der Tiere, des Löwen, der in einem antiken Wagen von Doggen gezogen wurde. Diese Nummern zeigen, daß sie kaum noch in engen Jahrmarktswagen zu realisieren waren, und so starb die Wandermenagerie, die aber die zukünftige Attraktion eines jeden Zirkus hinterließ, die Tierdressur und damit den Beruf des Dompteurs. Wilhelm Hagenbeck, der Bruder des Hamburger Tierhändlers Carl Hagenbeck, erfand den Manegenkäfig, der den engen Wagenkäfig ablöste und der Dressur größeren Spielraum gab. Zusammen mit seinem Bruder gründete er eine Dressurschule, die zum einen Dompteure ausbildete, in der aber auch viele Zirkus-Tiernummern erfunden und eingeübt wurden. Hagenbecks verkauften dann fertige Dressurnummern zusammen mit den Tieren, oder sie vermieteten sie zusam-

Good Night/La Plus Grande Nouveauté Equestre, 1898, Lithographie, Historisches Museum, Frankfurt/M

men mit von ihnen festangestellten Dompteuren, die mit den Raubtieren auf Tournee gingen. Ihre Spezialität war das Dressieren gemischter Gruppen von Tieren, die sich aufgrund ihrer Natur spinnefeind sind. Hagenbecks Verdienst ist, daß die Tiere nicht mehr mit Feuer und Peitsche unter den Willen des Menschen gezwungen werden, sondern auf sogenannte sanfte Art, was meint, der Dompteur empfindet die natürlichen Charaktere der Tiere nach, benutzt sie, um sie dann in ein gemeinsames, häufig geometrisches aber völlig widernatürliches Ordnungsmuster zu bringen. Die Faszination dieser Tierdressuren liegt, wie Stephan Oettermann beweist, in der Zurschaustellung der absoluten Unterwerfung der Tiernatur unter den „stählernen" Willen des Menschen. Menschen, die einen industriell-zivilisatorischen Lebensrhythmus so verinnerlicht haben, daß sie das Korsett ihrer abgezirkelten Arbeits-, Frei- und Schlafenszeiten für völlig natürlich halten, schauen magisch angezogen auf den Dompteur, der den wilden ungestümen Urwaldwillen zähmt.

Prof. J. A. Wallenda/Champion Of The World, vor 1893, Lithographie, Historisches Museum, Frankfurt/M

Die Botschaft einer Ästhetik der Unterwerfung setzen die Plakatzeichner effektvoll in Szene, erstaunlicherweise über Jahrzehnte hinweg ohne gravierende grafische Veränderungen, international verständlich und charakteristisch.

Das Plakat gehört zum Zirkus wie die Kapelle, der Clown und die Kostüme der Artisten. Erfunden wurde es in den 60er Jahren des 19. Jahrhunderts in den USA, Litho- und Druckanstalten spezialisierten sich gar auf dieses Genre und beschäftigten ganze Heerscharen anonymer Zeichner, die Zirkusplakate zum Beispiel für Barnum & Bailey direkt auf den Stein zeichneten. Der bedeutendste deutsche Hersteller von Zirkusplakaten war Adolph Friedländer. Auch die meisten der in diesem Katalog abgebildeten Plakate stammen aus seiner Hamburger Lithografischen Kunstanstalt, die er 1872 gründete. Bis zum Ersten Weltkrieg entstanden in seinen Ateliers über 6 000 Zirkusplakate, deren Auflage zwischen 1 000 und 3 000 Stück lag. Anders als bei der künstlerischen, wie auch der grafischen Entwicklung des Werbeplakats waren die anonymen Zirkusplakatzeichner der Hort einer sich nicht ändernden Varieté-Ästhetik, die – bis heute eigentlich – dem Detailrealismus folgen und damit Momentaufnahmen der Sehnsüchte und Wünsche des Publikums sind, das diese Unterhaltung liebt. „Ein Stück Grenzland ist da," meint Ernst Bloch bei der Beschreibung des „Prinzips Hoffnung", „zu sehr herabgesetzten Eintrittspreisen, aber mit erhaltenen Bedeutungen, mit kurios utopischen, konservativ in brutaler Schau, in vulgärer Hintergründigkeit."

Der Zirkus kennt auch die traurig komische Distanz, sonst gäbe es den Clown nicht, und so hat er auch das witzige Gegenstück zur Raubtierdressur erfunden, das Affentheater, mittlerweile auch fester Bestandteil des deutschen Sprichwortschatzes. Aber damit nicht genug, im Zirkus treten ebenso Kakadus in pussierlichen Formationen auf und vollbringen Kunststücke, die ihnen keiner zugetraut hätte, Känguruhs boxen mit ihren Dompteuren und das Plakat des ersten Berliner Parodie-Theaters verspricht an einem Abend, sich mit Schillers Räubern, Nero, dem Ring der Nibelungen, Wilhelm Tell und dem Troubadour zu beschäftigen. Damit hatte man sich wohl zu viel vorgenommen. Der Journalist der damaligen Tage, als Zirkus noch ein so wichtiges Ereignis war, daß ein Korrespondent hingeschickt wurde, berichtete: „Unser armer Berichterstatter, der, ein Opfer seines Berufes, diesen haarsträubenden Blödsinn über sich ergehen lassen mußte, singt mit dem bankrotten japanischen Pfefferminz-, Camillen- und Fliederthee-Hausbesitzer in der 'Getsha': Sching, Schang, Schönewald. Ich schütt'le meenen Kopp. Frag mir einer: 'War et schön?' Dann sage ick: 'Na ob.'"

Dr. Karin Westermann

Vom schlauen Fuchs und dem Froschkönig: Die ewig junge Lust am Fabulieren

In einer doppelseitigen Anzeige erzählt die Computer-Firma *Apple*, bekannt als großer Herausforderer der *IBM*- und *MsDos*-Welt, ihren Kunden eine Geschichte:

„Der Hase war landauf, landab als großer Schnelläufer bekannt. Es gab niemanden, gegen den er jemals verloren hätte. Und wenn man sich's recht überlegt, so muß man Verständnis dafür haben, daß der Hase im Laufe der Jahre nicht nur immer sieggewohnter, sondern auch ein wenig eitel wurde. Man kann sich vorstellen, wie der Hase die Nase rümpfte, als der listige Igel eines schönen Tages daherkam und einen kleinen Wettlauf vorschlug. Das war denn doch die Höhe! Ausgerechnet ein kleiner, kurzbeiniger Igel wollte ihn, den durchtrainierten Sprinter, schlagen? Doch immerhin, Meister Lampe trat an. Und lief so schnell, wie er noch nie in seinem Leben gelaufen war. Völlig außer Atem kam er im Ziel an – und wunderte sich nicht wenig, daß der Igel schon da war. Der Hase verstand die Welt nicht mehr... Der Igel war landauf, landab als kluger Denker bekannt. Es gab niemanden, gegen den er im klugen Denken jemals verloren hätte. So verstand er die Schnelligkeit des Hasen als eine intellektuelle Herausforderung. Ihm war klar, daß der Hase rein physisch nicht zu schlagen war. Also stellte er die Igelin, die ihm täuschend ähnlich war, ins Ziel. Und siegte. Er gewann, weil er anders gedacht und eines erkannt hatte: Vorhandene Präsenz im Ziel ist grundsätzlich schneller als der Weg dorthin. So gesehen, haben wir von Apple uns schon immer als Igel verstanden."

Produkt:
Apple Computer GmbH, München
Agentur:
Team/BBDO Hamburg GmbH Werbeagentur
Laufzeit:
1988
Medium:
Print

Condor, die Ferienflieger-Tochter der *Lufthansa*, berichtet von einem Strand, an dem ein kleines Mädchen, erst kurz in Teneriffa angekommen, gleich von einer ganzen Horde aufgeblasener Typen wie Fröschen und anderen Tieren umringt ist.

Ähnlich einer Traumszene sehen wir eine junge Frau an einer Theke sitzen, prinzessinnengleich mit langen blonden schimmernden Haaren,

Produkt:
Cointreau, Weltmarken Import GmbH & Co., Wiesbaden
Agentur:
Michael Conrad & Leo Burnett GmbH & Co. KG, Frankfurt/M

einem Pailletten besetzten Kleid, das ihr traumhaftes Rückendécolleté betont. Dazu trägt sie Ohrringe und einen Armreif, in der Hand hält sie ein Glas mit einem schimmernden klaren Getränk. Der Barhokker neben ihr steht im Scheinwerferlicht. Dort hockt ein kleiner Frosch. *Cointreau*, sagt die Überschrift, könne man mit und ohne Prinz trinken.

Der Frosch, diesmal trägt er eine goldene Krone und ist rot, spielt auch seit über 100 Jahren bei der werblichen Präsentation von *Erdal Rex* die entscheidende Rolle. Auf Anzeigen lächelt herausfordernd ein flotter roter Vertreter dieser Gattung mit Smoking, scheinbar eng anliegenden roten Lederhosen und immer gut geputzten Schuhen. Heute ist ein neuer Frosch, der im Unterschied zum alten weniger als Frauenheld glänzt, hinzugetreten. Sich den neuen gesellschaftlichen Entwicklungen anpassend, ist er nun grün, ohne Krone und arbeitet als Hausmann.

Seit 16 Jahren agiert ein Fuchs in der Anzeigenwelt, wenn es um den richtigen Bausparvertrag geht. Er ist seriös, weil er selbst ein schlauer Bausparer ist, als vorbildliches Familienoberhaupt auf vernünftige Preis-Leistungsverhältnisse bedacht.

Äsop und die Muttersprache

Wir, die weibliche Zielgruppe, finden es völlig normal, daß eine von uns ein Rendezvous mit einem Frosch hat, die weiblichen Kommunikationspartner erotisch anspricht und eine Krone trägt. Wir murmeln, „ick bün all hier" vor uns hin, wenn uns das Konkurrenzverhältnis von Hase und Igel vor Augen geführt wird und sie um die Wette laufen. Natürlich lassen wir uns von einem Fuchs in Geldsachen beraten, von wem sonst, schließlich ist der schlau und hat schon damals die Sache mit den Trauben für uns alle zu einem würdigen Ende gebracht. Wir lachen ganz selbstverständlich, wenn wir aufgeblasene Gummitiere sehen. Wir fragen nicht, warum wir alle diese Dinge tun, die mit den biologischen Eigenarten der dargestellten Tiere absolut nichts zu tun haben. Im Gegenteil: Wir freuen uns, daß endlich einer mal wieder eine schöne Geschichte erzählt, wir spinnen sie selbst weiter, verfallen in die Lust des Fabulierens.

„Vom Vater hab' ich die Statur, des Lebens ernstes Führen, vom Mütterchen die Frohnatur und Lust zu fabulieren", sagt Goethe dazu und beschreibt damit seine eigene Lust, die uns „Reineke Fuchs" hinterließ. Fabulieren ist eine Muttersprache, es geht auf das lateinische Wort „Fabula" zurück und heißt ganz einfach „Sprechen", aber auch schon „Gerüchte erzählen"; später verbindet das Mittelhochdeutsche damit das Erzählen von Märchen und Geschichten, das fabelhafte Berichten von bedeutungsvollen Erlebnissen. Die Kunst, Fabeln zu schaffen, begleitet die Menschheit seit dem sechsten vorchristlichen Jahrhundert. Sie ist verbunden mit dem Namen Äsop, und auf ihn gehen auch heute noch die meisten Tiercharaktere zurück, mit denen wir wie selbstverständlich umgehen, und mit denen die Werbebranche erfolgreich Aufmerksamkeit auf sich zieht. Das Fabulieren war die Antwort des griechischen Volksgeistes auf die damals herrschende, für die Mehrheit wenig erfreuliche gesellschaftliche Situation, die Sklaverei. Mit dem aufblühenden Handel in den Städten Milet, Ephesos und Samos geriet diese Ordnung ins Wanken, der einst stolzen, aber müßiggängerischen Adelsschicht sagten die Sklaven und Händler wirtschaftlich und kulturell die Konkurrenz an. Man wollte eine neue Staatsform, die Demokratie, und eine neue Literatur. Bis dato gab es das Heldenepos von Homer, nun erzählte man sich auf Marktplätzen und an den Hafenquais Prosa und lustige Schnurren. Da man sich der politischen Situation noch nicht so ganz sicher war und nicht jeder Geschichtenerzähler wissen konnte, was mit ihm geschah, wenn er seine Meinung äußerte, übte man sich in einer besonderen Metaphorik:

Produkt:
Condor Flugdienst GmbH Kelsterbach
Agentur:
Michael Conrad & Leo Burnett GmbH & Co. KG, Frankfurt/M
Laufzeit:
1985 bis heute
Medien:
Print, Video-Clip

die Protagonisten der Geschichten waren Tiere, denen alles mögliche widerfuhr, woraus die Zuhörer nun wiederum Lehren ziehen konnten oder sollten.

Weg mit den rauhen Geboten

Als die sieben Weisen, die führenden Staatsmänner und Philosophen, noch regierten und Lehren erteilten wie: „Erkenne dich selbst" (Thales) oder „Nichts zu sehr" (Solon), erzählte Äsop die Geschichte vom Wettlauf der Tiere folgendermaßen: „Der Hase verspottete einst die lahme Schildkröte wegen ihrer Faulheit. 'Höre, du Schnelläufer', entgegnete die Schildkröte, 'ich werde dich im Wettlauf besiegen'. 'Das kannst Du leicht sagen', antwortete der Hase, 'aber laß dich nur in den Kampf ein, dann wirst Du etwas erleben. Wer soll nun den Platz abstecken und den Sieger verkünden?' Das weiseste und gerechteste Tier, der Fuchs, steckte die gerade Linie ab. Die Schildkröte, sich ihrer Schwerfälligkeit bewußt, war nicht müßig und machte sich sofort auf den Weg. Der Hase aber in seinem Übermut legte sich erst einmal schlafen. Als er dann ans Ziel kam, fand er dort die lahme Schildkröte als Siegerin."

Ein zeitgenössisches Gedicht über Äsop analysiert dessen beliebte und erfolgreiche Kunst so: die sieben Weisen hätten mit Zwang belehrt, „doch mangelt den Worten die überredende Kraft, wie sie der Samier Äsop zeigt. Er verkündet in weisen Märchen und Fabeln das Wahre und in spielendem Ernst lehrt er vernünftig zu sein. Weg mit den rauhen Geboten! Der Samier aber bietet des Märchens Reiz, das wie ein Köder uns lockt." Kein Wunder also, daß später dieser Köder bei Kindern ausgelegt wurde. Die findigen Eltern hielten sie mit Fabeln vom Spielen ab und vermittelten ihnen so Lesen und Schreiben sowie die Grundzüge gesellschaftlicher Moral. Auch die Erwachsenenwelt verständigte sich über die Jahrhunderte hinweg mit Hilfe der Fabel über ihre Erlebnisse wie heute auch, wenn man die eigenen und die Erfahrungen anderer mit einem geflügelten Wort zusammenfaßt, zum Beispiel: „Es schmückt sich jemand mit fremden Federn."

Produkt:
The magic of fashion; Otto Kern, Kaiserslautern
Agentur:
Hiepler, Valencise, Wackerbarth, Düsseldorf
Photographie:
Horst Wackerbarth
Laufzeit:
seit 1988
Medium:
Print

Meister Lampe und Reineke Fuchs

Auf diesem Weg haben auch wir irgendwann einmal dieses besondere Genre der Tiergeschichte kennengelernt. Die Geschichte vom Hasen und dem Igel, mit dem der Igel *Apple* dem Hasen *IBM* den Kampf ansagt, stammt in dieser Form von den Gebrüdern Grimm, allerdings hieß der Hase da noch nicht Meister Lampe, das ist der Geschichte von „Reineke Fuchs“ entnommen. Das alte Volksmärchen kam bei uns durch eine Bearbeitung von Goethe groß heraus, er hat sich auch besonders um den Charakter des Fuchses verdient gemacht, der uns heute als erfolgreicher Fürsprecher einer Bausparkasse nahesteht. Und daß wir Menschen, die sich größer machen als sie sind, als aufgeblasene Typen verlästern, daß hat Jean de La Fontaine zu verantworten. Dort heißt es:

Ein Frosch, der so groß sein wollte wie ein Ochse:

Ein Fröschlein, als es einen Ochsen sah,
Fand, stattlich stehe dieser da.
Er selber war nicht größer als ein Ei;
begierig dehnt und bläht und plagt er sich,
daß er dem Biest an Größe ähnlich sei.
Schau, Bruder, ruft er, schau auf mich,
hab ichs erreicht, ist es genug? -
O nein. – Und nun? – Noch nicht –
Und jetzt? Sag's frei! –
Es fehlt noch viel. –
Der arme Knirps macht Zug um Zug
und platzt mit lautem Knall entzwei.
Das Fröschlein hat in aller Welt Verwandte:
Mit Großmannssucht baut jeder Biedermann,
der kleinste Fürst hält sich Gesandte
und Diener schafft der Herr Marquis sich an.

Äsopismus: Charmantes Versteckspiel der Kommunikation

Schriftsteller packt die Lust am Fabulieren besonders in Zeiten gesellschaftlicher Veränderung, so auch Jean de La Fontaine. Er kritisierte die höfische Adelsgesellschaft des Absolutismus,und machte sich bei dem Sonnenkönig nicht unbedingt beliebt. Den Hofstaat aber begeisterten seine Fürstenbelehrungen. Offensichtlich ist es schwer, sich dieser Art von Spiegel, der einem von Kritikern vorgehalten wird, zu entziehen. Diese Beobachtung machte auch Goethe, der einer Freundin über den Typus des Fuchses schrieb: „Hier, liebe Freundin, kommt Reineke Fuchs, der Schelm, und verspricht sich eine gute Aufnahme. Da dieses Geschlecht auch zu unseren Zeiten bei Höfen, besonders aber in Republiken sehr angesehen und unentbehrlich ist, so möchte nichts billiger sein, als seine Ahnherren recht kennen zu lernen.“ Erst Goethe hat den Fuchs zur Gestalt des Bürgertums gemacht, der sich in der Fabel mit weltlichen und geistlichen Feudalherren und Autoritäten auseinandersetzt. Kurzum: Zu allen Zeiten benutzt die Tiergeschichte die Verschiebung des eigentlich zu Erzählenden auf sicheres Terrain. Sie ist eine besondere Kunst des Kommunizierens, deren Charme sich der Mensch, sei er nun der Esel oder der Löwe in der Geschichte, kaum entziehen kann. Seiner Wirkung sicher, erlaubt sie dem Fabulierenden zugleich, Dinge zu sagen, die man so direkt nicht sagen darf, sei der Grund die gesellschaftliche Konvention, die zum Beispiel die vergleichende Werbung verbietet, oder einfach der, daß man etwas Neues sagen will, was das Gegenüber verunsichert. Der „Äsopismus“, dieses charmante Versteck- und Verschiebespiel der Kommunikation, verbindet den Sklaven und Geschichtenerzähler Äsop mit Jean de La Fontaine, Goethe, Lessing, den Gebrüdern Grimm und Walt Disney mit den modernen Fabelerzählern in den Agenturen. Denn auch eine Agentur soll die Produkte ihrer Kunden dem unwägbaren Markt auf eine charmante, so unverwechselbar wie wirksame Weise nahebringen.

Die Welt ist alt, wie ein Kind unterhalten, muß man sie doch

Alle sind sich der Macht der Fabel durchaus bewußt, denn die Geschichtenerzähler haben eigentlich immer eine im Repertoire, mit der sie über sich selbst sprechen:

Produkt:
Bausparkasse Schwäbisch Hall AG
Agentur:
Ogilvy & Mather GmbH & Co. KG, Frankfurt/M
Laufzeit:
1975 bis heute
Medien:
Print, TV, Kino, Hörfunk, Plakat

Produkt:
Kodak AG, Stuttgart
Agentur:
Young & Rubicam GmbH Werbeagentur, Frankfurt/M
Medium:
Print

„Einst zu Athen, vorm Volk, das arg leichtsinnig war,
lief ein Redner (er sah das Land in Gefahr)
zur Tribüne; er wollte mit zwingendem Geschick
die Herzen verschmelzen zu einer Republik.
Laut über das Gemeinwohl sprach er.
Man hörte nicht. Der Redner kehrte nachher
wieder zurück, mit Worteknütteln
die trägen Seelen aufzurütteln:
er ließ die Toten sprechen, er donnerte mit Macht.
Der Wind verwehte alles; kein Mensch gab acht.
Das Tier mit den launischen Köpfen, gemacht
für solche Streiche, überhörte auch diesen Pfiff;
es schaute weg und hielt sich auf,
statt bei den Worten, bei einem Kindergerauf.
Was tat der Redner? Ihm half ein Kniff:
Ceres, begann er, reiste einmal
mit einer Schwalbe und einem Aal.
An einem Flusse hielt sie an. Die Schwalbe flog
hinüber und schwimmend zog
der Aal ihr nach. Im Nu die Versammlung schrie
mit einer Stimme: Und Ceres, was tat sie?
- Was sie tat? Ein Groll sogleich
erfüllte ihre Seele gegen euch.
Warum? Sie sieht erfaßt ihr Volk mit Kindereien
und die Gefahr, die euch droht, allein
unter Griechen, die kümmert euch nicht.
Habt ihr für Philipp denn kein Gesicht?
Die Versammlung, durch die Fabel geweckt,
bei diesem Tadel aufgeschreckt,
gab sich ganz in des Redners Bann:
da sieht man, was die Fabel kann.
Athener sind wir in diesem Punkte alle
und ich, als ich machte diese Moralität,
wie sie im Buch von der Eselshaut steht,
lachte darüber mit lautem Schalle.
Die Welt ist alt, sagt man. Ich glaubs. Jedoch
wie ein Kind unterhalten muß man sie noch.

Erinnerungen aus den Tiefen unserer Buschseele

Sind es unsere Kindheitserinnerungen, die uns wohlig umfangen, wenn wir das *Cointreau*-Tête-à-Tête sehen? Und wenn ja, warum schütteln wir uns dann nicht, denn schließlich wollte der Frosch, dieses schlüpfrig häßliche Wesen, nicht nur von unserem goldenen Tellerchen essen, sondern auch in unserem Bettchen schlafen? Die Erinnerungen an vorlesende Eltern und Großeltern, an den frühen Grusel im Bettchen, sind es sicher auch. Die Assoziationen aber, die uns wie magisch an die Tiergeschichten binden, gehen noch sehr viel weiter. Wir begegnen in der Fabel unserer „zweiten Persönlichkeit", würde C. G. Jung dazu sagen, unserer unbewußten Psyche. Sie bewahrt das natürliche Erbe der Menschheit auf und so, wie wir uns genetisch an die gesamte Menschwerdung „erinnern", so erinnert sich die Psyche an unsere „Buschseele".

Das Bewußtsein des Menschen, so C. G. Jung, hat sich nur langsam entwickelt und es bedurfte vieler Zeitalter, um den Zustand der heutigen Zivilisation zu erreichen. In früheren Zeiten haben sich die Menschen psychisch nicht als Einheit empfunden, sie glaubten an eine zweite Seele, die durch ein bestimmtes Tier, einen Baum oder gar einen Stein verkörpert wird. Wenn dieser äußeren Seele, also dem Baum zum Beispiel, Gewalt zugefügt wird, so empfindet man das als eigene Schändung. Oder umgekehrt kann jemand, dessen „Buschseele" in einem Krokodil verkörpert ist und der dieses Tier folglich wie seinen Bruder betrachtet, ungehindert durch einen Fluß voller Krokodile schwimmen. Wir leben diese Fähigkeit der „participation mystique" nicht mehr, aber wir erinnern uns an sie und wir sind umgeben von einer Vielzahl von Symbolen, die sich aus den unbewußten Inhalten der Psyche ableiten und wesentliche archetypische Bilder, Schlüsselsituationen der Menschheitswerdung darstellen.

In dieser vorbewußten Welt der Symbole spielen Tiere eine große Rolle. Sie können an früheste Menschheitsträume erinnern und auf der schöpferischen Phantasie unserer Urahnen beruhen, wie sie in Mythen und Märchen überliefert sind. Sehen wir sie, sind wir berührt, ohne zu wissen warum. Kryptomnesie, nennt das die Psychoanalyse. Gemeint ist ein Vorgang des Erinnerns, bei dem man nicht genau weiß, woran man sich erinnert, es kommt einem nur bekannt vor: Wir begegnen den Erlebnissen, die in den Tiefen unserer Seele verborgen sind. Tiersymbole wie der Frosch erinnern Frauen an ihre weibliche Identitätsbildung. In der älteren nordischen Version, ist der Frosch noch eine Schlange und symbolisiert die Überwindung des jungen Mädchens, sich auf den Mann einzulassen, um dann mit einem schönen Prinzen, Liebe und Glück belohnt zu werden. Kein Wunder also, das Frösche „anmachen" können. Der Osterhase und seine Eier ritualisiert die Geschichte des Archetypus von Tod und Wiedergeburt. Wappentiere wie der Adler, der Löwe, der Bär oder andere sind Totemtiere, Symbole für die Identität des einzelnen mit der Gruppe, sei es der Staat, die Familie, die Handwerkergemeinschaft oder der Fußballclub. Tiersymbole begleiten uns auch durch die verschiedenen Stadien unserer menschlichen Entwicklung, in der Kindheit und Jugend zunächst in der Form verschiedener Heldengestalten, die entweder mit wilden Tieren kämpfen oder selbst Tiere sind, so zum Beispiel inszeniert in berühmten Fernsehserien wie „Rin Tin Tin", „Fury", „Flipper" oder „Lassie". Im Übergang vom mittleren Erwachsenenleben zum Alter erscheinen sie in unseren Träumen als Transzendenzsymbole, Zeichen, die andeuten, daß der Mensch sein höchstes Ziel erreichen kann, die volle Verwirklichung seines individuellen Selbst. Symboltiere der Transzendenz sind zum Beispiel solche, die sowohl im Wasser wie auf dem Land leben, zwischen Bewußtem und Unbewußtem also vermitteln. Vögel bedeuten Veränderungen, geistige Aspirationen und damit die Grenzenlosigkeit geistiger Freiheit, ein Symbol, das darum zwischen den Zeilen der zensierten DDR-Kultur große oppositionelle Bedeutung hatte.

Totem ja, aber keine Tabus

Nach Walt Disney ist es die Werbung, die in unsere so modern-sachliche, märchenlose Zeit die Kunst des Fabulierens gebracht hat. Sie selbst ist gut beraten, aus diesem reichen Fundus der Symbole zu schöpfen, uns mit dem Köder einer Tiergeschichte zu animieren und zu verführen. Sie hat am Beginn eines neuen Jahrtausends „auf das richtige Pferd" gesetzt; und das in einer Zeit, in der die zivilisatorische die natürliche Seite unserer Existenz unterdrückt und droht, die Natur irreversibel zu zerstören. Während wir mit Ge- und Verboten uns und andere zwingen, ökologischer und natürlicher zu leben, bringt sie

Produkt:
Freundin
Burda GmbH, München
Agentur:
Michael Conrad & Leo Burnett GmbH & Co. KG, Frankfurt/M
Laufzeit:
1986 bis 1990
Medien:
Print, Plakat

GUT IST UNS NICHT GUT GENUG.
HERTIE

Horst Ziegenfusz

Großwildjagd im Reich der Mythen

Den Kindern von heute sind sie weitaus bekannter als unsere heimische Tierwelt. Ihre Präsenz im Medien- und Asphaltdschungel der Großstädte ist nicht nur hartnäckig, sondern auch in ständigem Wachstum. Die Rede ist von Tierdarstellungen mit denen, durch die emblematische Verbindung von Wort und Bild, allüberall in unserer modernen Konsumwelt geworben wird.

Und wer kennt sie nicht, all die Kamele, die Tiger, die Kühe (ob lila oder gescheckt), die Bären, Hasen, Hirsche, Dinosaurier etc., die sich auf all den Papierwiesen der Warenwelt tummeln. Interessanterweise alles Tiere, die uns in freier Wildbahn (sofern vorhanden) möglichst nur in der Ferne erscheinen möchten. Für die werbepsychologische Strategie scheint aber gerade dieses Spiel von „Groß“ und „Klein“ oder „Wild“ und „Zahm“ eine entscheidende Rolle auf dem Weg vom Produkt zum Gedächtnis des Käufers zu spielen. Eine Art Brückenkopf im mentalen Revier des Konsumenten.

Diese Tatsache scheint paradox. Denn was hat zum Beispiel ein Auto mit einem Jaguar, oder ein Elch mit einem Möbelstück zu tun? Sprechen wir nicht heute im Stadium post-industriellen Bewußtseins von einer Entfremdung im Hinblick auf unser Verhältnis zur Natur, deren Zauber wir nicht nur allein durch die Anmaßung wissenschaftlicher Erkenntnisse gebrochen haben, sondern dem Ganzen noch eins drauf geben, indem wir sie auch noch systematisch zerstören. Hinter den Wolken verstekken sich schon lange keine Götter mehr. An ihre Stelle ist nun das große Ozonloch getreten. Ein ebenso künstliches Gebilde wie unsere moderne Lebenswelt.

Seit der Mensch die unio mystica zwischen sich und der Natur aufgekündigt hat, scheint Natur ein beherrschbarer Gegenstand geworden zu sein. Wir haben gelernt, die Objekte unserer Erkenntnis fein säuberlich aus einem vorgegebenen Ganzen herauszutrennen und sie für sich zu betrachten. In einem Experiment untersuchen wir den Gegenstand und schaffen uns dann ein geeignetes logisches Modell. Der Ethnologe Claude Levi-Strauss, der eine strukturelle Brücke zwischen den sogenannten primitiven Völkern und unserer industriellen Zivilisation geschlagen hat, spricht in diesem Zusammenhang von einer „Art Umkehrung des Erkenntnisprozesses: Wenn wir das wirkliche Objekt in seiner Totalität erkennen wollen, neigen wir immer dazu, von seinen Teilen auszugehen. Der Widerstand, den es uns entgegenstellt, wird überwunden, indem wir die Totalität teilen. Die Verkleinerung kehrt die Situation um: In der Verkleinerung erscheint die Totalität des Objekts weniger furchterregend; aufgrund der Tatsache, daß sie quantitativ vermindert

ist, erscheint sie uns qualitativ vereinfacht. Genauer gesagt, diese quantitative Umsetzung steigert und vervielfältigt unsere Macht über das Abbild des Gegenstandes; durch das Abbild kann die Sache erfaßt, in der Hand gewogen, mit einem einzigen Blick festgehalten werden. (...) Im Gegensatz zu dem, was sich ereignet, wenn wir eine Sache oder ein Wesen in seiner wirklichen Größe zu erkennen suchen, geht im verkleinerten Modell die Erkenntnis des Ganzen der der Teile voraus.“

Aneignung von Natur geschieht in der modernen Welt durch Vereinfachung und Schaffung einer eigenen symbolischen Welt en miniature sozusagen. Einer Welt, die die furchtbaren Schrecken und „Grausamkeiten“ der Natur außen vor läßt. Das heißt, daß wir der Götterwelt unsere Menschenwelt gegenübergestellt haben und der Strafe der Götter nicht mehr willkürlich ausgesetzt sind. In einer Gesellschaftsform, wie der der Navaho-Indianer Südamerikas beispielsweise, in der jedes Tier und jede Pflanze in einer direkten Beziehung zu einem natürlichen Element steht, schließt sich der Kreis eines komplexen Verweisungszusammenhangs, in dessen Mittelpunkt nach wie vor sinnliche Erfahrbarkeit eben dieser Elemente steht (so unterscheidet man im „Ritual des Feuersteins“ die folgenden Bezüge: Kranich-Himmel; ‘Roter Vogel‘-Sonne; Adler-Berg; Kolibri-Pflanze; Reiher-Wasser; etc. (nach Levi-Strauss).

Demgegenüber steht unser sich Ausgrenzen mittels rationaler und logischer Techniken des Geistes. Das daraus resultierende Zwangskorsett der

Vernunft ließ schon immer die Künstler rebellieren. Ihre Absicht allerdings, durch den „aufgeklärten“ Geist hindurch wieder in jenen mythischen Zustand zu gelangen, in dem Mensch und Kosmos eins sind, konnte sich letztlich nur in poetologischer Weise äußern. Der französische Surrealist Aragon spricht in seinem 1926 erschienenen Buch „Le paysan de Paris“ (Pariser Landleben) davon, sich die Unzulänglichkeit des reinen Denkens einzugestehen, um dem Rechnung zu tragen, was sich seiner an Gefühl bemächtigt hatte: „Woher hätte ich bei meinem Sinn für Logik den für das Geheimnis hergenommen?“

Ihm war klar geworden, daß es hier eine enge Beziehung zwischen der bildlichen und der metaphysischen Tätigkeit seines Geistes geben mußte. „Es konnte mir nicht lange verborgen bleiben, daß das Eigentümliche meines Denkens, das Eigentüm-

liche der Entwicklung meines Denkens, ein der Genesis des Mythos ganz ähnlicher Mechanismus war und daß ich ganz gewiß nie dachte, ohne daß mein Geist sich sogleich einen Gott schuf (...) Der Mensch schien mir so voller Götter zu sein wie ein Schwamm, der sich mit Himmel vollgesogen hat." Für alle Bewegung sind das die „Triebkräfte der Verwandlung". Während wir hier Aragon verlassen, der nun daran ging, eine Art moderner Mythologie zu konzipieren, beschränken wir uns darauf, festzustellen, daß Aragon einem Mechanismus unseres Geistes auf der Spur war, der zu allen Zeiten menschlicher Existenz wirksam ist, und nur in verschiedenen Formen seine Ausprägung findet. In einer Welt, in der wir unablässig neue Artefakte und rationale Modelle entwickeln, scheint dieser Mechanismus nicht ausreichend versorgt zu sein.

Profanste Gegenstände der im fortlaufenden Wettstreit liegenden Konsumgüterindustrie werden mit Attributen ausgestattet, die sie nicht sinnlich wahrnehmbar haben, sondern in ihrer Bedeutung auf etwas ganz anderes verweisen lassen. Sie können sich nur Inhalte suchen, die ihre Bedeutung verloren haben.

So wird die Frage, ob denn alles zum Mythos werden könne, von Roland Barthes in den „Mythen des Alltags" bejaht: „... denn das Universum ist unendlich suggestiv. Jeder Gegenstand der Welt kann von einer geschlossenen, stummen Existenz zu einem besprochenen, für die Aneignung durch die Gesellschaft offenen Zustand übergehen, denn kein – natürliches oder nichtnatürliches – Gesetz verbietet, von den Dingen zu sprechen." Der gesellschaftliche Gebrauch entscheidet hier über die jeweilige Bedeutung des Gegenstandes.

Der mythische Schwingkreis, der somit zwischen Bedeutendem und Bedeutetem entsteht, erlaubt es, Beziehungen herzustellen, die nicht offenbar, im Gegenteil, frei zu bestimmen sind. Jene Bild- und Textverknüpfungen, wie sie in unserer Warenwelt gebraucht werden, sind triviale Reflexe auf jene mythologische Form, deren Inhalte heute nicht mehr existieren. An ihrer Stelle bleibt nur ein Verlangen.

Die Verknüpfung von Tierfigur und industriell gefertigtem Produkt bedeutet, daß eine Spur zu jenem wilden und unbekannten Ort gelegt wird, der zwar durch unsere Rationalität in Schach gehalten, aber durch diesen Vorgang zumindest mythisch aufgeladen wird, uns wenigstens einen Augenblick lang suggeriert, eins zu sein mit dem unendlichen Kosmos. Mit Bild und Sprache wird hier eine neue Bedeutung geschaffen, die stumpf bleibt und somit nie erfahrbar werden kann. Vielleicht hilft uns irgendwann dann nur noch jene Forderung Aragons, jeden Menschen dazu zu bringen, ein Bild zu finden, das das ganze Universum abschafft.

Annette Leonhard

Tier-Motive in der Werbung

Überblick und Analyse

Das Tier-Motiv in der Werbung ist so alt wie die Werbung selbst, unabhängig davon, ob man den Begriff Werbung sehr weit als das Übermitteln von Botschaften überhaupt faßt, oder ob man unter Werbung im engeren nur den Kampf um Marktanteile versteht. Immer findet man das Tier als Bedeutungsträger, denn es gehört seit jeher zu den prägenden Bestandteilen menschlichen Lebens. Obwohl unser heutiger Umgang die Tierwelt durch Aufklärung und Technisierung deutlich entmystifiziert hat, gehört das Tier dennoch – und im Zeichen gewachsenen ökologischen Bewußtseins mehr denn je – zu den großen Bereicherungen unserer Lebensumwelt. So vielseitig dessen Lebenswelt mit seinen Millionen von Arten ist, so unterschiedlich ist auch die Einstellung und das Verhältnis des Menschen zu ihnen.

Eine Kuh wird zum Markenzeichen

Die besondere Beziehung des Menschen zu einer bestimmten Tierart erklärt sich aus kulturellen Hintergründen, biologischen Gegebenheiten, der Geografie, den individuellen Lebensumständen und persönlichen Einstellungen. Verwendet die Werbung Tiermotive, dann nutzt sie diese besondere Mensch-Tier-Beziehung. Innerhalb einer Bevölkerungsgruppe kann sie somit auf sehr spezielle Weise Werbebotschaften vermitteln. Dies läßt sich an einem der prominentesten Werbetiere, der *Milka-Kuh*, leicht veranschaulichen. Die Kuh ist in Europa Milchproduzent Nummer eins und somit als Leittier für Milchprodukte bestens geeignet. Da nun die Kuh von vielerlei Firmen als Bildmotiv verwendet wird, man sie also nicht unverwechselbar mit einer speziellen Marke verbinden kann, hat die Marke *Milka* für ihre Kuh eine lila Fellfarbe kreiert und damit ein unverkennbares Warenzeichen geschaffen, das auch geschützt werden kann. Zudem kann die Kuh auf einer Alm, inmitten einer idyllisch und gesund anmutenden Umgebung grasend abgebildet werden, was ein weiteres Imageplus beim Konsumenten bringt. Als friedliches und harmloses Tier unterstreicht die lila Land-Lady die familienfreundliche Wirkung eines Schokoladenprodukts. Die natürliche Umgebung beschreibt das Ursprungsland. Selbst das Aussehen der Kuh, ihre schönen großen Augen mit den langen Wimpern, werden manchmal werblich eingesetzt, um dem Flair der Marke einen noch sanfteren und zarteren Anstrich zu verleihen, als es die lila Farbe allein schon vermag. Nicht umsonst lautet der Slogan: „Milka, die zarteste Versuchung, seit es Schokolade gibt!" und unser weiblicher Star darf unter dem Sternenhimmel schon mal enthüllen: „Nachts bin ich besonders zart!"

Signalhafte Körpersprache als Werbeträger

Die lila Kuh ist seit Jahrzehnten jung und schön, keinem von uns ist aufgefallen, wann das Tier ausgetauscht wurde. Bei einer menschlichen Leitfigur, zum Beispiel dem *Marlboro-Cowboy*, wäre das nicht ohne weiteres möglich gewesen. Warum schauen Tiere für uns so ähnlich aus? Der Mensch ist dem Tier bezüglich der Bandbreite seiner Gesichtsmimik weit voraus. Tiere verdeutlichen ihre Stimmungen weit mehr durch signalhafte Körpersprache als wir. Dazu gehört das Ohrenanlegen, das Schwanzwedeln, der Katzenbuckel und artspezifisch vieles andere mehr. Durch die starke Hautbedeckung mit Fell, Federn oder Schuppen aber werden individuelle Merkmale relativiert, besonders für das Auge des artfremden Menschen. Tiere in der Werbung wirken deshalb weit weniger als einzelne Individuen, denn

Produkt:
The magic of fashion; Otto Kern, Kaiserslautern
Agentur:
Hiepler, Valencise, Wackerbarth, Düsseldorf
Photographie:
Horst Wackerbarth
Laufzeit:
seit 1988
Medium:
Print

als Vertreter einer Rasse mit den dazugehörigen Merkmalen.

„Ich habe eine Löwenmähne!“, lautet so zum Beispiel die Headline einer Werbeanzeige für das Männer-Haar-Gel *temtic*, und als Variante heißt es in der nächsten Anzeige für das gleiche Produkt: „Ich habe Borsten wie ein Igel!“ Für jedermann verständlich wird hier ausgedrückt: Ich habe Probleme mit dem Sitz meiner Haare, sie sind zu widerspenstig oder zu voluminös. Die Einfachheit und Verständlichkeit der Darstellung kann kaum übertroffen werden, denn wer kann diesem Vergleich nicht folgen? Das Wissen um die verschiedenen Gestaltungsmerkmale und Wesenszüge der Tierwelt ist tief verankert, und je mehr dieses Wissen durch Literatur und Rundfunkmedien erweitert wird, desto vielfältiger lassen sich Tiere als Mittel des Vergleichs einsetzen. Auf dieser Kenntnis der Tierwelt kann der Werbetreibende aufbauen.

Kulturelle Bedeutungsträger

„Die graue Maus muß raus!“, verkündet die *Europäische Teppichgemeinschaft* und meint damit: Nicht so bescheiden und zurückhaltend, mehr Mut! Es kann vielleicht auch mal ein bunter, auffallender Teppich sein. Die „graue Maus“ steht abseits vom Puls des Lebens und wer sollte sich damit schon identifizieren wollen. „Leseratten lieben Ludwig!“, ein Beispiel für eine prägnante, verständliche und einprägsame Headline. Wenngleich Ratten eher mit Negativemotionen belegt sind, so ist es dennoch ein Kompliment, als Leseratte bezeichnet zu werden. Denn der Drang nach Bildung ist imageträchtig. Durch diesen Tiervergleich – eine Ratte beißt sich durch alles durch, wie ein Wißbegieriger durch seine Bücher – ist die Zielgruppe prägnant und amüsant definiert und angesprochen. Ein „Bücherwurm“ dagegen entspräche zwar einer ähnlich gearteten Persönlichkeit, jedoch verkörpert eine Leseratte mehr Dynamik und Lebenslust, wogegen ein „Bücherwurm“ eine gewisse Lebensfremdheit und Introvertiertheit verkörpert. Es ist frappierend, welch präzise und homogene Aussagekraft „tierische“ Beschreibungen haben. Die folgende Auflistung stellt charakteristische Einsatzgruppen heraus, auf einige werde ich mit Beispielen eingehen:

- Tiere als Nutztiere
- Tiere als Symbole für Charaktereigenschaften
- Tiere mit körperlichen Augenfälligkeiten
- Tiere mit arttypischen Fähigkeiten
- Tiere als Kennzeichen für Kontinente, Länder, Städte
- Tiere als Wild- oder Haustiere
- Tiere als Rekordhalter
- Tiere als Raub- oder Beutetiere
- Pflanzenfressende Tiere
- Tiere als Bewohner der Lebensräume Wasser, Luft und Erde

Produkt:
Grand Marnier, Marnier Lapostolle, Paris
Agentur:
RG Wiesmeier Werbeagentur GmbH, München
Laufzeit:
1989 bis heute
Medium:
Print

Von Aristoteles bis Truman Capote: Tiere als Symbole für menschliche Charaktereigenschaften

Seit Alters her werden Tiere mit bestimmten Attributen belegt, die auch in unserer heutigen Zeit noch verstanden weil gepflegt werden. Schon die Schöpfer der Höhlenmalereien begannen, mit Tieren unterschiedliche Bedeutungen zu verbinden. Aristoteles oder Friedrich II., um nur zwei zu nennen, widmeten der Ergründung des Tierreiches wertvolle Zeit und kamen dabei manchmal zu wundersamen Ergebnissen: „Ganz allgemein sind Vögel mit harten Federn tapfer, die mit den weichen feige.“ (Aristoteles). Auch wenn wir uns heute solchen Unterschei-

dungskriterien nicht mehr anschließen können, so ist es doch das Verdienst Aristoteles, die Klassifizierung des Tierreichs in wirbellose und Wirbeltiere begründet zu haben. Kurz und gut: wir verfügen heute über einen großen Fundus traditioneller Tierdeutungen, der unser kulturelles Erbe überliefert. Wer kennt sie nicht, den schlauen Fuchs, die verführerische, falsche Schlange, den dummen Esel. Und so finden wir den cleveren Fuchs denn auch in einer Werbeanzeige für 24-Nadel-Drucker der Firma *NEC*, der die Schlauheit des potentiellen Konsumenten repräsentieren soll: der Fuchs in Verbindung mit einem High-tech-Produkt, über den es im „Physiologus", einem frühchristlichen, populärwissenschaftlichen Buch, schon heißt: „Der Fuchs ist ein listiges Tier. Wenn er hungrig ist und keine Jagdbeute zum Fressen findet, sucht er, wo die Erde warm und staubig ist. Dort wirft er sich auf den Rücken, hält den Atem an und röchelt. Dann glauben die Vögel, daß er tot ist, und setzen sich von oben her auf ihn, um von ihm zu fressen. So springt er auf, packt sie und verzehrt sie." Sowohl die Bibel wie andere religiöse Werke als auch die klassische Literatur von Shakespeare bis Goethe bieten einen ergreifenden Schatz von Vergleichen und Lehrstücken aus dem Tierreich. Selbst die Moderne greift häufig darauf zurück. Der amerikanische Autor Truman Capote war von dem Ausspruch: „Die Hunde bellen, die Karawane zieht weiter" so begeistert, daß er ihn zum Titel seines Buches: „The Dogs Bark" inspirierte.

Tiere als Rekordhalter

Neben den kulturellen Eigenschaften der Tiere spielen auch ihre artspezifischen Gegebenheiten in der Werbung eine beachtliche Rolle. Es gibt Tiere, die als Rekordhalter bekannt sind, weil sie am schnellsten fliegen, am schnellsten laufen oder am schnellsten schwimmen, wie der Adler, der Gepard oder der Delphin. Diese Rekordhalter eignen sich, je nach Bekanntheitsgrad oder der jeweiligen Möglichkeiten der Visualisierung dazu, als Verdeutlichung der Produkt- oder Dienstleistungseigenschaft eingesetzt zu werden und stehen somit für Spitzenleistungen bestimmter Waren. Die Klasse der Raubtiere repräsentiert Kraft, Schönheit und Eleganz, auch Geschmeidigkeit, Wildheit und Rasse. Bekannt ist der Begriff der „Pferdestärke", nach der die Leistung eines Automobils bemessen wird und Pferde sind dazu prädestiniert, der Werbung als Versinnbildlichung dieser Kraft zu dienen.

Die Kenner der drei Elemente

Tiere leben in den drei Lebensräumen unserer Erde. Fische sind darum häufig das Symbol für etwas, das mit dem Element Wasser zu tun hat. Der Waschmaschinenhersteller *Miele* etwa läßt Fische als Wasserschutz-Experten auftreten, um sein Umweltengagement herauszustellen. Vögel, als die Herren der Lüfte, können alles verkörpern, was mit dem Fliegen zusammenhängt. So kennt man die Vogelsymbole als Warenzeichen der Fluggesellschaften *Lufthansa* und *Condor*. Der blinde Maulwurf wird zum beliebten Sujet für alles, was in der Erde rumort.

Wandelnde Farben und lange Hälse

Körperliche Besonderheiten, wie sie Giraffen oder Elefanten aufweisen, dienen plakativen, anschaulichen Werbebotschaften. Auch das Chamäleon, das wandelnde Farbwunder, hat somit seinen festen Platz in der Werbegestaltung gefunden. Arttypische Verhaltensweisen, wie beispielsweise das Leben in Herden, Winterschlaf halten oder bestimmte Putzgewohnheiten bieten breite Möglichkeiten für den Einsatz von Tieren. Selbst komplizierte Aussagen können verdeutlicht werden. Für die Automarke *Austin Rover* spricht die Headline: „Rover. Gegen den Strom." Eine Schafherde bedeckt das ganze Bild und bewegt sich in westlicher Richtung. Ein *Rover* bahnt sich langsam den Weg mitten durch die Herde in

Produkt:
Hennessy, Chandon Handelsgesellschaft mbH, München
Agentur:
RG Wiesmeier Werbeagentur GmbH, München
Medium:
Print

Produkt:
Gummiwerke Fulda
Agentur:
Borsch, Stengel & Partner GmbH, Frankfurt/M
Laufzeit:
seit 1990

entgegengesetzter Richtung. Die Schafe sind die breite Masse, der Autofahrer der individuelle Nonkonformist.

Drei klassische Verbildlichungen von Produkten unter Verwendung eines Tiermotives zeigen die Werbeanzeigen der Firmen *Schott* und *Sony*. Die Headline: „Heute können wir Laserlicht einsetzen wie andere ihren Rüssel", schafft die Verbindung zwischen Natur und Technik. Bilder, die mit dem Elektronenmikroskop aufgenommen oder danach gezeichnet wurden, verschaffen den Eindruck von Wissenschaftlichkeit und wecken Interesse. Auch *Sony* verbildlicht die Produkteigenschaft der Videokamera *Sony F 500* mit klassisch kunstvollen Katzenfotographien. Gerade beim Einsatz von Tiermotiven lassen sich Schönheit und Nutzen so gut zu effektiver Werbung verbinden. Die Werbebotschaft lautet: „Die neue Sony ... filmt, wo andere schon schwarz sehen. Sie hat als einziger Camcorder eine Lichtempfindlichkeit von 3 Lux ..." Die Katzen stehen für die Kontraste schwarz und weiß, für hell und dunkel.

Pflanzenfresser sind besonders sanftmütig

Die Sanftmütigkeit der pflanzenfressenden Tiere prädestinierte sie für menschliche Zuchtvorhaben, da sie in ihren Charakterstrukturen weitaus harmloser angelegt sind als fleischfressende Lebewesen. Sie sind im Zusammenleben mit dem Menschen ungefährlich, ihr Fluchtinstinkt überwiegt gegenüber ihrer Angriffslust.

Ursache der Domestizierung pflanzenfressender Tiere ist die kostengünstige Fleisch- und Milchgewinnung. Fleischfressende Lebewesen sind ausgesprochen kostspielig, was schon so manchen Zoo vor existentielle Probleme stellte. Die fleischfressende Katze wurde einst nur deshalb als Haustier geschätzt, weil sie als Mäusefänger ein nützlicher Selbstversorger war und kaum Kosten verursachte. Vor allem die Vegetarier unter den Tieren haben das Image von Nutztieren, sei es als Last- und Transporttiere oder als Fleisch-, Eier-, Milch-, Federn- oder Haarlieferanten. Die bekanntesten unter ihnen sind Elefanten, Enten, Esel, Gänse, Hasen, Hühner, Kamele, Kühe, Lamas, Pferde, Schafe, Schweine, Truthähne und Ziegen.

Diese Haustiere spielen zumeist sanfte Rollen in der Werbung, Ausnahmen nicht ausgeschlossen wie beim Hengst, Stier oder Bison, die durchaus in Verbindung mit Produkten gebracht werden, zu denen Attribute wie Wildheit, Kraft und Dynamik passen. So warb der Slogan „Schwarz. Breit. Stark." für den Reifen *Fulda Campo S 4x4*. Auch den Wodka *Grasovka*, der Echte aus Polen, repräsentiert ein Büffel und läßt so das natürliche, wilde Aroma des Wodkas assoziieren, ebenso seine männliche Ausstrahlung. Es ist eher die Männlichkeit denndie Häuslichkeit, die diese Nutztiere in der Werbung ausstrahlen sollen. In aller Regel werden Haustiere aber mit dem Attribut der Weiblichkeit belegt. So werden zum Beispiel die Kuh, die Milch gibt, oder kleine Pflanzenfresser und Jungtiere, wie Kaninchen oder Lämmchen, die besonders zart und lieblich wirken, zur Unterstreichung von Sanftheit und Weichheit eingesetzt, Eigenschaften, die dem Klischee nach zum mütterlichen und damit urweiblichen Wesen gehören.

Vom Wappentier zum Firmensignet

In früheren Phasen der Geschichte erlebte der Mensch die Tiere als lebendige, mobile Geschöpfe, mit denen er sich die Erde teilte; oft waren sie ihm überlegen. Sie hielten bereits Lebensräume besetzt, in die sich der Mensch erst vorarbeiten mußte und die er auch dann nur mit Hilfe seiner werkzeugschaffenden Intelligenz erobern konnte. Der Mensch erlebte sich als geistig dem Tier zwar überlegen, körperlich jedoch oft unterlegen. So blieb die Faszination des Tierreichs mit seiner Vielfalt und Schönheit in der weiteren Entwicklung der Zivilisation erhalten. Der Mensch begann, die schier unübersehbare Menge der freilebenden Tierarten zu klassifizieren und zu deuten, sie für gesellschaftliche und religiöse Aussagen einzusetzen. Über das Mittelalter hinweg machte sich die Heraldik das Wissen um die vielfältigen Tierarten und ihre traditionelle Bedeutung zunutze. Familien-Wappen verbanden den Namen des Herrscherhauses mit einem Tiersymbol.

Im Mittelalter hatte noch der Adel die politische und wirtschaftliche Macht, die Industrialisierung brachte eine Veränderung der Herrschaftsstrukturen. Das Bürgertum übernahm die politische und wirtschaftliche Führung, nach den adeligen Herrschafts-Signets gewannen nun Firmennamen und -Zeichen an Bedeutung. Schon in der Heraldik wurden Tierdarstellungen als Mittel der Kennzeichnung stark stilisiert und häufig die kämpferische Seite des Tieres, seine Bewehrung, meint seine Zähne, Krallen und Hörner, betont. Die Firmenwappen, heute Signets genannt, legen seit Beginn der Industrialisierung weniger Wert auf solche kämpferischen Darstellungen, wichtig ist ihre Unverwechselbarkeit und Prägnanz. Das schließt nicht aus, daß sich Firmen noch an den traditionellen Bedeutungen von Tiergestalten orientieren, so beim Adler oder Löwen. Häufig finden wir hier auch den Übergang von einem alten angestammten Familienwappen des Gründers in ein bis heute die Firma repräsentierendes Signet. Raubkatzen oder Pferde charakterisieren Automarken, ebenso der springende Jaguar, der auch als Kühlerfigur auf allen Wagen der Firma gleichen Namens glänzt. Der Autohersteller *Peugeot* weist den Löwen als Firmensignet auf. Der Löwe als Sinnbild von Überlegenheit und Stärke.

Als erlesene Klassiker können das *Camel*-Dromedar, das *Lacoste*-Krokodil, der *Bärenmarke*-Bär, der *Trussardi*-Windhund, das *Black & White*-Hundepärchen, das *Qantas*-Känguruh und der sechsbeinige *Agip*-Höllenhund gelten.

Produkt:
rtv Deutscher Supplement Verlag, Nürnberg
Agentur:
Ogilvy & Mather GmbH & Co. KG, Frankfurt/M
Laufzeit:
1991
Medium:
Print

PEPSI
PEPSI
PEPSI-COLA. FOR THE NEW GENERATION.

Sprichwörter und Aphorismen

Ein Werbetierchen hat gerade im Zuge der immer stärker werdenden Umweltverschmutzung regen Einzug ins Werbegeschehen gehalten: unser heimischer Laubfrosch. Allein schon durch seine grüne Farbe verkörpert dieser Frosch die lebendige Natur. Zudem ist er eines der hierzulande bekanntesten Tiere, er lebt in Freiheit und ist ein sympathischer kleiner Zeitgenosse, der jeder Produktserie ein optimistisches Image verleiht. Im Rahmen der Umweltinitiative der Firma *Tengelmann* verkündet denn auch auf Plastiktüten ein vermenschlichter Frosch: „Ich bin kein 'Frosch', ich wasche phosphatfrei." Die Redewendung „sei kein Frosch" soll den Konsumenten aus seiner passiven „Ist-mir-einerlei-Haltung" reißen. Die Verwendung und das „ins Bild setzen" von Redewendungen erfreut sich in der werblichen Gestaltung großer Beliebtheit, ist doch der große Schatz von Parabeln und Tiergestalten in Märchen fester Bestandteil unseres täglichen Lebens sowie unseres allgemeinen Sprachguts. Selbst kulturelle Neuschöpfungen können, wenn sie gelungen sind, schnell in den allgemeinen Sprachgebrauch eingehen, so zum Beispiel der Refrain „Männer umschwirren mich wie Motten das Licht...". Welch ein Vergleich, um eine todesträchtige, unheilbringende Leidenschaft in ihrer Ausweglosigkeit zu beschreiben! Und welch schöner Weg, der Phantasie dabei ihre Freiräume zu lassen!

Mit der Tradition der geflügelten Worte arbeiten auch folgende Sinnessprüche: Adler brüten keine Tauben; höher als die Sonne fliegt auch der Adler nicht; auch Ameisen haben eine Galle; ein Wort gleicht der Biene, es hat Honig und Stachel; manche Hähne glauben, daß die Sonne ihretwegen aufgeht; die Katze läßt das Mausen nicht; mit den Wölfen heulen; auch der Wurm krümmt sich, wenn man ihn tritt und viele mehr. Die „Gans, die goldene Eier legt" wird von der Computerfirma *Epson* in einer ihrer Werbeanzeigen in Szene gesetzt, um den „Personal-Computer mit den Gratis-Extras" zu verbildlichen: „Sie sehen, beim neuen Epson QX-16 können Sie mit vielen außergewöhnlichen Extras rechnen, die für jeden Anwender Gold wert sind."

Das *Marketing Journal* von 1989 dokumentierte die beliebtesten Grundideen der Anzeigengestaltung, hierunter fand sich auch die Mär vom „Hasen und vom Igel". Geht es um die Werbeaussage für eine solche Schnelligkeit, daß eigentlich schon von Zauberei oder Märchen gesprochen werden sollte, dann wird immer wieder auf diese alte Fabel zurückgegriffen. Sie schien innerhalb des einen Jahres zehn Firmen aus der High-Tech-Branche, von *Apple Computer* über *Nixdorf* und *Sanyo* bis hin zu *Triumph Adler* höchst erfolgversprechend zu sein. *Apple* zog sogar eine ganze Märchenkampagne auf, in der sie dem eifrigen Leser anhand der lehrreichen Geschichte des armen „Hans im Glück" den wahrhaft besten Weg aufzeigt, zu einem „Apfel" zu kommen.

Tiere und Imagetransfer

„Entdecken Sie das geheimnisvolle Aroma sizilianischer Marzipanmandeln. Spüren Sie einen Hauch gefährlicher Raffinesse ...", lautet die verlockende Beschreibung des sizilianischen Mandellikörs *Florio*. Im Bild dazu wird die bereits angesprochene Atmosphäre durch eine schwarz gekleidete, verhaltene Gestalt einer schönen jungen Frau mit einer geheimnisvoll anmutenden schwarzen Katze übertragen. Das Tier dient dazu, die gewünschte Stimmung zusätzlich zu unterstreichen, wenn nicht gar erst auszulösen. Durch die Katze wird im Bild ein Imagetransfer auf das Konsumleitbild erreicht.
Image könnte man am ehesten als Vorstellungsbild umschreiben, verwandte Begriffe sind Ruf, Vorurteil, Stereotyp, Leitbild. Übertragen auf unser Terrain, die Werbung, sind mit Image Firmenpersönlichkeit oder Markenprofil verbunden. Im Wirtschaftsleben sind Images Charaktere der ökonomischen Umwelt, die dem Verbraucher als Orientierungshilfe dienen und die häufig sein Kaufverhalten bestimmen oder es zumindest stark beeinflussen.

Nixe
Produkt:
Kaldewei, Ahlen
Agentur:
Hildmann + Schneider Werbeagentur
Laufzeit:
1992
Medium:
Print

Capitalisten

Capital erreicht 31% der 490.000 Männer, d

Zugegeben, wie viele lebende Raubkatzen in den Chefetagen der deutschen Wirtschaft gehalten werden, wissen wir nicht genau. Die Allensbach-Untersuchung „First Class" enthält darüber keine Informationen. Wohl aber über die Pkw-Ausstattung der Spitzenverdiener. Auch über ihre Reisegewohnheiten und Wohnverhältnisse, ihre kulturellen und kulinarischen Präferenzen, ihren Aufwand für Bekleidung und Körperpflege, ihren Sinn für die schönen Dinge des Lebens, ihre Einstellungen und ihren Stil ihre Einkommen und Kapitalanlagen.

Imagekriterien sind stark gefühlsmäßig bestimmt. Besonders Produktgruppen wie Zigaretten, Parfum, Kosmetik und auch Automobile werden von den Konsumenten gefühlsmäßig stark besetzt. Die Erlebnisvielfalt eines Produkt- oder Firmenimage zu beeinflussen, ist Anliegen der Werbung. Ein Produkt wird auf eine bestimmte Imagerichtung hin angelegt, die der speziellen Zielgruppe entsprechen soll, für die das Produkt positioniert wurde. Hier arbeitet die Werbung mit Konsumvorbildern oder mit imageträchtigen Vergleichen, die das Produkt in gewollter Weise einordnen und beschreiben. Die Wesenszüge, die Ausstrahlung und der soziale Status des Konsumleitbildes übertragen sich auf das Produkt, das so seinen speziellen Charakter erhält. Um Charakter und Lebensart der Leitfigur der Werbung zu verdeutlichen, zeigt man sie in einer bestimmten Lebenssituation, wozu auch die Beziehung zu einem Tier gehört. Solche Mensch-Tier-Beziehungen geben Aufschluß über die Lebenseinstellung dieser Person, beispielsweise ihre Extravaganz, Naturverbundenheit, ihren Mut, ihrer Humanität, Sportlichkeit, Dominanz oder ihren Sinn für Ästhetik. In einer Anzeige für das Herrenparfum *Camaro* ist das männliche Konsumleitbild auf einem einsamen Berg in Begleitung eines Falken zu sehen. Der Raubvogel unterstreicht das Männlichkeitsimage. In gleicher Weise erfolgt der Imagetransfer für den Mandellikör *Florio*, von dem oben die Rede war. Das Bild für das Parfum „Trance, le mystere d'un parfum“ ist in kühles Blau getaucht. Die Werbeanzeige soll das Flair des Parfums widerspiegeln, das als „magische, mystische Inspiration“ beschrieben wird. Blau ist die Farbe der Nacht, des Irrealen und der Träume, Magie und Mystik des Bildes aber werden fast ausschließlich durch einen Wolf erzeugt, der im Hintergrund des Abbildes eines schlafwandlerisch blickenden, blauäugigen Frauenportraits den Mond anheult. Durch die Einbeziehung dieser mystischen Tiergestalt vor dem symbolträchtigen Vollmond wird eine fremde, einzigartig eigentümliche Stimmung und damit eine stark emotionale Ansprache der Anzeige erreicht.

Produkt:
Deutsches Tapeteninstitut GmbH, Frankfurt/M
Agentur:
Michael Conrad & Leo Bernett, GmbH & Co. KG, Frankfurt/M
Laufzeit:
1987-1989
Medium:
Print

Prestigetransfer mit Tieren

Neben der Imageübertragung werden Tiere besonders häufig zum Zwecke des Prestigetransfers eingesetzt. Eine für uns heutzutage eher geschmacklos anmutende Art und Weise einer solchen Übertragung ist der Einsatz eines Tigerfells, wie es von den beiden Firmen *Triumph* oder *Bally* in Werbeanzeigen vorgeführt wird. „Diana, geschmeidig wie eine Wildkatze, glatt wie Seide, frei wie eine Amazone – das ist das Gefühl in Diana, der Miederserie von Triumph“, lautet die Headline der Werbeanzeige der Wäschefirma, in der sich eine stolze Schöne Diana unter Zuhilfenahme ihres eigenen Körpers auf einem Tigerfell präsentiert. Hier soll die exklusive Jagdtrophäe dazu dienen, das eigentliche Produkt aufzuwerten. Die Firma *Bally* versucht das gleiche mit Schuhen, und ließ die schönen Beine einer Trägerin über ein Tigerfell schreiten.

Das Pferd gehört seit Jahrhunderten zu den wichtigsten Prestigetieren der Menschen. Kennern geben sie spontan Aufschluß über Reichtum, Protz- und Prunksucht des Besitzers. Besonders Aussehen und Rasse der Tiere bestimmen über Wertschätzung und Ansehen. Auch heutzutage, wo Pferdehaltung eindeutig einem luxuriösen Lebensstil zuzuordnen ist, macht sich die Werbung das Pferd als plakatives Prestigeobjekt zunutze, um zum Beispiel Werbeanzeigen für *Bundeswertpapiere* und Mode von *Otto Kern* zu veranschaulichen.

Inszenierung von Schlüsselreizen

Die einzelne Werbeanzeige muß immer inmitten eines immensen werblichen Angebots bestehen, weshalb der Forschungsdrang der Werbetreibenden auch immer der Frage galt, mit welchen Mitteln und Methoden man die größten Chancen hat, zum Marktführer zu werden. Ermittelt wurden so Gestaltungsprinzipien und Kriterien der Motivwahl, die Aufmerksamkeitswirkung erhöhen, zum Beispiel durch die bildhafte Inszenierung von Schlüsselreizen, die angeborene Verhaltensweisen auslösen. Das Spiel mit den Auslösern, ob verschlüsselt oder nicht, dient dem Zweck, andere Nachrichten zu vermitteln. Die ästhetische Wirkung der Auslöser wird instrumentell eingesetzt, um die Werbebotschaft in einem möglichst einnehmenden Umfeld zu präsentieren und das ästhetische Erleben zu steigern.

Schlüsselreiz Kindchenschema

Konrad Lorenz wies 1943 darauf hin, daß wir auf gewisse Merkmale des Kleinkindes angeborenermaßen mit Betreuungshandlungen ansprechen. Wir nehmen Kleinkinder als herzig oder niedlich wahr. Unsere Detektoren haben sich dabei in erster Linie einseitig an bestimmte Proportionsmerkmale des Säuglings angepaßt.

Säuglinge haben im Verhältnis zum Rumpf und zu den relativ kurzen Extremitäten einen großen Kopf. Zu den niedlich wirkenden Proportionsmerkmalen gehören außerdem der im Verhältnis zum Gesichtsschädel große Hirnschädel und die im kleinen Gesicht relativ großen Augen. Stupsnase und hohe Stirn gehören ebenfalls zu den Augenfälligkeiten, die für Kleinkinder typisch sind. Eine solche Merkmalskombination löst den Wunsch nach Brutpflegehandlungen aus, gleichgültig, ob sie bei einem Säugling oder bei einem Tier auftreten. Einige Forscher sind sogar zu der Meinung gekommen, daß Tiere, die dem Kindchenschema entsprechen, noch stärkere Reaktionen auslösen als Säuglinge, was womöglich an der Behaarung der Tierchen liegen mag.

Erzeugnisse der Spielzeugindustrie, Puppen und Stofftiere, beweisen, daß es auf diese Merkmale bezüglich des Verkaufserfolges ankommt. Viele der „niedlichen" Tier- und Menschenfiguren der Comics spielen dieses Merkmal aus. Eine Untersuchung ergab, daß Donald Ducks Kindchenappeal über die Jahre hinweg vom Künstler durch die Betonung der kindlichen Proportionsmerkmale verbessert wurde. Die Selektion der vielfältigen Tierschöpfungen hin zur Übertreibung des Kindchenschemas zeigt sich auch besonders deutlich in der „Evolution des Teddybären". Wurde der Teddybär vor einem Jahrhundert als Nachbildung des grimmigen „Ursus arctos" geboren, so entwickelte er sich von dieser handfesten Bärengestalt weg, hin zum hilflosen Tierkind. Aus der einst markanten Schnauze, so das Ergebnis der in dem britischen Wissenschaftsblatt *Animal Behaviour* veröffentlichten, humorigen Studie, wurde ein dümmlicher Schmollmund; die eng zusammenstehenden Augen gerieten zu überdimensionierten Kulleraugen, der früher längliche Schädel entartete zum Rundkopf und heute, so das Resumee, sieht Teddy aus wie Klein-Doofi mit Plüschohren.

Merkmalsträger des Kindchenschemas lösen allein durch ihr optisches Erscheinungsbild emotionale Zuwendung aus. Da mit der freundlichen Einstimmung auch sogleich Aggressionen abgebaut werden, ist das Kindchenschema eines der beliebtesten Motive der Werbung und wird oft in Verbindung mit

Produkt:
Antiallergikum Zyma GmbH
Agentur:
Heye + Partner GmbH Werbeagentur, Unterhaching
Laufzeit:
Seit 1991
Medium:
Print

einem bestimmten Produkt abgebildet. Auch die Firma *Vaillant* hat aus diesen Erwägungen heraus ihr neues Werbemaskottchen nach dem Teddy-Prinzip verschönt und ist damit deutlich vom Erscheinungsbild des ursprünglichen Hasen ihres Warenzeichens abgewichen, der bei Werbeaktionen immer stärker zurücktreten mußte.

Aufgrund ihrer aggressionshemmenden Wirkung werden Kindchenappelle verschiedenster Form in die Kommunikation Erwachsener mit einbezogen. In der Werbung entzücken sowohl junge Säugetiere als auch junge Vögel von dem Zeitpunkt an, da sie schon ein flauschiges Federkleid besitzen. Tierfutterhersteller nützen die Attraktivität von Jungtieren und verwenden sie überproportional häufig in ihren Werbeanzeigen, obwohl man statistisch davon ausgehen kann, daß nur etwa fünf Prozent der Tierbesitzer ein Jungtier zu versorgen haben. Besonders reizend und hilflos wirken auch die zwei Hühnerküken der Anzeige der Firma *AEG*, die mit einem

Haarföhn angeblasen werden und leicht aus dem Gleichgewicht geraten: „Zu Ihren Kleinen kann unser Starker ganz sanft sein." Dies ein Beispiel für eine ansprechende Verbindung des Kindchenschemas mit einer klaren und verständlichen Werbeaussage.

Am Beispiel des *Bärenmarke*-Bärs läßt sich beobachten, wie gezielt an der Steigerung des Sympathieeffektes durch eine veränderte Grafik gearbeitet wird. War 1912 noch ein grimmig naturalistisch aussehender Bär zu sehen, so wurde er bis zum Jahre 1987 in einen dem Kindchenschema angepaßten Rundteddy verwandelt.

Ein Meisterstück an Sympathieträchtigkeit ist das Warenzeichen *His masters voice* Der weiße Hund mit den schwarzen Ohren, der andächtig in das nostalgische Grammophon horcht. Unter der Überschrift „Hunde, sollt ihr ewig leben!" kündigt *Der Spiegel* in seiner Ausgabe 40/1990 an: „Der Hund ist über hundert (1884 horchte *Nipper* das erste Mal auf die Stimme seines Herren) und kein bißchen leise." Der jetzige Besitzer des Warenzeichens, die *Radio Corporation of America* will mit einer 30 Millionen Dollar teuren Werbekampagne das alte Image renovieren. Zusammen mit einem niedlichen Welpen wird *Nipper* diesmal jedoch nicht nur Schallplatten lauschen, sondern darf bellen, fliegen und auf Wellen surfen.

Um seine Kompetenz auf dem kulturellen und gesellschaftlichen Sektor stärker zu unterstreichen, kreierte der *Burda*-Verlag 1948 eine Stiftung, die jährlich Menschen aus Kultur, Politik und Unterhaltung auszeichnet. Als Preissymbol wurde das Rehkitz namens *Bambi* gewählt. „So bekannt wie Oskar", lautet die Headline der Imageanzeige. Und in der Tat ist *Bambi* ein gelungenes Beispiel für die Neuschaffung von Marken- und Gesellschaftssymbolen.

Produkt:
Kodakcolor, Kodak AG, Stuttgart
Agentur:
Young & Rubicam GmbH Werbeagentur, Frankfurt/M
Laufzeit:
1983-1985
Medien:
Print, Plakat

Schlüsselreiz Augeneffekt

Das Auge ist das Hauptorgan unserer sinnlichen Wahrnehmung. Der Mensch lebt in einer Sehwelt. Das Auge ist das Fenster zum Licht der Welt und eröffnet dem Menschen die Schönheiten dieser Erde. Darum erregt der Blinde ein so spontanes und intensives Mitleid. Er lebt in ewiger Dunkelheit und bleibt angewiesen auf Hören und Tasten und Geführtwerden und ist deshalb aufs empfindlichste eingeschränkt.

Das Auge ist normalerweise das erste Mittel der Kontaktaufnahme über eine Distanz. Für die zwischenmenschliche Kommunikation spielen die Augen eine entscheidende Rolle. Einerseits brauchen wir den Blickkontakt, um mit unseren Mitmenschen zu kommunizieren; wir teilen so mit, daß die Kanäle für die Kommunikation offen sind. Andererseits dürfen wir den Blick nicht zu lange halten, denn sonst wird er zum Starren und somit bedrohlich. Ein Redner, der den Angeredeten unentwegt fixiert, wirkt aggressiv und dominierend. Im normalen Gespräch beobachtet man deshalb, daß Redende immer wieder den Blickkontakt unterbrechen. Der Zuhörende darf den Redenden dagegen ansehen. Dieses Prinzip gilt trotz kultureller Variation überall. Untersuchungen zeigten, daß bei Annäherung eines Fremden an ein Kind der Pulsschlag des Kindes schnell ansteigt, auch wenn der Fremde sich mit freundlichen Worten nähert. Durch Wegsehen kann das Kind den Kontakt abbrechen und seinen eigenen Erregungsspiegel regulieren. Die Pulsschlagfrequenz sinkt beim Wegschauen schnell wieder ab.

Das Treffen des Blicks mit einer fremden Person hat immer etwas Irritierendes an sich, denn dies sagt, daß die Person sich mit dem Betrachteten in irgendeiner Weise beschäftigt; sei es in freundlicher oder bedrohlicher Absicht. Da kommt auch die Scheu des Menschen vor seinen Mitmenschen zum Tragen. Kaltenbach beschrieb, daß nicht nur die Säuglinge bei Annäherung eines Fremden Vermeidereaktionen zeigen, sondern in noch stärkerem Maße die Mütter. Diese Fremdenscheu beeinflußt das soziale Zusammenleben entscheidend.

Die Bedeutung der Augensprache bei der visuellen Kommunikation wird auch durch den Kontrast – Augenweiß und Iris – betont. Das Augenweiß gestattet es, jede Augenbewegung des Partners wahrzunehmen. Außer Augenbewegungen registrieren wir ferner die Änderung der Pupillenweite. Nehmen wir etwas wahr, was positives Interesse auslöst, dann erweitern sich die Pupillen kurzfristig. Nehmen wir etwas wahr, das wir ablehnen, verengen sich die Pupillen.

Klar können unsere Zuschauer jederzeit umschalten.

Es heißt, die Sender würden sich immer ähnlicher. Da können wir leider nicht mitreden. Oder haben Sie eine unserer Eigenproduktionen schon mal bei der Konkurrenz gesehen? RTL plus gibt's eben nur bei RTL plus.

RTL plus. Gegen die Langeweile.

BBDO Düsseldorf

Außerartliche Blickkontakte haben etwas besonders Befremdendes, Furchteinflößendes an sich, vor allem wenn es sich um Freßfeinde handelt. So haben zum Beispiel Schmetterlinge eine Abschreckungstaktik entwickelt, die Freßfeinde durch große Augensymbole abschreckt (Mimikry: Schutzfärbung gegen Freßfeinde). Die Augen des Schmetterlings suggerieren somit dem Feind, daß zu diesen großen Augen ein großes gefährliches Tier gehören muß, das somit nicht auf seiner Speisekarte stehen kann. Augen und Augensymbole von Nichtartgenossen werden in der Regel ebenso erkannt, wie die der Artgenossen und lösen meist eine noch höhere Alarmbereitschaft und die entsprechenden Schutzmechanismen aus, wie zum Beispiel Flucht, Todstellen oder Angriff.

Da für Großraubtiere wie Wolf, Luchs, verschiedene Bärenarten oder Großkatzen der Mensch prinzipiell zum Beutespektrum gehörte, hat sich im Denken des Menschen, im Eigeninteresse, eine achtungsvolle Angst und Aversion vor diesen Tieren herausgebildet. Dieses Feindbild und der Moment der Gefahr, wenn ein Mensch von einem gefährlichen Raubtier fixiert wird, haben sich dem menschlichen Gedächtnis eingeprägt. Denn Auge in Auge mit einem Großraubtier hatte der Mensch im Laufe seiner Entwicklung die weitaus geringere Chance, heil davonzukommen. Dieses Erkennen der Gefahr wurde somit zum Selektionsvorteil.

In der Werbung wird der Augeneffekt zum Zweck der Aufmerksamkeitswirkung eingesetzt. Zuerst provoziert und irritiert der direkte Blick eines Menschen; dann kann er aber auch, entsprechend der Mimik, eine bestimmte, erkennbare Aussagekraft haben. Ein Bild mit einer Person, die den Betrachter direkt fixiert, stellt den Blickkontakt von jedem beliebigen Blickwinkel her, anders als beim natürlichen Betrachter, der einem Objekt nur dann folgen kann, wenn Iris und Pupille sich mitbewegen.

Beim Augeneffekt mit Raubtieren werden diese meist in Nahaufnahme dargestellt, wie sie direkt in die Kamera schauen. Die Aufnahme des Gesichts wird oft in Vergrößerung präsentiert. Damit wird dem Betrachter ein übernatürlicher Reiz geboten, der die Aufmerksamkeit besonders stark auf sich zieht. Ganz besonders klar kommt dies in der *Kodak*-Werbung zum Ausdruck, die eine Nahaufnahme eines Luchskopfes zeigt. Der fixierende Blick dieses Raubtieres suggeriert ein Gefahrenmoment. Andererseits ist die Gefahr schon so nahe, daß Flucht sinnlos wäre. Der Betrachter erwartet also, wäre die Situation real, daß das Tier jeden Moment auf ihn zuspringt, um ihn zu Boden zu werfen. Bei einem Raubvogel wie der Eule, die eigentlich keine Gefahr für den Menschen bedeutet, macht man sich trotzdem Gedanken, was wohl wäre, wenn sie sich in ihrer Angriffslust auf die Augen stürzen würde, wie es der Verteidigungstaktik dieses Vogels entspricht. So kann diese Werbeaufnahme durchaus einen gefährlichen Kitzel beim Betrachter entfachen, ganz zu schweigen von der Faszination, die von dieser ungewohnten Nähe, dem Durchbrechen des persönlichen Umfeldes ausgeht.

Ein häufiges Werbemotiv für Kameras stellen die faszinierenden Augen von Katzen dar, die in ihrem Glanz und ihrer Leuchtkraft kaum zu übertreffen sind. In ihrem Blick liegt etwas Dämonisches und Geheimnisvolles, das bei kunstvoller Präsentation die Aufmerksamkeit des Betrachters einfach fesseln muß. Je dunkler der Hintergrund, desto frappierender der Augeneffekt. Auch als Titel einer Zeitschrift oder Werbebroschüre schafft der direkte Augenkontakt mit einer Raubkatze einen hohen Grad an Aufmerksamkeit. Und selbst ohne Gesichtsmimik können die Augen die Stimmung des Tieres ahnen lassen. Während der Puma auf dem Titelbild der Zeitschrift *Discover* bedrohlich und erregt scheint, wirkt der Löwe in einer Afrika-Broschüre erhaben und abwartend. Die Werbeanzeige der *Flachglas AG* bietet eine interessante Verbindung von Augeneffekt und Symbolkraft. „Das Auge des Gesetzes“ lautet die zugehörige Headline und zeigt die fixierenden Augen der Eule in übernatürlicher Größe und Nähe. Die Eule als Tiersymbol der Weisheit und Gerechtigkeit steht hier für den Wächter des Gesetzes, der alles Treiben unbeirrbar kontrolliert. „Big brother is watching you!“

Edgar „Eddy“ McCormak
Produkt:
S. Oliver, Bernd Treier GmbH, Rottendorf
Agentur:
JK Werbeagentur GmbH, Bad Oeynhausen
Laufzeit:
1992
Medien:
Kino, Figur

Schlüsselreiz sexuelle Anspielung

Sigmund Freud sah in der sexuellen Energie die Triebkraft für fast alle menschlichen Empfindungen und Aktivitäten. Der Erkenntnisdrang der Menschheit war für ihn auch eine Folge nicht ausgelebter, umgewandelter sexueller Energie. Auch wenn die heutige Psychologie in der Sexualität nicht mehr die alleinige Triebfeder menschlichen Handelns sieht, wird ihre Bedeutung und ihr Einfluß auf menschliche Lebensgestaltung und Entscheidungen als unbestreitbar groß angesehen. Auf den Spuren der körperlichen Emanzipation nahm die sexuelle Freizügigkeit in der Werbung ihren festen Platz ein.

Es fielen und fallen nicht nur die Hüllen, sondern auch die Sprachbarrieren. Doppeldeutige Wortspiele stehen für so manchen Erfolg beim Kunden. So bezeichnet die Werbung für *Contour*-Rasierklingen die tägliche Rasur als „Eines der schönsten Erlebnisse am Morgen" und die Headline bedauert: „Schade, nur einmal am Tag". Mit erotischen Anreizen die Aufmerksamkeit und Kauflust zu erregen, ist ein alter und ewig junger Werbefeldzug. Auch heute noch ist trotz harter Pionierarbeit der sexuellen Aufklärung dieser Lebensbereich mit vielen Tabus und Unsicherheiten belegt. So kann sich die Werbung den psychologischen Effekt zunutze machen, daß erotische Werbemotive eine heimliche Lust und Neugierde beim Betrachter bewirken. So auch bei der sexuellen Ansprache durch tierische Akteure. Tiere mitten im Liebesakt, wie sie in den Werbeanzeigen für die Produkte *Kodakcolor* (Marienkäfer) und *Trivial Pursuit* (Hase und Huhn) ungeniert gezeigt werden, ermöglichen etwas, das in der konventionellen Werbung mit menschlichen Akteuren zu einem gelinden Skandal führen würde. Mit dem Umweg über das Reich der Tiere wird das möglich und sogar als amüsant empfunden.

Romantisch wird es in der Werbeanzeige der Firma *Polaroid*. Hier bahnt sich eine zarte Unterwasser-Lovestory an und der Besitzer des neuen *Polaroid-image-system* hat die Chance, diesen Start ins Glück – das mit einem Kuß begann – ins Bild zu bannen. Etwas deftiger schon treiben es die Frösche des Zeichners Toni Ungerer in einer *Penthouse*-Werbeanzeige.

Mit Tieren bietet sich der Werbung also die Möglichkeit, eine gewisse, für jedermann verständliche sexuelle Stimulanz ins Bild zu bringen, die geschmackvoll und nicht zu anzüglich wirkt, sondern eher amüsant und belustigend. Die Motivauswahl ist beinahe unerschöpflich, denn nach Adrian Forsyth gibt es unter der Million Tierarten auf unserer Erde nur etwa tausend, die sich als Sexmuffel jungfräulich fortpflanzen. Die anderen verblüffen mit einem variationsreichen Liebesleben. Man muß sich ja nicht gerade den Molch aussuchen, der nach den Erkenntnissen von A. Forsyth nicht als Lustmolch, sondern eher als Frustmolch zu bezeichnen wäre.

Auch in der Kunst gibt es klassische Vorbilder, bei denen vor allem Frauen in erotischer Beziehung zu Tieren dargestellt werden. Nicht nur der erotische Starphotograph Helmut Newton meint: „Tiere zusammen mit Frauen finde ich aufregend", sondern in der ganzen Kunstgeschichte taucht dieses Thema immer wieder auf. Jedermann kennt die antiken Motive der Leda mit dem Schwan, der Europa auf dem Stier oder der Göttin Diana in Umarmung mit dem Hirschen. Auch die Werbung für das Edelkatzenfutter „Sheba" unterstreicht die sinnliche Beziehung zwischen Katze und Frau: „Jetzt gibts von Sheba ganz was Neues, Romeo!" Frauchens Liebling ist „der Liebhaber aller Liebhaber – Romeo" und die Fütterung wird zum schmusigen Candellight-Dinner.

Schlüsselreiz Bewegungseffekt

Bewegungen stoßen beim Menschen auf hohe Aufmerksamkeit, was evolutionsgeschichtliche Hintergründe hat. Bewegung in der Umwelt bedeutete immer Veränderung und somit auch mögliche Gefahr. Aus diesem Grund wurde es zum Selektionsvorteil, sich bewegende Objekte so schnell wie möglich wahrzunehmen, denn gab es für den Menschen und seine Vorfahren über den allergrößten Teil ihrer Entwicklungsgeschichte hin gefährliche Freßfeinde. Aber selbst für unser heutiges alltägliches Leben ist

Produkt:
Hewlett Packard GmbH, Bad Homburg
Agentur:
Bruppacher & Partner AG, Solothurn
Laufzeit:
1991 bis 1992
Medien:
Print

diese Reaktionsschnelligkeit gegenüber sich bewegenden Objekten überlebenswichtig. Der Verhaltensforscher Eibel-Eibesfeldt geht davon aus, daß sich das instinktive Verhalten des Menschen in den letzten 20 000 Jahren nicht wesentlich verändert hat.

Film und Fernsehen sind die geeignetsten Medien, die ganze Schönheit von Tieren in Bewegung zu demonstrieren. Zeitlupenaufnahmen der unglaublich harmonischen und kraftvollen Bewegungsabläufe der Tierwelt gehören zum Faszinierendsten, was die Werbung mit Tieren zu bieten hat. Nicht umsonst ist die *Esso*-oder *Marlboro*-Werbung so erfolgreich und beliebt. Doch auch die ins Bild gebannte Bewegung hat ihre werblichen Reize. Sie hat immer etwas Unvollendetes an sich und schafft ein Spannungsfeld. Der Drang des Menschen zur vollendeten Gestalt läßt ihn auch hier das Werbebild im Geist zu Ende führen. Der Werbeschaffende kann hier so den Bewegungseffekt erzielen und die gewünschte Dynamik ins Bild bringen. Außerdem zeigt dieser fotographisch fixierte Moment mitten in einem Bewegungsablauf dem Betrachter eine Situation, wie er sie mit bloßem Auge nie festhalten kann, den surrealen Moment eines Bruchteils einer Bewegung, der seinen ganz besonderen ästhetischen Reiz hat, wie die Kunstfotographie des eintauchenden Frosches bei *Kodak* oder des ins Wasser schnellenden Eisvogels bei *Toshiba*.

Produkt:
Barilla-Nudeln
Agentur:
TBWA Tragos Bonnange Wiesendanger Ajroldi GmbH, Frankfurt/M
Medien:
Print

Der Schockeffekt

Ob die Werbung mit Schockeffekten wirksam ist, mag dahingestellt bleiben. Meist sind damit jedoch negative Begleiterscheinungen verbunden, die manchmal auch ein negatives Gefühl gegenüber dem Produkt hinterlassen. Doch da natürlich eine Darstellung nie so direkt wirkt wie die Realität, sind die Negativemotionen gewissermaßen kalkulierbar und können durch die Gesamtgestaltung wieder harmonisiert werden. Die Werbeanzeige für den Cognac *Courvoisier* ist eines der besten Beispiele für eine solche Gestaltung. Neben der Cognacflasche, die im Maßstab 1:1 abgebildet ist, sitzt eine reale und lebendige, ebenfalls 1:1 abgebildete Vogelspinne. Nach dem Schockmoment richtet sich das Interesse des Betrachters auf den Zusammenhang zwischen dem furchteinflößenden Tier und der Flasche. Es besteht keiner, obwohl die Headline dies suggerieren will: „Alle anderen sind leichter zu haben". Was den Reiz der Anzeige jedoch ausmacht, ist die Brillanz der Fotographie und die mutige Werbe-Idee.

Es gibt verschiedene Tierarten, auf die besonders viele Menschen mit irrealer Furcht reagieren. Eine Furcht, die sie verstandesmäßig ablehnen, der sie emotional jedoch nicht gewachsen sind. Da auch Furcht für viele Menschen ein aufregender Gemütszustand zu sein scheint, hat die Filmindustrie dem durch die Produktion von vielerlei Grusel- und Horrorfilmen Rechnung getragen. *Der weiße Hai*, *King Kong*, *Die Fliege* und andere Spinnen-, Dinosaurier- und Schlangenfilme füllten schon die Kinokassen. Ein Mordanschlag unter Zuhilfenahme einer Giftschlange oder Giftspinne bei Edgar Wallace sorgt im Kino immer für den nötigen Nervenkitzel. Der Ursprung von Phobien ist wissenschaftlich noch nicht endgültig geklärt. Sicher ist, daß die oben aufgeführten Tierarten – vor allem auch ab einer bestimmten Größe – selbst von Hartgesottenen in aller Regel mit einer gewissen Skepsis betrachtet werden. Die Anzeigen der *Sparkasse*, von *Alain Delon Parfums*, des Pharmakonzerns *Anzag* und die Werbetreibenden von *Pfandbriefe und Kommunalobligationen* spielen mit diesen Ängsten. Vor allem die lebensgroßen Schlangen mit dem starren Blick wirken bedrohlich und unberechenbar.

Ästhetische Effekte in der Werbung mit Tieren

Zur Kunst des Werbetreibenden gehört die Fähigkeit, ästhetische Wahrnehmung in den Dienst der Kommunikation zu stellen und ihre aufmerksamkeitsbindende und ästhetisch belohnende Funktion als Mittel zur Nachrichtenübertragung zu verwenden. Ästhetik heißt auch eines der Zauberworte der Werbegestaltung, denn Werbung soll positive Empfindungen und Sympathien im Betrachter wekken. Das Auge des Menschen verweilt seit jeher auf Dingen, die schön sind und sein Gemüt bewegen

und so dient die gelungene Bildgestaltung mit den dafür notwendigen Motiven und Farben als wirksames Mittel für Werbezwecke. Darum ist es auch nicht verwunderlich, daß sich in unserer Zeit Spitzenleistungen der Fotographie, des Films und der Graphik oft gerade in Werbebildern finden lassen.

In der Werbung mit Tieren bieten sich dem Gestaltenden eine Unmenge von verschiedenen reizvollen Motiven, besonders heute, in Zeiten modernster fotographischer Technik. Neben die Freude an der Schönheit der verschiedenartigen Tiere tritt häufig noch die Verblüffung über immer neue Formen und Farben, die die bizarre Welt der Tiere zu bieten hat. Gelungene Beispiele ästhetischen Gestaltens mit Tieren sind die Anzeigen der Firmen *Vanderbilt, Toshiba, Die Post* und der Schutzmarke *Reine Schurwolle.* Neben der rein ästhetischen Gestaltung des Tier-Motivs gibt es noch die humorvoll ansprechenden Werbeanzeigen, die den Betrachter zum Schmunzeln bringen und in denen sowohl Mensch als auch Tier zu mancher Situationskomik herhalten müssen. Ein bekanntes Beispiel hierfür ist der Dalmatiner, den man fast schon als den Modehund schlechthin bezeichnen kann. Aufgrund seiner schwarzweißen Flecken ist er beliebtes Attribut für schrille Modeauftritte. Auch die Werbeanzeige der Firma *Nikon* zeigt mit ihrem *odd couple* eine gehörige Portion Humor.

Produkt:
Geflügel
Agentur:
Springer & Jacoby, Hamburg
Laufzeit:
1991-1992
Medien:
Print

Vermenschlichung von Tieren

Altstars wie *Mickey Mouse*, *Donald Duck* oder der über alle Leinwände flatternde Fledermausmann *Batman* zeigen die Publikumswirksamkeit der menschlich-animalischen Fantasie-Kreationen: Kassenrenner sind oder waren sie alle. Wenn ein Tier mit menschlichen Zusätzen wie Kleidung und Sprache oder in seinem Verhalten verändert wird, so kann damit ein unverwechselbarer Repräsentant einer Firma geschaffen werden.

Das Tier allein würde noch keine spezielle Zuordnung garantieren; in Verbindung mit den speziellen menschlichen Utensilien wird es jedoch einmalig. Dies wandte die australische Fluglinie *Quantas* in so mancher Werbekampagne an. Einer oder mehrere Koalabären wurden als Sommerfrischler in verschiedendste Kostüme gesteckt. Manchmal durfte der Koala sogar die Rolle des Flugkapitäns übernehmen. Ein Fuchs, dem eine Brille auf die Schnauze gesetzt wird, wirkt sofort als cleverer Geschäftsmann und ist in dieser plakativen Rolle viel weniger angreifbar als sein menschliches Vorbild.

Die oben aufgeführte Metamorphose zwischen Mensch und Tier hat den Vorteil, daß man Tier-Symbolik und menschliche Attribute, Kulturelles und Zeitgemäßes verbinden kann und somit eine besonders prägnante und anschauliche Beschreibung des Konsumvorbildes erreicht. Menschliche Tiere sind absurd und können aus dieser Position heraus übertrieben agieren oder argumentieren, ohne dabei einen Sympathieverlust zu erleiden. Ein Glücksschwein, das in Geld badet, ist einfach smart und einnehmend. Ein Mensch dagegen, wenn er in Geld badet, könnte leicht gierig oder oberflächlich wirken und bei aller zugestandenen Freude am Gewinn hinterließe die Werbung einen unangenehmen Nachgeschmack.

Zu der Vermenschlichung gehört auch die bloße Projektion menschlicher Eigenschaften auf Tiere. Durch eine Laune der Natur herrscht bei Familie Pinguin immer Frackzwang und ein Portrait des dickleibigen Seelöwen mit seinem glatten Kopf und dem schönen Schnauzer weist verblüffende Ähnlichkeiten mit einem gestandenen Mannsbild am Stammtisch auf.

SIE KÖNNEN EINE SPENDE IN MILLIONEN-HÖHE LEISTEN. OHNE EINEN PFENNIG ZU ZAHLEN.

Vor 30 Jahren wurde der WWF gegründet. Heute ist er die größte private Naturschutzorganisation der Welt. Mit seiner Hilfe entstanden 260 Nationalparks und Schutzgebiete, viele davon im bedrohten Tropenwald. Mehr als 5.000 Projekte in 130 Ländern hat der WWF realisiert. So konnten viele bedrohte Tierarten vor dem Aussterben bewahrt werden. Dennoch kein Grund zur Freude. Der Raubbau an unserer Natur geht weiter. Wie kein anderes Wesen zuvor zerstört der Mensch blind und rücksichtslos seine eigenen Lebensgrundlagen. Die Natur gerät aus dem Gleichgewicht: Dürren, Wirbelstürme, Bodenerosionen, Smog und Überschwemmungen sind die weltweiten Folgen. Helfen Sie dem WWF, diese gravierenden Probleme sichtbar zu machen. Mit einer neuen Anzeigen-Kampagne, die Bewußtsein schaffen will und in einer deutlichen Sprache zum Handeln aufruft. Mit jedem geschalteten Motiv können Sie Leben retten.

Sibylle Langenkamp

Im Zeichen des Panda – der World Wide Fund For Nature

Der Panda ist das international bekannte Symbol für bedrohte Arten und das Logo des WWF – World Wide Fund For Nature. Der WWF ist die größte private Naturschutzorganisation der Welt. 1961 wurde der WWF als World Widelife Fund in England gegründet, zwei Jahre später wurde die Umweltstiftung WWF-Deutschland ins Leben gerufen. Der WWF ist in 28 Staaten der Erde vertreten und hat zur Zeit etwa vier Millionen Förderer. Seit der Gründung hat er in 130 Ländern über 5 000 Naturschutzprojekte finanziell gefördert oder selber durchgeführt. 1986 erfolgte die Namensänderung des World Wildlife Fund in World Wide Fund For Nature.

Einer der Gründer des WWF, der Künstler und Ornithologe Sir Peter Scott, entwarf im Gründungsjahr 1961 das weltweit bekannte Panda-Symbol. Die Anforderungen an das Symboltier waren klar definiert: Es sollte einer stark vom Aussterben bedrohten Tierart angehören, aus Kostengründen problemlos in schwarz-weiß reproduzierbar sein und darüber hinaus emotional ansprechend wirken. Die Wahl fiel auf den Großen Panda. Modell für die

Motiv Artenschutz Mensch
Produkt:
Umweltstiftung WWF-Deutschland, Frankfurt/M
Agentur:
Ogilvy & Mather GmbH & Co. KG Frankfurt/M
Laufzeit:
Das Panda-Bär-Logo seit 1961
Medien:
Print, Plakat, TV, Hörfunk, Merchandising, Produkte

ersten Skizzen stand Chi-Chi, ein damals im Londoner Zoo lebendes Panda-Weibchen.

Der Große Panda, auch Bambusbär genannt, entsprach den gestellten Forderungen optimal: Er gehört zu einer der seltensten Tierarten der Welt. Die Zahl der in wenigen chinesischen Reservaten freilebenden Pandas wurde damals wie heute auf weniger als 1 000 Exemplare geschätzt. Der schwarzweiß gescheckte Pelz des Panda ist nicht nur leicht graphisch umsetzbar, sondern hat auch einen hohen Wiedererkennungswert. Schließlich ist der Panda einfach „niedlich". Durch die schwarzen, runden Ohren und die großen, schwarzen Farbflekken rund um die Augen in seinem sonst weißen Gesicht sieht er aus wie ein Teddybär, der sich aus dem Kinderzimmer verirrt hat. Verbunden mit dem ohnehin starken Sympathiewert des Bären konnte das WWF-Logo sehr schnell einen hohen Popularitätsgrad erreichen. Heute ist es nicht nur das Symbol des WWF, sondern gleichzeitig das anerkannte und gelernte Zeichen für vom Aussterben bedrohte Tierarten.

Der internationale Bekanntheitsgrad und die positiven Assoziationen des einprägsamen Panda--Logos erlauben es dem WWF, an bestimmte Unternehmen Lizenzen zu vergeben und die Verwaltungsaufwendungen dadurch teilweise zu decken. Nach einer strengen Umweltverträglichkeitsprüfung können sich ausgewählte Produkte gegen Zahlung einer Lizenzgebühr mit dem WWF-Panda schmücken und kommunizieren dem Verbraucher so ihre relative Umweltverträglichkeit. Diese Einnahmen und die

Plakataktion Artenschutz, WWF-Deutschland, Frankfurt/M

Plakataktion Artenschutz, WWF-Deutschland, Frankfurt/M

Anzeigenmotiv Nashorn, WWF-Deutschland, Frankfurt/M

Aktion *Panda für zwanzig Mark*, Poster-Aktion, WWF-Deutschland, Frankfurt/M

Erlöse aus dem Stiftungsvermögen decken die administrativen Kosten des WWF, so daß sämtliche Spenden ungeschmälert in die Naturschutzprojekte einfließen.

Der werbliche Auftritt des WWF wird weltweit ehrenamtlich vom internationalen Network der Ogilvy & Mather Werbeagentur begleitet. David Ogilvy als einer der ersten Stiftungsräte von WWF-Internationale stellte das von ihm begründete Agenturnetz dem guten Zweck des WWF zur Verfügung. In Deutschland arbeiten O & M und WWF auf allen Gebieten der klassischen Werbung zusammen. Neben Anzeigenkampagnen für Printmedien wird auch die audio-visuelle Schiene sowohl mit diversen Funkspots als auch mit TV-Spots gefahren. Das Medium „Plakat" wird gerne für Sonderaktionen herangezogen. Die erfolgreiche Kooperation der Umweltstiftung und der Werbeagentur wird durch zahlreiche Preise wie z.B. den Internationalen Plakat-Grand-Prix 1991 oder die „Werbetrommel" des TV-Senders Tele 5 bestätigt.

Für alle Kommunikationskanäle gilt im Falle der WWF-Werbung ein klares Grundprinzip: Es gibt kein Budget für Media-Einkauf, alle Veröffentlichungen erfolgen kostenfrei bzw. gegen Spendenquittung. Dieses eherne Prinzip erlaubt dem WWF zwar nur eine begrenzte Steuerung seiner werblichen Aktivitäten, stellt aber gleichzeitig sicher, daß keine Spendengelder für Werbeschaltungen ausgegeben werden. Der Gesamt-Mediawert aller Pro-Bono geschalteten WWF-Veröffentlichungen betrug 1991 über 3,1 Millionen DM, wobei die Printmedien den weitaus größten Anteil hatten. Die Präsenz des WWF in Funk und Fernsehen ist vergleichsweise schwach. An dieser Stelle dankt der WWF den zuständigen Anzeigen- und Dispositionsleitern sowie allen anderen Verantwortlichen, die uns die Veröffentlichung unserer Werbung in den unterschiedlichsten Medien ermöglichen.

Für weitere Informationen wenden Sie sich bitte an die Umweltstiftung WWF-Deutschland, Sibylle Langenkamp, Postfach 70 11 27, W-6000 Frankfurt/Main 70, Tel.: 069 / 605 003-0.

Wie Sie bei der ARD einmal belegen und dabei regional mehrgleisig fahren.

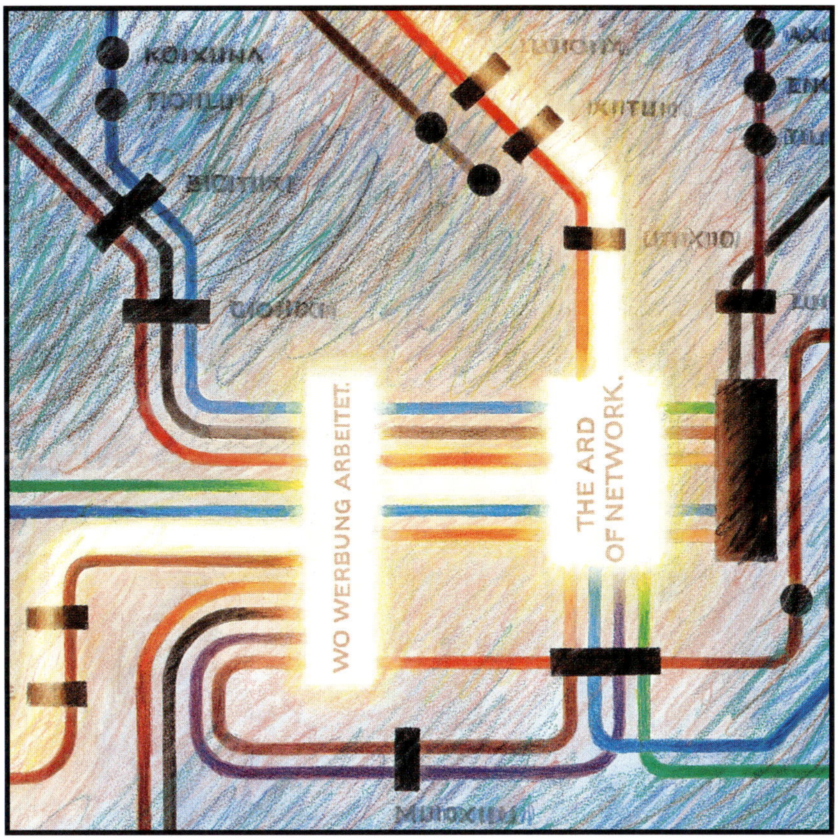

NEW YORK COMMUNICATIONS

The ARD of Network

➣ Donnerstag, 18.30 Uhr in der ARD: Zeit für den 2. Werbeblock.

➣ Und weil wir glauben, daß man mit Flexibilität mehr erreicht, schicken wir Ihre TV-Spots kurzerhand ins Netz. Ein Spot, der in der ARD national „on air" geht, kann sich regional von seinen unterschiedlichsten Seiten zeigen. Mit diesem Motivsplitting bietet Ihnen die ARD das einzigartige Angebot, wirklich national zu schalten und dabei regionale Aufgabenstellungen ganz individuell anzusteuern: von West nach Ost, von Nord nach Süd.

➣ Also: Bevor der Zug abgefahren ist, steigen Sie lieber schnell zu. Kontakt: ARD Werbung Media Marketing, Falkensteiner Straße 75–77, 6000 Frankfurt am Main 1, Telefon: 069/15 30 04-0.

Das ARD Network. Wo Werbung arbeitet.

Tiere in der Werbung?

art

Großflächenplakat zur documenta
Material: Flokati-Teppich
aus echter Schafswolle

Der Tele-Zoo

Adler: Advico Young & Rubicam, Zürich: Fernet Branca, „The making of the Making"
Affe: Michael Conrad & Leo Burnett, Frankfurt/M: Mateus Rosé
Bär: Lintas:Hamburg: Kuschelweich; Allgäuer Alpenmilch: Bärenmarke
Biber: Markenwerbung International, Hamburg: Dentagard Biber
Biene: Eurocom Advertising, Düsseldorf: Langnese-Iglo, "Die Langnese-Bienen"
Chamäleon: Michael Conrad & Leo Burnett, Frankfurt/M: BASF
Eichhörnchen: Hildmann, Simon, Rempen & Schmitz, Düsseldorf: Dresdner Bank
Eisvogel: TBWA Tragos Bonnange Wiesendanger Ajroldi, Frankfurt/M: Licher Bier
Elefant: Deutsche Bundesbahn : Rosaroter Elefant
Ente: Eurocom Advertising, Düsseldorf: Henkel, Pril-Ente; Henkel KGaA, Düsseldorf: Pril-Ente (Historische Rolle)
Falke: Ogilvy & Mather, Frankfurt/M: Deutsche Bundesbahn
Fuchs: Ogilvy & Mather, Frankfurt/M: Schwäbisch Hall
Gans: Heye + Partner, Unterhaching: PWA, „Kissen", „Ei", „Familie"; Michael Conrad & Leo Burnett, Frankfurt/M: FIAT
Hase: Hildmann, Simon, Rempen & Schmitz, Düsseldorf: Ritter Sport; McCann-Erickson, Frankfurt/M: Nestlé, Nesquik, Quiky, „Astronaut", „Sommer-Rap"
Heidschnucke: Lintas:Hamburg: Holsten-Brauerei, Lüpi, Kino und TV, 1990-92
Huhn: Heye + Partner, Unterhaching: Liprevil „Hühner"; McDonalds, "Frau Bratbecker"; Knopf, Nägeli, Schnakenberg, Hamburg: Tempo, „Der Hühnerhof"; Löhlein & Schonert, Berlin: Bankhaus Löbbecke; Springer & Jacoby, Hamburg: Friki Frisch, „Einstein", „Marylin", „Pretty Woman", „Caesari"
Hund: !Eureka!, Düsseldorf: Binding-Brauerei, Clausthaler alkoholfrei, TV; Baums, Mang und Zimmermann, Düsseldorf: Toyota; DMB&B D'Arcy Masius Benton & Bowles, Hamburg: Effem, Chappi (Historische Rolle); Grey Düsseldorf: B.A.T., „Undercover, „Indognito", Kino-Version und Außendienstmitarbeiter-Film; J. Walter Thompson, Frankfurt/M: Cottonelle, Spot: „Neu", „Feder"; Markenwerbung International, Hamburg : Ajax Bruno; McCann-Erickson, Frankfurt/M: Nestlé, Maggi Knoblauchsuppe; Michael Conrad & Leo Burnett, Frankfurt/M: Braun AG; Scholz & Friends, Hamburg: Brekkies, „Landleben"; Springer & Jacoby, Hamburg: Mercedes-Benz, „Wald"; Ruedi Wyler Werbung, Zürich: Katapult-Hundeaufnahmen
Igel: Axel Springer Verlag AG, Hamburg: Hörzu, „Mecki" (Historische Rolle)
Kamel: McCann-Erickson, Frankfurt/M: Camel, „Born to be mild", Kino; Camel, „Matter of Taste"
Katze: DMB&B D'Arcy Masius Benton & Bowles, Hamburg: Effem, Wiskas (Historische Rolle); Michael Conrad & Leo Burnett, Frankfurt/M: Heinz Pet Products, Nine Lives, „Morris The Cat" (USA); Ogilvy & Mather, Frankfurt/M: Kitekat: "Julia & Romeo", 1980, "Max & Moritz", 1980; Grey Düsseldorf: Effem, Sheba, "Response Spot", "Shakespeare"
Koala-Bär: ServicePlan, München: Schöller-Eiscreme, „Schaukel", „Schatztruhe", „Fernglas"
Krokodil: Baums, Mang und Zimmermann, Düsseldorf: Thera-Med-Junior
Kuh: Eurocom Advertising, Düsseldorf: Gervais-Danone, Gervais-Kuh; Leonhardt & Kern, Stuttgart: Südmilch, Fruttis; Young & Rubicam, Frankfurt/M: Jacob Suchard, „Die lila Kuh" (Historische Rolle);
Maus: Lowe, Lürzer, Frankfurt/M: Opel Corsa, „Tom & Jerry/Long Journey", „Tom & Jerry"
Papagei: Hildmann, Simon, Rempen & Schmitz, Düsseldorf: Ritter Sport
Pferd: Henninger Brauerei, Frankfurt/M : Kino-Spot; JK Werbeagentur, Bad Oeynhausen: S.Oliver, Edgar „Eddy" McCormack, "Wir basteln einen Kinospot", 13 Min. über Spot-Entstehung
Pinguin: Agenta, Münster: Compo-Dünger
Pudel: ServicePlan, München: Pro 7, Kino
Puma: McCann-Erickson, Frankfurt/M: Puma, „In jedem steckt ein Puma"
Saurier: RSCG, Butter, Rang GmbH, Düsseldorf: Lotto
Schaf: Internationales Wollsekretariat, Düsseldorf; DMB&B D'Arcy Masius Benton & Bowles, Frankfurt/M: Procter & Gamble, Sanso
Serien mit Tieren: Lowe, Lürzer, Frankfurt/M: Opel, Umwelt „Breathing Animals", Umwelt „Happy Animals", Umwelt „Wonderful World"; Michael Conrad & Leo Burnett, Frankfurt/M: Condor Flugdienst; Scholz & Friends, Hamburg: Sierra Tequila, „Ziege", „Hund", „Hühner", „Grzimek", Umweltstiftung WWF-Deutschland, Frankfurt/M: „Anima Mundi", Kurzfilm 1992, Kino, TV; Young & Rubicam, Frankfurt/M: Kodak AG, Tieraugen-Kampagne, 1983-85: „Adler", „Katze", „Luchs", „Uhu"
Sittich: DMB&B D'Arcy Masius Benton & Bowles, Hamburg: Effem, Trill (Historische Rolle)
Stier: Lintas:Hamburg: Osborne
Thunfisch: Michael Conrad & Leo Burnett, Frankfurt/M: Starkist, „Charly the Tuna" (USA)
Tiger: Esso AG: Esso-Tiger (Historische Rolle); Michael Conrad & Leo Burnett, Frankfurt/M: Kellogg (USA)
Vögel: Young & Rubicam, Frankfurt/M: Deutsche Lufthansa, „Pfau", „Küken", „Albatros", „Pinguin", „Specht"

Adler

Merkmal **König der Lüfte**
Verbreitung **Nistet besonders gern in Wappen und Logos**
Gewohnheiten **Er besitzt magische Kräfte**

- **Adleraugen**
- **Adlerblick**
- **Adlerhorst**
- **Adlernase**
- **Gummiadler**
- **Bundesadler**
- **Adlerorden**

Produkt:
Fernet Branca Privatwein-brennerei Jacoby KG
Agentur:
Advico Young & Rubicam, Zürich
Laufzeit:
in Deutschland seit 1982
Medium:
Print, TV

Der Adler ist ein Tier der Superlative: Er ist der stärkste Vogel, sieht am schärfsten auch noch aus den höchsten Höhen, in die nur er fliegen kann. Er hat keine natürlichen Feinde und schlägt lebende Beute. Er ist nicht sonderlich gesellig. Sein mächtiger Hakenschnabel verleiht ihm zudem ein markantes, auch furchteinflößendes Äußeres. Als dieses stattliche Tier wurde er zum Attribut der Götter und Könige. Er ist der Begleiter von Zeus und Jupiter, gilt als Götterbote und Symbol der Unsterblichkeit.

Von den Göttern geschickt, flößt der Adler neben Respekt auch Furcht ein. Am bekanntesten ist die Geschichte des Titanen Prometheus, dem Zeus als Strafe für seine Verfehlungen jeden Tag einen Adler schickt, der ihm die Leber herausreißt und auffrißt, die über Nacht wieder nachwächst. Der an den Felsen gefesselte Prometheus und der Zeus-Adler sind zum Sinnbild der ewigwährenden Strafe geworden.

Der Adler gehört seit frühester Menschheitsgeschichte zu den Totemtieren. Seit der Antike ist er in der Heraldik vertreten, er gab Heeres- und Wappenzeichen ihren Charakter und er war das Feldzeichen der römischen Legionen. Auch das Christentum kennt den Adler als Symbol, er begleitet Johannes, einen der vier Apostel. Das Gegenbild des Adlers ist der Drache oder die Schlange. Der Kampf zwischen Adler und Schlange symbolisiert den Kampf zwischen Gut und Böse. Der Sieg des Adlers über eine Schlange ziert eine Gedenkmünze Wilhelms II. für den Kampf gegen Napoleon 1813. Dante stellte in der Göttlichen Komödie die römische Geschichte als den Flug des Adlers dar.

Nach Deutschland kam der Adler mit Kaiser Karl dem Großen, der ihn als Sinnbild seiner herrscherlichen Macht übernahm. Seitdem ist der Adler das deutsche Reichssymbol, über die Jahrhunderte hinweg stark modifiziert, ist er auch heute noch das Wappentier der Bundesrepublik Deutschland, obwohl er weder königliche noch kaiserliche Macht repräsentieren kann. Als staatliches Symboltier ziert er Geldscheine, Stempel, Münzen und Urkunden. Als Wappentier dient der Adler auch anderen Ländern wie zum Beispiel Österreich oder der Seeadler den USA.

Auch in der Fabel- und Märchenwelt spielt er die Rolle eines Königs der Tierwelt, allerdings – als Vertreter der Adelswelt – wird er hier nicht nur als stolz, einsam und unfehlbar, sondern auch mit Zügen von Hochmütigkeit dargestellt. Von Äsop stammt die Geschichte, in der der Adler mit einem Pfeil erlegt wird. Diesen Pfeil trugen seine eigenen Federn in sein Herz.

Der Adler wird in einer Fabel von Jean de La Fontaine zum Inbegriff des eigenen Maßes, das es zu kennen gilt. Ein Rabe, heißt es bei ihm, dachte eines Tages, er könnte einen Adler nachahmen und sei auch eigentlich so gut wie ein solcher. Er versucht ein Schaf zu reißen, was ihm jämmerlich mißlingt, da er sich mit seinen Krallen in der Wolle verheddert und nicht die Kraft hat, das Tier in die Lüfte zu heben.

In seiner mythologischen Wirkung und Bedeutung hat der belgische Künstler Marcel Brodthaers

Produkt:
Fernet Branca Privatwein-brennerei Jacoby KG
Agentur:
Advico Young & Rubicam, Zürich
Laufzeit:
1992

den Adler in einer eigenen Museumsinstallation im Düsseldorfer Kunstverein gewürdigt.
Als Werbetier ist der Adler besonders als Repräsentant des Magenbitters *Fernet Branca* hervorgetreten. Seit 1845 wirbt er erfolgreich und unverändert in seinem Erscheinungsbild, womit er *Fernet Branca* zu einer weltweit bekannten und geschätzten Spirituose gemacht hat. Der Name des Magenbitters geht auf den italienischen Arzt Fernet zurück, der die Likörrezeptur aus Kräutern und Alkohol als gesundheitsförderndes Elixier erfand und seinen Patienten empfahl. Die Mailänder Unternehmerfamilie übernahm 1845 die industrielle Herstellung des Bitters, dessen Rezeptur immer noch das Originalrezept des Arztes Fernet ist, das die Familie Branca bis heute als Geheimnis hütet. Auf das Familienwappen der Brancas geht auch der Adler als Symbol des Bitters zurück.

Mit dem Slogan – „Man sagt, er habe magische Kräfte" – fliegt der Adler heute, gebieterisch eine Flasche *Fernet Branca* in seinen Krallen haltend, der Sonne entgegen und knüpft damit an die überlieferte Rolle des Adlers als Lichtsymbol an. Dieses Licht-Motiv erscheint auch seit 1845 auf jeder Flasche, der Adler, der die Weltkugel unter sich läßt. Der König der Vögel trägt den König der Magenbitter, er bringt Gesundheit und Wohlbefinden, ein Getränk für die, die etwas auf sich halten und die sich etwas außergewöhnlich Gutes gönnen wollen.

Affe

Merkmal **Karikatur des Menschen**
Verbreitung **Immer, wenn es um Verhaltensänderungen geht**
Gewohnheiten **So triebhaft wie respektlos**

- **Nicht für einen Wald von Affen**
- **Affenliebe**
- **Affengeschwindigkeit**
- **nachäffen**
- **Auf die Bäume, ihr Affen, der Wald wird gefegt!**
- **Affenhitze**
- **Eine Affenkomödie aufführen**
- **Affenschande**
- **Was ist das für ein Affentheater!**

Wenn es um Verhaltensänderungen bei den Konsumenten geht, dann ist auch der Affe in der Werbung nicht weit. Wegen seiner evolutionsgeschichtlichen Nähe zum Menschen und seinen Verhaltensweisen eignet er sich dazu wie kein anderes Tier. So wie der Affe nicht nur in der Werbung den Menschen imitiert, so soll umgekehrt auch der Mensch sich vom Affen den Spiegel vorhalten lassen. Der Affe wird in dieser Hinsicht meist als Karikatur des Menschen verwendet. „Oberaffengeil", solche Worte kann der Affe in seiner Spontaneität und Triebhaftigkeit in den Mund nehmen, um sein größtes Entzücken auszudrücken. Der Werber hat diese Worte nicht selbst gewählt, sondern sie nur den Naturwesen abgelauscht.

In dieser Rolle als Tabu-Brecher kann der Affe durch den Werbedschungel rasen, als Tier verletzt er niemals die Gesetze von Schicklichkeit und Anstand. Er agiert jenseits der Konventionen, der Affe. Er nimmt sich dieses und steckt sich jenes in den Mund, spontan und ungebremst, wie es ihm gefällt.

Vor allem die Menschenaffen, die Gorillas, Orang Utans oder die Schimpansen treten im Werbezirkus auf und dienen als Spiegel auch menschlicher Triebhaftigkeit. In der psychoanalytischen Symbollehre stehen sie für den inneren Aufruhr. Ihre bedrohlichen Seiten verkörpern Gestalten wie der Frauenräuber King-Kong. Selbst im „Dschungelbuch" sind es die Affen, die mit dem Findelkind ihre Späße treiben. Besser schneiden die Affen bei Tarzan ab,

Produkt:
Express, Verlag Neven Du Mont Schauberg, Köln
Agentur:
RSCG, Butter, Rang GmbH, Düsseldorf
Laufzeit:
1991-92
Medium:
Print, Citylight

Produkt:
Mateus Rosé, Remy Deutschland GmbH, Wiesbaden
Agentur:
Michael Conrad & Leo Burnett GmbH & Co. KG
Laufzeit:
1990 bis heute
Medium:
TV

Produkt:
Stadtstaat Singapur,
Agentur:
A.B.S. Werbeagentur GmbH, Frankfurt/M
Laufzeit:
seit 1990
Medium:
Print

der seine Freunde unter den Schimpansen findet wie Robinson seinen Freitag.

In der christlichen Symbolik sind es denn auch die Affen, die die Todsünden Geiz, Wollust und Eitelkeit verkörpern. Ihre durch keine Vernunft gebremste Triebhaftigkeit bringt sie in diese schlechte Position. Es ist gerade die naturgeschichtliche Nähe des Affen zum Menschen, die diese starken Vorbehalte mobilisiert. Daß der Mensch vom Affen abstammt, rief seinerzeit die Kirche auf den Plan und stempelte Darwin zum Gotteslästerer.

Die Ägypter sahen den Affen sehr viel gelassener. Dort wird er gar mit höchsten intellektuellen Ehren ausgestattet. Er gilt als Symboltier des Mondgottes Thod, des Schutzpatrons der Schreiber und Gelehrten und damit als Tier der Weisheit.

Besondere Berühmtheit erlangten die drei Affen vom „Heiligen Stall“ in Nikko: der eine hält sich die Augen zu, der andere die Ohren, der dritte den Mund. Diese drei Affen gelten als Sinnbild des weisheitsvollen und glücklichen Lebens im Umgang mit den Menschen.

Produkt:
The magic of fashion; Otto Kern, Kaiserslautern
Agentur:
Hiepler, Valencise, Wackerbarth, Düsseldorf
Photographie:
Horst Wackerbarth
Laufzeit:
seit 1988
Medium:
Print

Bär

Merkmal	**Liebling der Werbung**
Verbreitung	**Von Kuschelweich bis Bärenmarke**
Gewohnheiten	**Wirkt immer freundlich**

- **Er hat Bärenkräfte.**
- **Der ist bärenstark.**
- **Der große und der kleine Bär**
- **Einen Bärenhunger haben**
- **Jemandem einen Bären aufbinden**
- **Du alter Brummbär**

In den nördlichen Breiten gilt der Bär als der König der Tiere. Auch bei den Tieren der Werbung nimmt der Bär einen königlichen Platz ein. Bären haben keine natürlichen Feinde. Die Fähigkeit, sich aufzurichten, auf den Hinterbeinen zu stehen und zu laufen, läßt sie menschenähnlich erscheinen. Auch die Physiognomie des Bären-Kopfes löst Assoziationen in dieser Richtung aus. Zugleich liegt aber in dieser Ähnlichkeit auch die Undurchdringlichkeit seines Gesichtsausdruckes. Er scheint immer zu lächeln. Das macht ihn unberechenbar. Ob er gut oder böse, übellaunig oder verspielt ist, der Bär bleibt dem Menschen ein Geheimnis.

Seine Verhaltensweise, sich in den Winterschlaf zurückzuziehen, hat ihn auch in symbolische Verbindung zum Mond gebracht. Eine Verbindung, die die zahllosen Teddybären, mit denen Kinder sich über die nächtliche Einsamkeit hinwegtrösten, aufrecht und plausibel erhalten.

Allen Mythen gemeinsam gilt der Bär als Symbol der Stärke, aber einer Stärke, die den Schwachen schont. So sollen sich Jäger, denen unverhofft ein Bär entgegentritt, nach sibirischem Volksglauben auf den Boden werfen, um ihre Ohnmacht zu demonstrieren. Das Tier soll daraufhin den Schwachen schonen und am Leben lassen.

Der Bär gilt damit als Vorbild für den Mächtigen, dessen Aufgabe gleichfalls darin gesehen wird, die Schwächeren und Hilflosen zu schonen, zu behüten und ihnen eine Chance zu geben.

Die christliche Symbolik betont dem gegenüber die Undurchsichtigkeit des Bären, läßt ihn bisweilen auch als Sinnbild der Todsünde Völlerei erscheinen. Andererseits gilt die Bärin als Symbol der Jungfrauengeburt, weil sie angeblich erst durch Belecken ihren Jungen eine Gestalt gibt.

Bärenmarke-Spiel
Produkt:
Nestlé Deutschland AG, Allgäuer Alpenmilch, München
Agentur:
Heye + Partner GmbH Werbeagentur, Unterhaching

Emil Grünbär
Produkt:
Umweltclub der Umweltschutz-organisation A.U.G.E., Hamburg
Agentur:
Lintas:Hamburg GmbH
Laufzeit:
seit 1990
Medien:
Plakat, Bücher, Merchandising-Produkte

Emil Grünbär
Produkt:
Umweltclub der Umweltschutz-organisation A.U.G.E., Hamburg
Agentur:
Lintas:Hamburg GmbH
Laufzeit:
seit 1990
Medien:
Plakat, Bücher, Merchandising-Produkte

Kuschelweichbär
Produkt:
Weichspüler, Lever GmbH
Agentur:
Lintas:Hamburg GmbH
Laufzeit:
1969 bis heute
Medium:
Print, TV, Hörfunk

RTS RIEGER TEAM

Die Nacht fürs Leben, Nähnadeln, Groz-Beckert, Nadelfabriken, Albstadt
Agentur:
RTS Rieger Team Werbeagentur GmbH, Leinfelden-Echterdingen
Laufzeit:
1990
Medium:
Print

Produkt:
REWE-Zentral AG, Köln
Laufzeit:
1991
Medien:
Print, Plakat

Vor allem Goethe hat am Bild des Bären als dem gutmütigen Gegenüber des schlauen, aber berechnenden Fuchses in seinen Geschichten um Reineke Fuchs gearbeitet, und damit die liebenswerten Seiten dieses Königs der Tiere und wohl bedeutendsten Sympathieträgers in der Werbung betont.

Die Adels- und Familienwappen, die den Bären in ihrem heraldischen Zeichen führen, sind Legion, steckt doch darin der Wunsch, die königlichen Eigenschaften dieses Tieres auf die eigene Familie, Sippe oder Stadt zu übertragen. Diese symbolische Übertragungsleistung gehört zu den ältesten Kulturpraktiken des Menschen, sich die bewunderten Eigenschaften und vorbildlichen Verhaltensweisen anzueignen, sei es durch bloße Bezeichnungsakte, durch Tanzpraktiken, schamanistische Beschwörungen oder gar durch physisches Überstreifen eines Bärenfells.

Um die Jahrhundertwende war es in gutsituierten Familien durchaus üblich, das Neugeborene auf einem Bärenfell liegend, erstmals für das Familienalbum abzulichten. Das Neugeborene als Sieger über den König der Tiere. So inszenierte sich der Bürger symbolisch als Krönung der Schöpfung.

Gasthöfe und Hotels „Zum Bären" haben den Bären als Aushängeschild über dem Eingang eingesetzt, um das Image einer königlichen Unterkunft den Reisenden anzuzeigen.

Besonders einprägsam ist diese symbolische Belegung und werbliche Nutzung des Bären am Beispiel Berlins nachvollziehbar. In den 70er Jahren, als der Zoologische Garten Berlins erstmals Panda-Bären aus China nach Berlin holte, gelang eine Art Modernisierung seines Symbolwertes. Zehntausende von Berlinern strömten in den Zoo, um ihre Lieblinge zu sehen. Die Berliner Zeitungen berichteten über jede Regung des Bärenpaares. Das Verkehrsamt rückte den Pandabären in Gestalt von Aufklebern und Plakaten als Key-Visual für Berlin und die Liebenswürdigkeit der Stadt ganz nach vorn. Den bäri-

75 JAHRE BÄRENMARKE.
EINE SCHÖNE GESCHICHTE MIT 7.575 GEWINNEN.

1912 Ein spektakuläres Ereignis: Aus guter Alpenmilch machen wir mit viel Sorgfalt die erste ngezuckerte 10%ige Kondensmilch in Deutschland. Unsere ärenmarke.

1914 Die Bärenmarke ist schon in aller Munde. Besonders kleine Kinder und ihre Mütter lieben sie. Denn sie ist die erste haltbare konzentrierte Alpenvollmilch.

1923 In Köln wechselt die teuerste Bärenmarke-Dose aller Zeiten für sage und schreibe 35 Billionen Reichsmark ihren Besitzer.

1936 Bei einer guten Tasse Kaffee – verfeinert mit unserer Bärenarke – lauschen Millionen der Übertragung us dem Berliner Olympiastadion.

1949 Es gibt fast schon wieder alles zu kaufen, was das Herz begehrt. Natürlich auch unsere gute Bärenmarke. Zum ersten Mal zu DM-Preisen.

1954 Die Bärenmarke kommt auf den Nierentisch. Besonders beliebt ist sie zu „echtem Bohnenkaffee", den man jetzt überall wieder bekommt.

1962 Die Bärenmarke wird 50 und unser Bär undlicher. Bei seinem ersten Auftritt im Werbefernsehen prägt er den Satz, der bis heute seine Gültigkeit at: Nichts geht über Bärenmarke.

1974 Deutschland wird wieder Fußballweltmeister. Und wie schon 20 Jahre zuvor genießen die Freunde des runden Leders ihren Kaffee vor dem Bildschirm. Goldbraun und vollmundig im Geschmack. Dank der guten Bärenmarke.

So können Sie gewinnen: Coupon bitte auf eine Postkarte kleben und diese bis zum 29. 2. 1988 einsenden an: Bärenmarke, Geburtstags-Gewinnspiel, 8000 München 100. Weitere Teilnahmekarten gibt es im Handel. Mitarbeiter der Firmengruppe Allgäuer Alpenmilch AG/Unifranck GmbH dürfen nicht mitmachen. Bei mehr als 7.575 Einsendungen entscheidet das Los. Der Rechtsweg ist ausgeschlossen.

1987 Vieles hat sich seit Beginn unserer Geschichte geändert. Die hohe Qualität der Bärenmarke ist geblieben. Seit 75 Jahren. Zum Geburtstag verlosen wir 75 Reisen, 6 Tage für 2 Personen, ins Allgäu – die Heimat der Bärenmarke. Und 7.500 faszinierende Bildbände „Naturparadies Alpen". Viel Glück! Nichts geht über Bärenmarke.

Originalanzeige zum 75. Geburtstag

NESCAFÉ
NESTLÉ
NESCAFE
EXTRAIT DE CAFÉ EN POUDRE AVEC ADJONCTION
D'UNE QUANTITÉ ÉGALE D'HYDRATES DE CARBONE
POUR CONSERVER L'AROME
NESTLÉ
KAFFEE EXTRAKT IN PULVERFORM MIT ZUSATZ
EINER GLEICHEN MENGE KOHLENHYDRATE
ZUM SCHUTZE DES

Produkt:
Schoeller Eiscreme
Agentur:
ServicePlan Werbeagentur KG Marketing GmbH, München
Laufzeit:
seit 1990
Medien:
Print, TV

Produkt:
Deutsche Immobilien Fonds AG, Hamburg
Agentur:
Debis Marketing Services GmbH, Frankfurt/M
Medien:
Print, Give-away

Produkt:
Qantas Airways Ltd., Sydney, Australien
Laufzeit:
seit 1970 in den USA, 1980 bis 1988 in Europa
Medien:
Print, Poster, Give-away, Video-Clip

gen Sympathieträger – diesmal logohaft und illustrativ – setzt die Stadt für ihre Olympia-Bewerbung für das Jahr 2000 ein.

Der Pandabär, wie ihn auch der World Wide Fund for Nature als Emblem benutzt, vereinigt auf sich sämtliche Eigenschaften, die sich die Werbepsychologie für ein ideales Werbetier wünscht. Er hat seine Wildheit gänzlich abgestreift, seine Schwarzweiß-Zeichnung sowie seine Reinlichkeit nähern die Pandas den Teddybären aus dem Hause *Steiff* an. Sein rundliches Gesicht, seine Knopfaugen, seine weichen Formen, seine Friedfertigkeit rufen instinktiv zärtliche Gefühle, Verhaltensweisen und Wünsche nach Geborgenheit sowie Harmonie hervor.

Sein Gegenbild sind die „wilden" Braunbären des *Puschkin*-Wodkas der späten 60er Jahre, die „sich selbst treu bleiben", stark, so urwüchsig wie unberechenbar, kraftvoll, männlich und potent die Unbesiegbarkeit der Natur symbolisieren. Die aggressiven Bären, die *Fulda* ins Rennen schickt, übertragen diese Eigenschaften auf das Fahrverhalten ihrer Gummipneus.

Die Gutmütigkeit des Bären, die Kipling/Disney im Dschungelbuch treffend auf die Balu-Ballade „Versuchs doch mit Gemütlichkeit, mit Ruhe und Gemütlichkeit" gebracht haben, bietet vor allem der *Kuschelweich*-Bär des gleichnamigen Weichspülers. Hier wird die „Bärinnenseele" der Käuferin angesprochen. Denn der *Kuschelweich*-Bär hat seine Formen dem Kindchen-Schema abgeschaut. Er löst unwillkürlich in jeder Mutter den „Brutpflege-Impuls" aus und weckt bei jedem Betrachter die Erinnerung an den Teddybären der Kinderzeit, der allein durch seine Präsenz so manches Mal die Kinderseele des Nachts besänftigen konnte.

Die gesamte Spannweite der Bären-Eigenschaften hat der *Bärenmarke*-Bär in sich vereinigt. Seine Herkunft leitet sich aus dem bärigen Stadtwappen des schweizerischen Bern her, dem Geburtsort dieser Marke. Am Anfang – vor der Jahrhundertwende – ist es die wilde, ihr Junges ernährende Bärin, der man sicherlich nicht zu nahe kommen dürfte. Doch der Bär entwickelt immer weichere Konturen, wird schließlich dreidimensional und plüschig. In dieser Form lebt er noch heute (siehe auch Katalog „Werbefiguren", Deutsches Werbemuseum, 1991).

Unmittelbar die Kinder spricht Emil Grünbär an. Er wurde von *Lintas:Hamburg* als Comic-Bär entwickelt, um vor allem bei den Jüngsten für umweltgerechtes Handeln und Denken zu werben. Als „natürliches" Gegenüber hat er den Vertrauens-Bonus, den die Erwachsenen möglicherweise wegen ihres umweltschädigenden Verhaltens längst bei der nachwachsenden Generation verspielt haben.

IP

Zur Abwechslung kein Tier, aber ein Freund von Tieren in der Werbung.

Genauso wie Tiere zu Markenzeichen werden, so ist auch der Indianer längst zu einem Markenzeichen geworden: zum Zeichen der IP-Gruppe mit ihrem europaweiten Service für die Vermarktung von Presse-, Funk- und Fernsehwerbung.

In Deutschland ist die IPA-plus exklusiv für das Marketing und den Verkauf von Fernsehwerbung bei RTL plus verantwortlich.

Mit IPA-plus ist RTL plus die Nummer 1 unter den Privatsendern in Deutschland geworden. Und deshalb kommt heute kein schlauer Fuchs an unserem Indianer vorbei.

Camel

- Eher geht ein Kamel durchs Nadelöhr, als daß ein Reicher in den Himmel kommt.
- Das Wüstenschiff

Merkmal	**Wüster Typ**
Verbreitung	**Von Oase zu Oase, meilenweit für ...**
Gewohnheiten	**Fest mit einer Marke liiert**

Das Kamel, erkennbar an seinen zwei Höckern und sein Verwandter, das einhöckerige Dromedar, führt die Zoologie beide als „camelus". Verständlich also, daß Dromedare oft auch als Kamele bezeichnet werden und umgekehrt. Beide leben hauptsächlich in Nordafrika und Mittelasien, aber auch in Südwestamerika, wohin der Mensch sie einst transportierte. Sie sind reine Vegetarier, zudem von der puristischen Sorte: was alle anderen Tiere wie auch der Mensch für ungenießbar halten, lieben sie. So stehen besonders harte und bitter-salzige Wüstengräser, würzige Kräuter, Baumblätter und Zweige, Disteln und dornenreiches Gestrüpp auf ihrem Speiseplan. Berühmt sind die Kamele und besonders die Dromedare dafür, daß sie wochenlang ohne Wasser auskommen können, bei den nicht unbeträchtlichen Wüstentemperaturen von bis zu 50 Grad im Schatten ist das eine bewundernswerter Rekord in der Tierwelt.

Aufgrund ihrer Genügsamkeit und ihrer enormen Belastbarkeit halten die Araber Kamele und Dromedare seit über 1500 Jahren als Haustier. Sie haben es gezähmt und züchten es weiter, je nach Einsatzart. So unterscheiden sich zum Beispiel Lastdromedare gravierend in ihren Leistungen von solchen Artgenossen, die zum Reiten ausgerichtet sind. Solche Reittiere schlagen an Ausdauer und Gechwindigkeit jedes Pferd, sie schaffen es, in wenigen Tagen einen Menschen 500 Kilometer weit quer durch die Wüste zu tragen.

Araber schätzen Kamele als heilige Tiere. Sie verdanken ihnen, daß sie reisen und damit wirtschaftlich handeln und leben können. So heißt das Kamel bei ihnen auch Wüstenschiff. Neben ihrer Fähigkeit, den Wüstenverkehr in Schwung zu halten, geben sie zudem noch fünf bis sechs Liter Milch

Produkt:
Hetzel-Reisen GmbH, Stuttgart
Agentur:
Michael Conrad & Leo Burnett GmbH & Co. KG, Frankfurt/M
Laufzeit:
1990
Medium:
Print

Produkt:
Gesellschaft zur Förderung von Naturhaardecken GmbH, Wuppertal
Agentur:
Leonhardt & Kern Werbeagentur, GmbH Stuttgart
Laufzeit:
1979-81
Medium:
Print, Verkaufsförderungsmittel

täglich und jährlich fünf bis zehn Kilogramm Wolle. Ihr Dung ist ein hochgeschätztes Brennmaterial, denn in der Wüstenregion gibt es kein Holz, nachts kann es aber empfindlich kalt werden.

Das Kamel gilt als gehorsames Wüstentier, als ein Symbol der Nüchternheit und Mäßigung, bescheiden, arbeitswillig, gutartig und fleißig, allerdings auch, und das stimmt mit seiner Natur durchaus überein, als ein bißchen dumm. Weniger bekannt ist eine andere Seite des Kamelcharakters. Tierforscher berichten, daß Dromedare gerne Menschen ärgern, sie sind extrem eigensinnig, gehässig und auch aggressiv, besonders während der Brunftzeit.

Das Kamel spielt als Tier in unseren Breiten keine bedeutende Rolle, ganz im Unterschied zu Löwen, Affen oder Elefanten, die ja hier natürlicherweise auch nicht zu Hause sind. Es hat zwar Eingang in unsere Zoologischen Gärten gefunden, wie andere, für uns exotische Tiere auch, aber in unserer Märchen-, Fabel- oder Comicwelt ist es nicht zu finden. Fast hätten wir es völlig vergessen, wenn die Werbung dem Dromedar nicht einen bedeutenden Platz eingeräumt hätte. Dort ist ein solches Exemplar Namens *Camel* seit 1913 zu Hause und wirbt ausgesprochen erfolgreich für eine Zigarette, hat ihr gar zum Image eines Markenprodukts verholfen. Das *Camel* symbolisiert die orientalische Welt, aus der der Tabak für die Zigarette stammt.

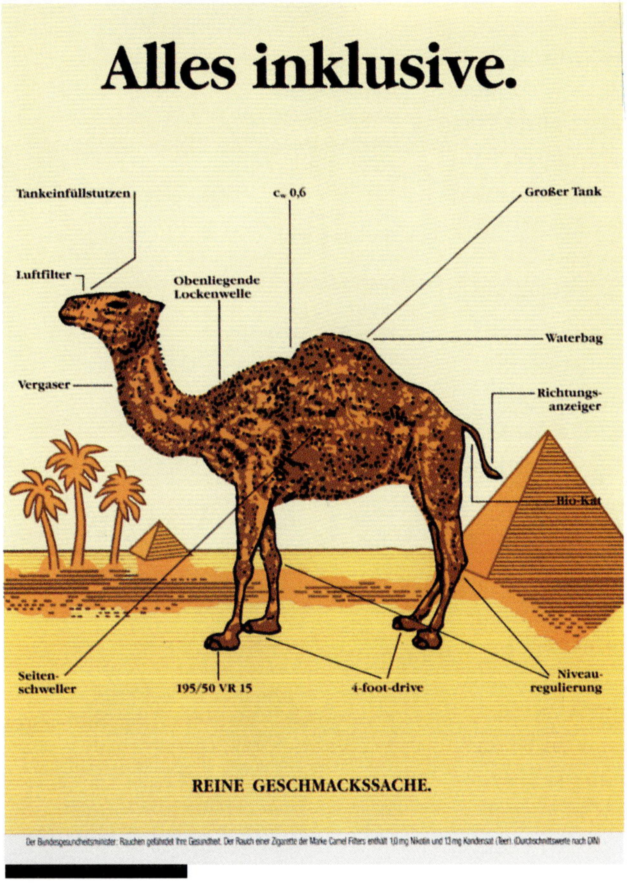

Camel
Produkt:
R.J. Reynolds Tobacco GmbH, Köln
Agentur:
McCann-Erickson Deutschland GmbH, Frankfurt/M
Laufzeit:
1913 bis heute
Medien:
Print, TV, Kino, Plakat

Camel
Anzeigenmotiv, August 1991

Zunächst war diese Marke, die Richard Joshua Reynolds schuf, nur in den USA vertreten, 1968 kam die Marke nach Deutschland. Ein reales Kamel lief zur Einführung der Filterzigarette durch Nürnberg, auf ihm tronte eine verkleidete Beduinin, die Warenmuster und Blumensträuße verteilte. Dieser Auftritt eines leibhaftigen Werbetiers war so erfolgreich, daß das Kamel gleich im Anschluß noch durch 25 weitere Städte reiste. Seit 1991 nun kommt der bisher verschwiegene individuelle Charakter des Kamels in der Werbung zum Zug. In einer Reihe von Geschichten macht dieses bisher stoisch ruhige Camel nun seine Faxen. Junggesellen sind en vogue! sagen die Werber zu ihrem durchschlagenden Erfolg. The animal is the hero! Für ein Camel ist das nichts Neues.

Die exotische Symbolik des Kamels nutzt auch *Hetzel,* um Schwaben aus ihrem Ländle hinauszulocken, während bei *Groz-Beckert* das Sprichwort „Eher geht ein Kamel durch ein Nadelöhr, als daß ein Reicher in den Himmel kommt“ widerlegt wird.

Auf seine ganz natürliche, nur in Vergessenheit geratene, ausgesprochen nützliche Funktion des Kamels, auch Wollspender zu sein, verweist der zweihöckerige Vertreter der Gattung, der sich ausgesprochen selbstbewußt in seinem haarigen Profil zeigt. Und so stolz, wie er sich präsentiert, kann er sein: Kamelhaar-Decken und -Mäntel verachtet keiner.

Produkt:
Nähnadeln, Groz-Beckert Nadelfabriken, Albstadt
Agentur:
RTS Rieger Team Werbeagentur GmbH Leinfelden-Echterdingen
Laufzeit:
1990
Medium:
Print

Der Bundesgesundheitsminister: Rauchen gefährdet Ihre Gesundheit. Der Rauch einer Zigarette der Marke Camel Filters enthält 1,0 mg Nikotin und 13 mg Kondensat (Teer). (Durchschnittswerte nach DIN)

Camel, Anzeigenmotiv, 1991

IMMER MEHR WERBER LIEBEN DIESES TIER.

Die Wahrheit über die eierlegende Wollmilchsau aus der Milchstraße!

Wer glaubt, daß etwa fünfbeinige Hunde, lila Kühe oder hochoktanige Tiger die Lieblingstiere der Werber sind, kennt die eierlegende Wollmilchsau noch nicht. Dieses nützliche Universalgenie lebt seit einiger Zeit im deutschen Blätterwald, heißt **TV SPIELFILM** und hat sich seinen schönen Namen redlich verdient. Schließlich sind so viele gute Eigenschaften auf einmal in **TV SPIELFILM** vereint, daß es auf weiter Flur seinesgleichen sucht. Als Werbeträger bringt **TV SPIELFILM** alle Anzeigen ganz zuverlässig zu seinen über 2,5 Millionen Lesern (von denen laut MA '92 rund 75 % unter 40 Jahre alt und zu 60 % männlich sind). Als junge Illustrierte bietet **TV SPIELFILM** alle 14 Tage News und Background zu Film, Kino, Stars, Serien und Sport. Und als Filmstar unter den Fernseh-Zeitschriften ist **TV SPIELFILM** schließlich der kompetente Berater von den größten Filmredaktionen Europas. Beinahe unglaublich, aber wahr.

VERLAGSGRUPPE MILCHSTRASSE

EISBRECHER STGT.

Elefant

Merkmal **Das Sensationstier**
Verbreitung **Überall, wo ein Rüssel gefragt ist**
Gewohnheiten **Steht auf der Farbe Rosa**

- **Er benimmt sich wie ein Elefant im Porzellanladen.**
- **Aus einer Mücke einen Elefanten machen**
- **Nachtragend wie ein Elefant**
- **Elefantenhaut**
- **Ich bin ein Elefant, Madame!**
- **Elefantenhochzeit**

„Kein Tier hat jemals mehr die Aufmerksamkeit der Menschen auf sich gezogen als der Elefant", konstatierte der englische Zoologe Bingley. Und sein französischer Kollege Buffon meinte: „Der Elefant ist, wenn wir uns nicht in die Reihe stellen wollen, das bedeutendste Tier dieser Erde".

Tatsächlich ist alles an diesem grauen Koloß bemerkenswert, wenn nicht einzigartig. Seine unübersehbare Größe, sein trompetender Rüssel, seine elfenbeinernen Stoßzähne, seine Fledermausflügel-Ohren, seine massive Kraft, seine Säulenbeine. Kolossal, aber nicht ungeschickt – tonnenschwer, aber behende, ja grazil – dickhäutig, aber verletzlich – weise und friedfertig, aber nicht wehrlos – gutmütig, aber mit einem niemals versagenden Gedächtnis ausgerüstet, das ihn noch nach Jahren erlittenes Unrecht rächen läßt. Dank seiner unzähmbaren Kraft ist er ein letztlich unabhängiges Wesen – gleichwohl ein Arbeitstier, das am Ende allein die Karre aus dem Dreck zieht. Er ist ein Tier mit sehr menschlichen Eigenheiten und Schwächen: Der Elefant ist anhänglich, gesellig, kinderfreundlich, liebt die Frauen und die Musik, er tanzt gern. Und, wie 1804 bereits das Museum des Wundervollen feststellte: „Er trinkt gern Wein und hitzige Getränke". Er ist heiter. Jedenfalls macht sein Anblick den Betrachter heiter.

Vorstudien
Produkt:
Allgemeine Stuttgarter Versicherung AG, Stuttgart
Laufzeit:
seit 1985
Medien:
Print, Plakat, Verkaufsförderungsmittel

Anzeigenmotiv, Allgemeine Stuttgarter Versicherung AG

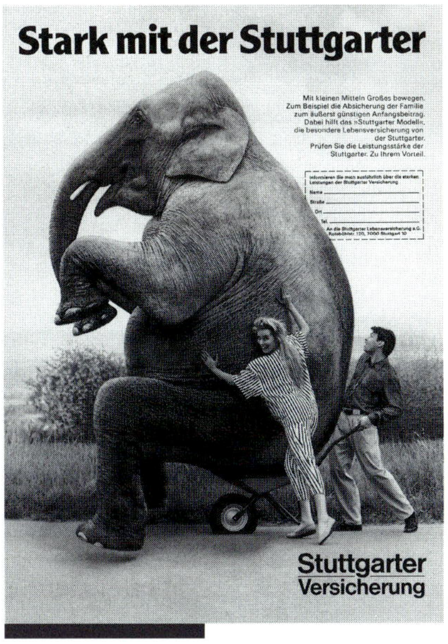

Anzeigenmotiv, Allgemeine Stuttgarter Versicherung AG

Produkt:
Deutsche Bundesbahn
Agentur:
McCann-Erickson Deutschland GmbH, Frankfurt/M.
Laufzeit:
1983 bis 1989
Medien:
Print, Plakate, TV, Hörfunk, Kino

Produkt:
Henkel KGaA, Düsseldorf
Agentur:
Farner, Düsseldorf
Laufzeit:
1972
Medium:
Print

Einerseits scheint der Elefant dem Menschen so ähnlich, andererseits so fremd: ein Riese aus der Urzeit, geheimnisvoll, weise. Eine „graue Bergmasse", deren „kluges Auge zu sagen scheint, daß ein heller Verstand doch mehr sei als eine tote Körpermacht, und daß der Geist nicht viel danach fragt, in welcher Behausung er eingeschlossen ist", meinte ein Zoobesucher. Der Elefant ist der bessere Mensch.

Nicht wenige Menschen fühlen sich verwandt mit ihm. Vielleicht hat er deshalb so viele Freunde gefunden, die ihn zu ihrem Lieblings- und Symboltier erklären. Walter Höllerer hat über seine elefantische Inklination einen ganzen Roman geschrieben. Walter Kempowski wird vielleicht noch einen Roman schreiben, denn auf die Fragebogenfrage „Wer oder was hätten Sie sein mögen", antwortete er: „Ein Elefant". Und Nietzsche war fast überzeugt, daß er „im Grunde ein Elefanten-Weibchen" sei, weil er zur Abfassung seines „Zarathustra" 18 Monate benötigte – also gerade die Trächtigkeitsdauer des Elefanten. Sicher war sich der Hauptdarsteller des gleichnamigen Films: „Ich bin ein Elefant, Madame!"

Gerade die Widersprüchlichkeit zwischen inneren Werten und äußerer Erscheinung, zwischen Weisheit und dicker Haut, macht den Elefanten zum Sympathieträger. Davon profitierte nicht nur der gewesene Außenminister Hans-Dietrich Genscher, den die politischen Karikaturisten mit Vorliebe als großohrigen Elefanten darstellten. Und der, wie es heißt, privat Elefantendarstellungen in jeder Form sammelte; vielleicht um ihnen noch ähnlicher zu werden.

Auch die Werbung macht sich das gute Image des Elefanten vielfältig zunutze, sei es, daß man den grauen Riesen ganz allgemein zum Sympathietransfer gebraucht – groß, stark und freundlich – sei es, daß eine bestimmte Eigenart des Tieres besonders in den Vordergrund gestellt wird.

Als „Elefantenhochzeit" umschreibt man euphemistisch die Fusion von Industrie- oder

In allen Filialen der Deutschen Bank können Sie jetzt mit einer Lebensversicherung in eine gesicherte Zukunft starten. Schon in dem Augenblick, in dem Sie bei uns unterschreiben, genießen Sie "vorläufigen Versicherungsschutz." Die Beiträge sind günstig, und die kundenfreundliche Verteilung Abschlußkosten läßt Sie schn ein hohes Versicherungsguthal erreichen. Möchten Sie meh

...Ein herrlicher Gedanke. C

zu können. Ich mach' das jetz

der Deutschen Bank...

Elefanten-Dame Leila, aus dem Circus Crone
Produkt:
Sanyo Büro Elektronic Europa Vertriebs GmbH, München
Agentur:
Borsch, Stengel & Partner GmbH, Frankfurt/M
Laufzeit:
seit 1992
Medium:
Print

Produkt:
Hetzel-Reisen GmbH, Stuttgart
Agentur:
Michael Conrad & Leo Burnett GmbH & Co. KG, Frankfurt/M
Laufzeit:
1990
Medium:
Print

Produkt:
Freundin/Burda GmbH, München
Agentur:
Michael Conrad & Leo Burnett, GmbH & Co. KG
Laufzeit:
1986 bis 1990
Medium:
Print

Handels-Giganten: Eigentlich müßte das Bundeskartellamt eingreifen, aber bei Elefanten sind wir bereit, ein Auge zuzudrücken. Eine Großbank spielt mit ihrem Negativimage; in Annoncen stellt sie sich als Elefant dar und trompetet: „Von wegen immobil!" – und schon sind wir bereit, unser wohl zu begründendes Urteil über die Hartleibigkeit dieser Bank bei Kreditvergaben als ungerechtfertigtes Vorurteil infrage zu stellen. Bestimmte Computer-Disketten haben ein „Elefanten-Gedächtnis". Sowohl Staubsauger als auch Ölwechselanlagen für Automobile berufen sich auf den Elefantenrüssel als Vorbild: kraftvoll, bewährt, umweltfreundlich. Die nie ermüdende Kraft des Elefanten, gepaart mit großer Elastizität, macht einer Gummifabrik alle Ehre. Aus der – ach so menschlichen! – Tolpatschigkeit des „Elefanten im Porzellanladen" bezieht ein Tubenkleber seine besondere Adhärenz. Der Elefant ist ein Werbeträger, der manches erträgt.

„Die Idee des Elefanten ist unvergänglich", meinte der Philosoph Arthur Schopenhauer. Die Idee vielleicht. In seiner physischen Existenz wird der Elefant kaum das neue Jahrtausend erleben.

Dr. Stephan Oettermann

Media Frankfurt

Kunde: Gummiwerke Fulda

Kunde: Pro 7

Kunde: Gummiwerke Fulda

Kunde: Deutsche ICI

Die weite Welt
der großen Tiere

Werben am
Flughafen Frankfurt
in bester
Gesellschaft für
über 30 Millionen
Fluggäste aus dem
In- und Ausland

Media Frankfurt GmbH
Postfach 75 02 60
Unterschweinstiege 4
D-6000 Frankfurt 75

Telefon: (069) 69 70 80
Telefax: (069) 69 70 842

Ente

Merkmal **Sinnbild der weichen Niedlichkeit**
Verbreitung **In den Kuschelzonen der Werbung**
Gewohnheiten **Liebt entspanntes Wasser**

- Zeitungsente
- Gummiente
- Entengeschnatter
- Überall ist Entenhausen
- kalte Ente
- häßliches Entlein

Enten gibt es fast überall auf der Welt, sowohl als wilde Tiere wie auch halbdomestiziert in unseren Breiten. Die „Schnatterente" ist keine literarische Erfindung, um damit junge Mädchen zu charakterisieren, es gibt sie wirklich als eine von vielen Arten. Allen gemein ist, daß sie Vegetarier sind, die das sprichwörtliche „Gründeln" praktizieren, wenn sie zum Beispiel versuchen, Pflanzen am Grund eines Sees zu ergattern.

Enten gehören zu den Tieren, die Transzendenz symbolisieren, sie vermitteln zwischen Wasser und Land, weil sie in beiden Medien leben. Deshalb spielen sie auch in der Mythologie eine Rolle. In Griechenland kennt man sie im Rahmen des Aphroditenkults, wo bemalte, entenförmige Salbgefäße aus Terrakotta in Gebrauch waren.

Zu kulturellem Weltruf aber brachte es die Ente erst mit Hilfe von Walt Disney. Als Fabelerzähler unserer heutigen modernen Zeit berichtet er von der Stadt Entenhausen, wo Dagobert Duck zu Hause ist, der reichste „Mann" der Welt, der am liebsten in seinem Geld badet. Seine Verwandten, Anette Duck und Primus von Quack, Donald und Daisy Duck, Gustav Gans und die Jüngsten, Tick, Trick und Track erleben dort mit Daniel Düsentrieb, den Panzerknakkern und anderen Zeitgenossen alles, was einem Menschen in westlichen Gesellschaften mit freiheitlich-demokratischer Grundordnung so passieren kann. Überall ist Entenhausen ....

In der Werbung ist die Ente eine bis heute berühmte Werbefigur, entstanden in den 50er Jahren. Die *Pril*-Ente, erfunden vom Schweizer Plakatmaler Herbert Leupin, wirbt seit 1951 für ein Geschirrspülmittel der Firma *Henkel*. *Pril* entspannt das Wasser, spült und trocknet glanzklar, bis heute schnattert eine Vertreterin dieser Art und weist damit darauf hin, daß sich die Enten im Zeichen großer industrieller Verschmutzung der Gewässer dort wohl fühlen, wo *Pril* benutzt wird. Denn dieses Geschirrspülmittel verwendet milde, biologisch abbaubare Substanzen. Die *Pril*-Ente, seit 40 Jahren ein Klassiker der Werbung.

Das kleine Entenküken der Deutschen Städte-Reklame knüpft an den Gegensatz von Groß und Klein an, wirbt mit dem Charme dieses Tieres dafür, daß klein zu sein nicht unbedingt ein Nachteil sein muß. „Wartet Ihr erstmal ab, bis ich einmal groß bin!"

Produkt:
DSR Deutsche Städte-Reklame GmbH, Frankfurt/M
Laufzeit:
1991 bis heute
Medium:
Plakat

Pril-Ente
Produkt:
Pril Geschirrspülmittel, Henkel KG aA, Düsseldorf
Agentur:
Eurocom Advertising GmbH, Düsseldorf
Laufzeit:
seit 1951 mit langen Unterbrechungen, 1992 wieder als TV-Spot

Frosch

Merkmal	**Rot und grün**
Verbreitung	**Wo immer es Prinzessinnen gibt**
Gewohnheiten	**Möchte sich gern verwandeln**

Frösche leben in feuchten Biotopen überall auf der Welt. Die Männchen sind berühmt für ihre quakenden Laute, mit denen sie auf sich aufmerksam machen. Ovid animierte diese Eigenschaft zu dem Ausspruch: Quamvis sint aqua, sub aqua maledicere tentant, soviel sie auch im Wasser sind, im Wasser versuchen sie noch zu schimpfen. Dabei soll Ovid die Froschlaute nachgeahmt haben. Die biologische Fähigkeit dieser Lurchgattung, sich mit Luft aufzublasen, nutzt die Äsop-Fabel vom Frosch, der so groß sein wollte wie ein Ochse, um ein Gleichnis über die schlechte menschliche Manie des „Sich-Aufblasens" zu finden.

Kleine Knallkörper werden Frösche genannt, weil sie, einmal entzündet, schnell und kurz hin und her hüpfen.

Frösche haben es in der menschlichen Kultur nicht nur zum Witz-Vorbild gebracht. Froschmänner zum Beispiel wissen die Fähigkeit ihrer Vorbildtiere, gut und ausdauernd unter Wasser auch bei niedrigen Temperaturen schwimmen zu können, durchaus zu schätzen.

- **Der Wetterfrosch**
- **Der Knackfrosch**
- **Der Knallfrosch**
- **Einen Frosch im Hals haben**
- **Sei kein Frosch!**
- **Du wirst Frösche in den Bauch kriegen**
- **Er bläst sich auf wie ein Frosch**
- **Froschmann**
- **Froschperspektive**
- **Drei Wochen war der Frosch so krank, jetzt raucht er wieder, Gott sei Dank.**

Produkt:
Erdal Rex, Werner & Mertz GmbH, Chemische Werke Mainz
Agentur:
Consell Frankfurt Werbeagentur GmbH
Laufzeit:
1867 bis heute
Medien:
Print, Plakat, Figuren, Verkaufsförderungsmittel

Produkt:
Deutsches Weininstitut GmbH, Mainz
Agentur:
J. Walter Thompson GmbH, Frankfurt/M
Laufzeit:
1984 bis 1987
Medium:
Print

Frösche gelten in den Fabeln als gleichberechtigte Tiere, die in der Demokratie leben. Wie die Menschen auch, sind sie dabei nicht frei von Dummheit, wie die folgende Fabel von Jean de La Fontaine über die Sonne und die Frösche zu berichten weiß:

„Als das Volk zur Hochzeit eines Tyrannen
vor Freude den Gram ersäufte in den Kannen,
fand Äsop allein, die Leute seien Toren;
vor Lustigkeit hätten sie den Verstand verloren.
Die Sonne, sagte er, ging einmal daran
und faßte einen Eheplan.
Bald hörte man allerwärts ein Geschimpfe
und Klagen über das Los
der Bewohner der Sümpfe;
sie fragten das Schicksal: Was tun wir bloß,
wenn sie Kinder kriegt? Schon eine Sonne
kann man kaum ertragen, ein halbes Dutzend im
Weltenraum trocknet das Meer und die Fische
zu salzigem Schaum.
Ade, Röhricht und Moor! Unsere Rasse stirbt aus
und bald ist nur noch im Wasser der Styx zu Haus! -
Nicht übel gedacht für ein armes Tier,
ihr Frösche, mein ich; und was meint ihr?"

Diese Moral scheint dem umweltbewußten Menschen von heute auch nahezugehen. Frösche wie Schildkröten wurden als Opfer unserer Zivilisation stark dezimiert. Autos walzen sie beim Überqueren von Straßen platt, in verschmutzten Gewässern verlieren sie ihre Lebensgrundlagen und als begehrte Zutat zu Feinschmeckergerichten drohen ihre Populationen gänzlich zu verschwinden. Heute sind die sich küssenden und herzenden Frösche und Schildkröten das Umweltsymbol der Firma *Tengelmann*, und Kommunen machen sich beim Straßenbau Gedanken über Krötentunnel.

Als Symbol für den Umweltschutz tritt auch der grüne Frosch als Werbefigur eines neuen Reinigungsmittels von *Werner & Mertz* auf, dessen chemische Substanzen gewässerfreundlicher als die althergebrachten sind.

Geht es um das spannungsgeladene und knisternde Verhältnis von Mann und Frau, dann ist ein beliebtes Werbemotiv bis heute der Froschkönig nach einem Märchen der Gebrüder Grimm. Überwindet sich dort die schöne Prinzessin, den häßlichen Frosch zu lieben, dann wird er ein schöner Prinz. Also hüpft er bis heute immer aufs Neue unerlöst vom bösen Fluch in der Werbewelt herum, macht Annäherungsversuche und will geküßt werden, verabredet sich zum Stell-dich-ein mit alkoholischen Getränken in schummerigen Bars. Dabei ist er schon ein Klassiker, aber keineswegs in die Jahre gekommen. Seit 1867 wirbt er für die Firma *Erdal Rex* und erwies sich als ausgesprochen guter und bei allen beliebter Verkäufer von Lederpflegemitteln.

Produkt:
Licher Bier, Licher Privatbrauerei, Lich
Agentur:
TBWA Tragos Bonnange Wiesendanger Ajroldi GmbH, Frankfurt/M
Laufzeit:
seit 1991
Medien:
Print, Plakat, TV

Produkt:
Deutsche Telemecanique Electrique GmbH, Ratingen
Agentur:
RTS Rieger Team Werbeagentur GmbH, Leinfelden-Echterdingen
Laufzeit:
1991
Medium: **Print**

Fuchs

- Er ist ein schlauer Fuchs.
- Wo sich die Füchse gute Nacht sagen.
- Er wird fuchsteufelswild.

Merkmal	**Das Cleverle im Werbe-Zirkus**
Verbreitung	**Besonders am Quartals-Ende**
Gewohnheiten	**Auf seinen Vorteil bedacht**

Fuchs und Schläue sind schon Synonyme. Dabei ist dieses freilebende Tier, das in weiten Teilen der Welt bis nach Kleinasien hin zu Hause ist, von Natur aus sicher nicht intelligenter oder prädestinierter, das Attribut der Schlauheit zu tragen, als andere Vierbeiner auch. Er ist den Menschen zwar lange schon als Dieb eines ihrer gepflegten und gehegten Haustiere, des Huhnes, bekannt, aber das unterscheidet ihn nicht von anderen Kleintierräubern. Daß der Fuchs als schlau, listig und gar verschlagen gilt, geht auf den ersten Fabelerzähler Äsop zurück. Der schlaue Fuchs ist dort der Gegenspieler des Löwen, der wiederum die untergehende Adelsmacht des alten Griechenland darstellt. Der Fuchs hat die Sympathie der opponierenden Gesellschaftsschicht, er kann, wie die Fabel vom Hirschherzen berichtet, in für ihn schwierigen und bedrohlichen Situationen durch List und Tücke bestehen. In dieser Fabel geht der Fuchs in die Höhle des Löwen, eine auch für ihn bedrohliche Situation, um den alternden Löwen nach dessen Befindlichkeit zu fragen. Der hat Hunger, ist aber zu krank zum Jagen und schickt den Fuchs los, den Hirschen zu ihm in die Höhle zu locken. Das gelingt ihm, indem er behauptet, der Löwe hätte ihn, den Hirschen, zu seinem Nachfolger als König der Tiere erwählt. Der Hirsch, höchst geschmeichelt, folgt dem Fuchs in die Höhle, kann aber gerade noch rechtzeitig den Pranken und dem tödlichen Biß entkommen. Der Löwe, hungriger denn je, verlangt vom Fuchs, den Hirschen erneut in die Höhle zu locken. Nun erweist sich der Fuchs mit folgender Argumentation gegenüber dem Hirschen als Meister seines Rufs: „So mutlos bist du und so unedel. Wie kann man Freunde nur so in Verdacht werfen. Es wollte dir der Löwe einen Rat geben, um dich zu wecken aus der frühern Schlaffheit. Er faßte dich am Ohre, wie den Sohn wohl am Totenbett der

Produkt:
Bausparkasse Schwäbisch Hall AG, Schwäbisch Hall
Agentur:
Ogilvy & Mather GmbH & Co. KG, Frankfurt/M
Laufzeit:
seit 1975
Medien:
Print, Plakat, TV, Hörfunk, Kino

Produkt:
Bausparkasse Schwäbisch Hall AG, Anzeigen-Motiv 1983

treue Vater anfaßt. Doch du ertrugst nicht einer kranken Hand Zupfen und wurdest wund erst, als du dich selber losrissest. Und nun tobt jener gar noch mehr als du selbst, da du so sinnlos ängstlich seiest und mißtrauisch. Den Wolf, so sagt er, will er nun zum Herren machen. Oh weh, des schlimmen Königs! Was soll ich tun? An unser aller Elend trägst du nun schuld." Der Löwe, der dem Fuchs zunächst großzügige Beuteteilungsangebote gemacht hatte, nahm sich vom Hirsch, wie das Sprichwort sagt, den Löwenanteil, übersah aber zunächst das Herz, das der Fuchs nun verschlingt. Und als ihm auffällt, daß es fehlt, wendet er sich bedrohlich fragend an den Fuchs, der ihm antwortet: „Der hatte gar keins – suche nicht umsonst nach! Wie sollte der ein Herz haben, der sich zweimal in eines Löwen Bau hineinwagt."

In unserer Fabel- und Märchenkultur ist die Figur des listigen Fuchs besonders durch Goethes Bearbeitung des Reineke Fuchs überliefert worden. Goethe hatte gerade die Folgen der Französischen Revolution und der Kämpfe bei Valmy erlebt, als er seinen ganzen Ärger über diese neue Art der Politik in die Geschichte des Reineke Fuchs hinschrieb: „Doch das schlimmste find' ich den Dünkel des irrigen Wahnes, der die Menschen ergreift: es könne jeder im Taumel seines heftigen Wollens die Welt beherrschen und richten. Hielte doch jeder sein Weib und seine Kinder in Ordnung, wüßte sein trotzig Gesinde zu bändigen, könnte sich stille, wenn die Toren verschwenden, in mäßigem Leben erfreuen. Aber wie sollte die Welt sich verbessern? Es läßt sich ein jeder alles zu und will mit Gewalt die andern bezwingen. Und so sinken wir tiefer und immer tiefer ins Arge."

Kein Wunder also, daß dieser listige Bezwinger aller Lebenslagen uns gut in Sachen Bausparkasse beraten kann. Seit 1975 repräsentiert er im Werbezoo die Bausparkasse *Schwäbisch Hall* und weist Millionen von Sparern auf auf die Bedeutung von Quartal- und Jahresende hin. Dann ist Ultimo für den Abschluß einen Sparvertrages, wenn man in den Besitz einer fetten Jahresprämie von Vater Staat kommen will. Der Fuchs, heute mit Brille, hat diesen Braten für uns erbeutet, mit einem Bündel Geldscheinen betrat er zum ersten Mal die Welt der Anzeigen und hat soviel Zustimmung ausgelöst, daß er bis heute eine der prägnantesten Werbepersönlichkeiten ist.

Produkt:
Röhrenwerke Gebr. Fuchs GmbH, Siegen
Agentur:
Dicke & Partner GmbH, Dortmund
Laufzeit:
1991
Medium:
Verkaufsförderungsmittel

Gans

Merkmal **Gutmütiges Herdentier**
Verbreitung **In Naßbereichen**
Gewohnheiten **Zugvogel: ziehen oder bleiben**

- ***Capitolinische Gänse***
- ***Du bis eine dumme Gans.***
- ***Eine Gänsehaut bekommen***
- ***Im Gänsemarsch laufen***
- ***Der stirbt nicht, der fliegt mit den wilden Gänsen.***

Gänse sind hauptsächlich in kühleren Gebieten der nördlichen Halbkugel beheimatet. Sie leben sowohl als Wildgänse, die Zugvögel sind, als auch als domestizierte Haustiere, deren Fleisch, Fett und Federn sehr begehrt sind. Das Gänsepaar ist sich lebenslang treu, ihre Jungen führen sie, vorne Mutter Gans, hinten Vater Gänserich im Gänsemarsch spazieren.

Gänse führen in unserer Fabel- und Märchenwelt ein bewegtes Leben. Wir kennen sie als goldene Glücksbringerin und Begleiterin desjenigen, der bereit ist, das wenige, das er hat, zu teilen. So beim Märchen der Gebrüder Grimm von der goldenen Gans. Auch sind sie ausgesprochen schlau im Umgang mit dem Fuchs, der sie fressen will. Sie bitten ihn einfach um ein letztes Gebet, mit dem sie vor ihrem Tod ihre Sünden beichten wollen, um vor Gott Abbitte zu tun. Die erste Gans setzt an, dann die zweite, die dritte und schließlich alle anderen und so schnattern sie auch heute noch. Unvergessen, aufregend und spannend sind die Geschichten und Erlebnisse von dem kleinen Nils Holgerson, der mit einem Schwarm wilder Gänse umherzieht.

Auch zu wissenschaftlichem Ruhm hat es die Gans gebracht: Konrad Lorenz, der Psychologe und Zoologe, bewies anhand zahlreicher Beobachtungen der Graugans, daß viele menschliche Verhaltensformen ererbte Instinkthandlungen sind.

Produkt:
Zewa Soft Toilettenpapier, PWA , Waldhof GmbH, Mannheim
Agentur:
Heye + Partner GmbH Werbeagentur, Unterhaching
Laufzeit:
1991
Medien:
Plakat, TV

EFTA mal was Neues.

Wenn sich ausländische Investoren heute in der Europäischen Gemeinschaft nach neuen Chancen umsehen, entdecken sie mehr als 12 Möglichkeiten.

Heute auf der Tageskarte: EG, EFTA, EWR.

Vor ihnen liegt ein Gebiet, das weit über die fallenden Grenzen der bisherigen Mitgliedsstaaten hinausreicht: der europäische Wirtschaftsraum.

Dieser gewaltige Markt für Personen, Dienstleistungen, Waren und Kapital hat sich von der Vision zur Realität entwickelt, und er ist das Szenarium für 360 Millionen Verbraucher. Vorläufig. Denn wie viele Länder sich zu den 12 Mitgliedsstaaten der EG und den 7 Staaten der Europäischen Freihandelszone EFTA hinzugesellen werden, ist noch offen.

So ist das im europäischen Haus. Türen, die gestern noch verschlossen waren, öffnen sich. Auch nach Osten. Das macht vieles leichter. Und einiges schwerer.

Besonders für Nichteuropäer, die in einem Markt, der vom Nord-

Hanimals

Merkmal	**Illusionsgeschöpfe der Phantasie**
Verbreitung	**In der galanten Werbewelt**
Gewohnheiten	**Leben nur für den Augenblick**

„Hanimals" sind eine Kreuzung aus den beiden Worten „Hand" und „animal". Die Idee ist so erfolgversprechend wie uralt und stammt aus der Tradition der Schattenspiele, die vor allem im asiatischen Kulturkreis gepflegt werden. Tier-Silhouetten werden durch bestimmte Haltungen der Hand gebildet. Von hinten beleuchtet werfen sie ihre, die Konturen vereinheitlichenden Schattenrisse auf eine Leinwand.

Auf die helfenden Hände der Werbung konnte die Firma *Citizen* 1986 zurückgreifen, um ihre neueste Serie luxuriöser Armbanduhren auf dem amerikanischen Markt einzuführen. Die New Yorker Agentur *Lintas* entwickelte die Idee kreativ weiter. Diesmal wurden keine Schattenrisse projiziert, sondern Hand und Arm des Modells wurden kunstvoll von dem italienischen Künstler Mario Mariotti bemalt und dadurch das jeweilige Tier in seinem Farbenschmuck und seiner Zeichnung dargestellt. Als Halsband wurde die *Noblia Citizen-Uhr* in die Darstellung integriert.

Die Bildschöpfungen des japanischen Star-Photographen Hiro schaffen eine phantastische Welt voller suggestiver Bilder höchster erzählerischer Dichte und Eleganz, Bilder, deren reduzierte Gesten ganze theatralische Bild- und Bewegungsfolgen vor den Augen abrollen lassen, die die Vielfalt der Tierarten sowie der *Citzien*-Uhren symbolisieren.

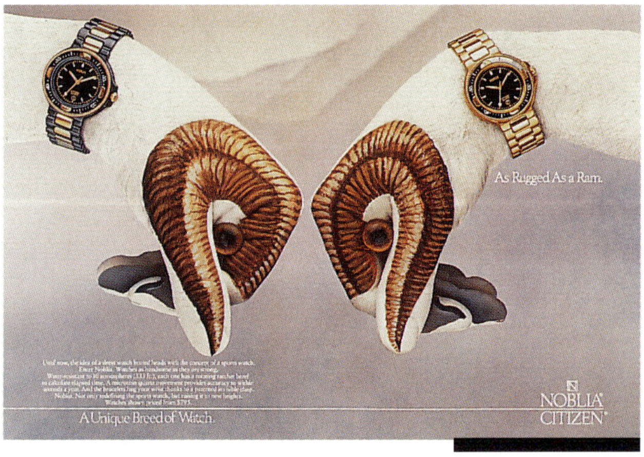

Produkt:
Noblia/Citizen
Citizen Watch
Europe,
Hamburg
Agentur:
Lintas: New York
Laufzeit:
Mitte der 80er Jahre
Medium:
Print

As Striking As a Panther.
Like a panther, a Noblia watch is a sleek machine. Driven by microquartz technology, each one is ultrathin, ultraquiet and ultra-accurate. They're crafted in soft metals and fashioned in neo-classic design. Some even provide full-cut diamonds on ebony or champagne-coloured dials. Bracelet and case are created in uniform height and dimension. For an integrated feel that, slowly but surely, slinks along your wrist. Noblia. Watches shown priced from $495.
A Unique Breed of Watch.
NOBLIA
CITIZEN

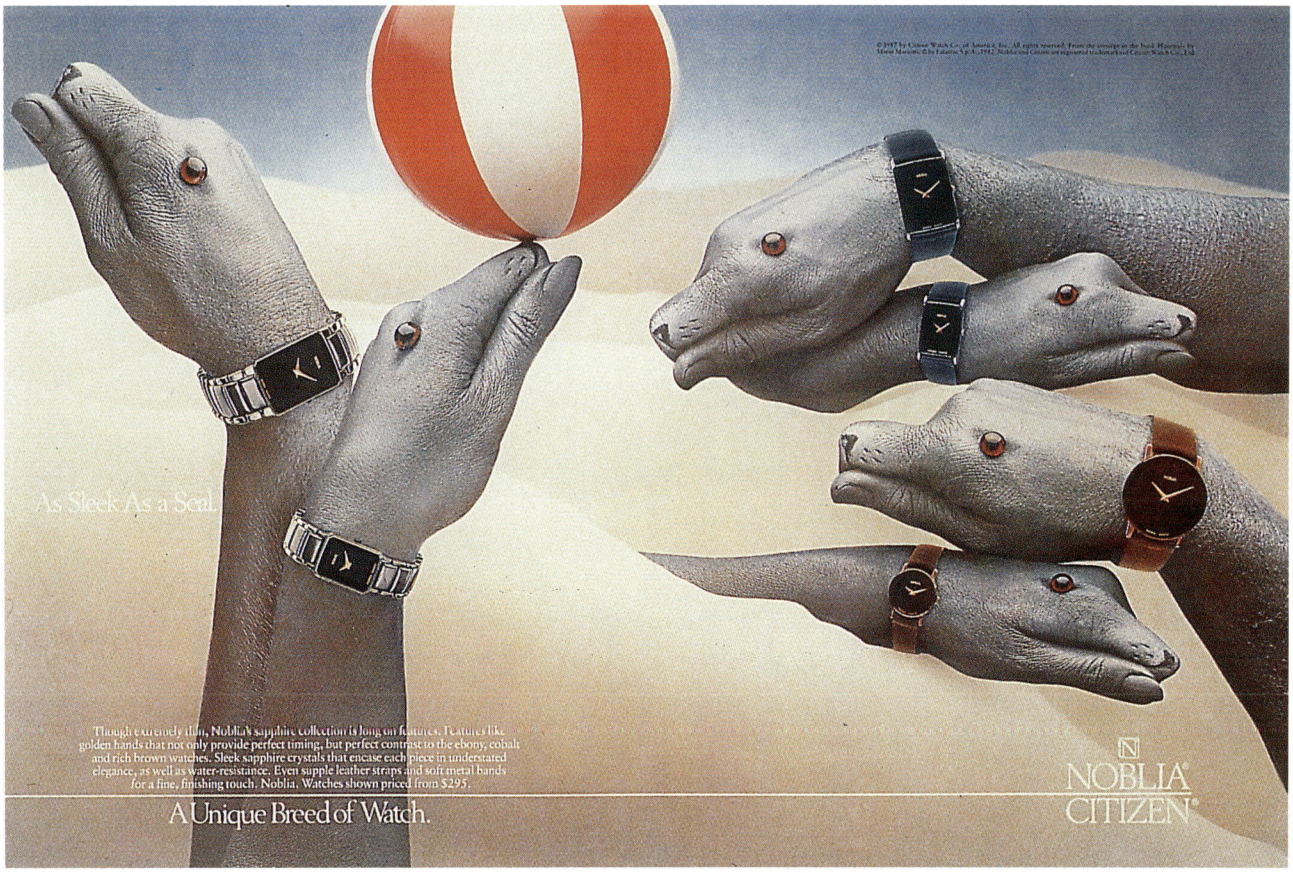
As Sleek As a Seal.
Though extremely thin, Noblia's sapphire collection is long on features. Features like golden hands that not only provide perfect timing, but perfect contrast to the ebony, cobalt and rich brown watches. Sleek sapphire crystals that encase each piece in understated elegance, as well as water-resistance. Even supple leather straps and soft metal bands for a fine, finishing touch. Noblia. Watches shown priced from $295.
A Unique Breed of Watch.
NOBLIA
CITIZEN

Hase

Merkmal **Der Lauscher unter den Werbetieren**
Verbreitung **Eurasische Steppengebiete**
Gewohnheiten **Vermehrt sich rasch und gern**

- Sei kein Hasenfuß!
- Mein Name ist Hase, ich weiß von nichts.
- Viele Hunde sind des Hasen Tod.
- Wir werden sehen, wie der Hase läuft.
- Er ist ein alter Hase.
- Da liegt der Hase im Pfeffer.

Hasen sind in 45 unterschiedlichen Rassen weltweit vertreten. Größtenteils leben sie in freier Wildbahn, gezüchtet und domestiziert werden eher ihre Verwandten, die Kaninchen. Beide, Hase und Kaninchen sind geschätzte Fleisch- und Pelzlieferanten, besonders attraktiv ist der in der Arktis lebende weiße Schneehase.

Die Hasen gehören auch zu den Tieren, die unsere Kultur als Symbol schon lange begleiten. Die ältesten Darstellungen dieses Tieres hat man auf Siegelperlen, Kupferplättchen, Amuletten und Tongefäßen aus der Zeit von 3 000 bis 1 500 v. Chr. gefunden. Ägyptische Amulette in Hasenform galten als Zeichen der Göttin Umut, und im alten Griechenland waren die Hasen der Göttin Artemis heilig. Der Göttin Aphrodite brachte man Hasen als Fruchtbarkeitsopfer dar. Diese Rolle, Fruchtbarkeit und damit die ewige Wiedergeburt, den Kreislauf von Leben, Tod und Auferstehung zu symbolisieren, nimmt der Hase als eierlegender Osterhase bis auf den heutigen Tag ein.

Selbst in die Kunstavantgarde hat der Hase dank Joseph Beuys Aktionen als eurasisches Symboltier Eingang gefunden. In der altchristlichen Zeit

Produkt:
Verband der privaten Krankenversicherungen e.V., Köln
Agentur:
M.L. & S. GmbH Werbeagentur, Düsseldorf
Laufzeit:
seit 1991
Medium:
Print

Produkt:
Tandon Computer
Agentur:
Duvendack Guenther Kersten Werbeagentur GmbH, Frankfurt/M
Laufzeit:
90er Jahre
Medium:
Print

Produkt:
Perwoll, Weichspüler, Henkel KGaA, Düsseldorf
Agentur:
Team/BBDO GmbH Werbeagentur, Düsseldorf
Laufzeit:
70er Jahre

Produkt:
Ritter Sport, Alfred Ritter GmbH & Co.KG Schokoladefabrik, Waldenbuch
Agentur:
Hildmann, Simon, Rempen & Schmitz/SMS Werbeagentur GmbH, Düsseldorf
Laufzeit:
1991/92
Medium:
TV

wurden sie ganz ähnlich zum Gedenken an die Kürze des Menschenlebens und in Gedanken an die verrinnende Zeit auf Tonlampen abgebildet.

Im „Physiologus", dem frühchristlichen Volksbuch, das den Menschen Lebenslehren anhand von tierischen Charakteristika erteilte, gilt der Hase als vorbildlich für jemanden, der in die Situation kommt, Zuflucht suchen zu müssen. So heißt es dort: „Er ist ein guter Läufer. Wenn er gejagt wird, flieht er in ein felsiges und ansteigendes Gelände, und dann werden die Hunde samt dem Jäger müde und haben nicht genug Kraft, ihn zu jagen, und so kommt er heil davon. Wenn er sich aber zu abschüssigem Gelände wendet, kann er nicht so gut rennen, weil seine Vorderbeine zu kurz sind, und im Nu faßt ihn der Hund. Und deshalb sucht er die Stellen, wo es nach oben geht. So auch du Mensch, so du verfolgt wirst von den feindlichen Mächten samt dem Jäger, dem Teufel, der Tag für Tag danach trachtet, dem Menschen nach dem Leben zu stellen, suche die Felsen und die Höhen, von welchen auch David sagt: Ich hebe meine Augen auf zu den Bergen, woher mir Hilfe kommen wird. Denn wenn der Böse sieht, daß der Mensch nach abwärts läuft und auf das Irdische bedacht ist und auf das, was dieses Leben zu bieten hat, dann kommt er ihm nur um so eifriger nahe mit seinen Schlichen. Wenn er aber sieht, daß der Mensch läuft nach dem Willen Gottes und aufsucht

Produkt:
Toyota Corolla, Toyota Deutschland GmbH, Köln
Agentur:
Baums, Mang und Zimmermann Werbeagentur GmbH & Co. KG, Düsseldorf
Laufzeit:
1989
Medium:
Print

den wahren Felsen, unsern Herrn Jesus Christus, und daß er die Anstiege und Tugenden hinangeht, dann wendet er sich um wie ein Hund nach dem Worte Davids: Abwenden sollen sich nach rückwärts und in Schmach und Schande fallen sollen die, die mir Böses wollen."

Das Sprichwort, mein Name ist Hase, ich weiß von nichts, hat zwar den seit dem „Physiologus" guten Ruf des Hasen ruiniert, geht aber auf das Tier ungerechterweise nicht zurück. Der Ausspruch stammt von einem Studenten, der 1855 in Deutschland nach einem Duell von der Polizei verfolgt wurde. Um zu fliehen, lieh er sich die Legitimationskarte von einem Mann namens Victor von Hase. Heil über die Grenze gekommen, warf er die Karte fort, die nun wiederum jemand Unbekanntes als verdächtiges Schriftstück an die Heidelberger Universität sandte. Als es zu einer Untersuchung kam, sagte der junge Jurist Victor von Hase: Mein Name ist Hase, ich beantworte die Generalfrage, ich weiß von nichts.

Quiky und seine Freunde
Produkt:
Nesquik, Nestlé Erzeugnisse GmbH, Frankfurt/M
Agentur:
McCann-Erickson Frankfurt GmbH

Produkt:
Stempel, Speckert + Klein, Zürich
Agentur:
Lesch + Frei Werbeagentur, Zürich

Klein und furchtsam oder in Schläue und Schnelligkeit vorbildlich? Der Hase ist beides in seiner kulturellen Tradition, worauf die Computerfirma *Tandon* anspielt. Kleine können mitunter ganz groß sein.

Kinder lieben Hasen. Sie sehen in den Häschen sich selbst, klein und auch ängstlich wie sie. In der „Hasenschule" lernen sie richtiges Benehmen. Kein Wunder, daß Meister Lampe, wie Goethe ihn im „Reineke Fuchs" nennt, bei so manchem Kind als Stoff- und *Steiff*-Tier der Begleiter einsamer Nächte ist.

Und was haben die großen Jungen, die das *Playboy*-Magazin lesen im Sinn, wenn sie sich einen Bunny auf die Autokarosserie kleben? Natürlich träumen sie von ihren kuscheligen „Häschen" und geben sich mit dem weltweit bekannten Logo-Bunny als alte Hasen zu erkennen, die wissen, wie es läuft bei den Häschen.

Der Typo-Bär des Monats
geht an den Frankfurter Zoo,
weil er es geschafft hat,
aus großen Tieren der Werbung
und den Zootieren,
Freunde werden zu lassen.

WIR GRATULIEREN:

TYPO PROFIS GMBH · 6000 FRANKFURT 90
IM VOGELSGESANG 4
TEL. 069-761041 · FAX 769588

Hirsch

Merkmal **Rustikaler Draufgänger**
Verbreitung **Zwischen Kräuterlikör und Schrankwand**
Gewohnheiten **Auffälliges Brunftverhalten**

- *Der röhrende Hirsch im Wohnzimmer*
- *Wie der Hirsch schreit nach frischem Wasser, so schreit meine Seele, Gott zu dir.*
- *Die schärfsten Kritiker der Elche waren früher selber welche.*

In der Werbung haben vor allem zwei Hirsche ihre röhrenden Brunftschreie vernehmen lassen und sind zu großer Berühmtheit gelangt: Der Rothirsch des *Jägermeister*-Kräuterlikörs und der *IKEA*-Elch.

Unter dem Motto „Das ist des Jägers Ehrenschild, daß er beschützt und hegt das Wild, weidmännisch jagt, wie sich's gehört, den Schöpfer im Geschöpfe ehrt" wird seit 1878 in Wolfenbüttel destilliert. Zwischen den Geweihstangen von *Jägermeisters* kapitalem Zwölf-Ender erscheint das christliche Kreuz als Zeichen des Schöpfers.

Dieses Motiv geht auf die Legende des Heiligen Hubertus zurück, dem ein Hirsch erschien, der den gekreuzigten Christus in seinem Geweih trug. In der christlichen Symbolik wird der Hirsch häufig selbst mit Christus identifiziert, der der Schlange als Symboltier des Teufels den Kopf zertritt. Häufig wird er in Verbindung mit dem Wasser des Lebens dargestellt. Weil er periodisch sein Geweih abstößt, gilt er auch als Mittler der Jahreszeiten. Dieser Symbolgehalt wird durch sein auffälliges Brunftverhalten noch unterstrichen. Der Hirsch gilt als Symboltier männlicher Potenz.

Besondere Berühmtheit erlangte der *Jägermeister*-Hirsch vor allem durch die Anzeigen-Kampagne, in der *Jägermeister*-Freunde originelle Bekenntnisse zu ihrem geistigen Getränk ablegten: „Ich trinke Jägermeister, weil..." Schließlich bekam der beliebte Hirsch gar 1981 einen Namen: Rudi. Und seine Fan-Gemeinde konnte mit ihm telephonieren. Von 1981 bis 1986 taten das über 3 Millionen. Sie wählten seine Nummer und konnten den Rothirsch röhren hören.

Der *IKEA*-Elch zeigte eine andere Seite der Hirschen-Seele. Als Elch symbolisierte er nicht nur

Produkt:
Mast-Jägermeister AG, Wolfenbüttel
Agentur:
GGK Düsseldorf Werbeagentur GmbH
Laufzeit:
1983 bis ca. 1986
Medien:
Print, Plakat

Produkt:
Ikea, Älmhult, Schweden
Agentur:
H & P Herwerth & Partner-Gruppe, München
Laufzeit:
1974 bis 1982
Medien:
Print, Plakat, Verkaufsförderungsmittel

Produkt:
Ikea, Älmhult, Schweden
Agentur:
H & P Herwerth & Partner-Gruppe, München
Laufzeit:
1974 bis 1982
Medien:
Print, Plakat, Verkaufsförderungsmittel

das „unmögliche Möbelhaus aus Schweden", sondern unterstrich auch seine Eigenschaft als Individualist unter den Tieren und Symboltier der Weisheit.

1974 eröffnete das erste *IKEA*-Haus im Zeichen des Elches. 14 Tage nach Einführung des Elches kannten ihn schon 34 Prozent, während mit den vier Buchstaben *IKEA* weit weniger etwas anfangen konnten. Fünf Jahre später wurde der Elch mit dem Deutschen Marketingpreis ausgezeichnet. Dazwischen liegen zahllose „unmögliche" Anzeigen, mit denen der Elch seine Fans unter den „jungen Leuten jeden Alters, die mehr Geschmack als Geld haben", überraschte. Mit Slogans wie „Nur Stehen ist billiger" oder „Wir haben Essgruppen. Fürs Eßtablishment" eroberte er mit Sprachwitz und elchigen Karikaturen die Herzen seiner Zielgruppe.

Der Elch erstarrte nicht zum reinen Symbol, war kein lebloses Haus-Tier, sondern veränderte sich permanent selbst. Es erschienen Bücher zum Thema „Ein Elch wie Du und Ich" und als „Zwelch"-Figur aus Keramik drohte er, in die Domäne des Gartenzwerges einzubrechen.

Huhn

Merkmal	**Tritt meist in der Gruppe auf**
Verbreitung	**Überall wo Kleinvieh auch Mist machen soll**
Gewohnheiten	**Legt so manches Ei für die Werbung**

- **Das Huhn, das goldene Eier legt.**
- **Der springende Punkt**
- **Das Ei des Kolumbus**
- **Da kräht kein Hahn nach.**
- **Er stolziert herum wie ein Hahn auf dem Mist.**
- **Er will der Hahn im Korbe sein.**
- **Hahnenkampf**
- **Mit den Hühnern aufstehen**
- **Hahnrei**
- **Da lachen ja die Hühner!**
- **Ein blindes Huhn findet auch mal ein Korn.**
- **Ich habe mit Dir noch ein Hühnchen zu rupfen!**
- **Sie ist ein ganz fideles Huhn.**

Produkt:
Computer, Siemens-Nixdorf, Paderborn/München
Agentur:
Werbeagentur Robert Pütz GmbH, Köln
Laufzeit:
1991
Medien:
Print, Verkaufsförderungsmittel

Die gesamte Hühnerfamilie spielt in der Welt der Symbole eine große Rolle, was sicher auch darauf zurückzuführen ist, daß sie seit über 4 000 Jahren, beginnend in Pakistan, als Haustiere gehalten werden. In der Geschichte der Bremer Stadtmusikanten, einer Story gegen die Unterdückung und Mißachtung des Haustiers, ist der Hahn mit von der Partie. Die Eier des Huhns sind begehrt, von uns verspeist, tragen sie zur gesunden Fortsetzung unseres Lebens bei, das Ei wird selbst von Vegetariern geschätzt. Brütet die Henne sie aus, dann gibt es neues Hühnerleben. Die Küchen aller Länder kennen eine Vielzahl wohlschmeckender Gerichte, die mit dem Fleisch dieser Tiere zubereitet werden, selbst der einfach nur gegrillte „Goldbroiler" läßt manchem allein schon bei der Vorstellung das Wasser im Mund zusammenlaufen. Sonntags solle jeder Bauer sein Huhn im Topf haben. Das war die politische Maxime Heinrich IV. von Frankreich. Die Federn werden als wärmender Bettfüller geschätzt, und früher stand der Federkiel am Beginn jeder Schriftkultur. Kein Wunder also, daß man behauptet, es ginge zu wie im Hühnerstall, wenn man eine etwas aufgeregte Gruppe von Menschen sieht, die, wenn sie nebeneinander aufgereiht eng beieinander sitzen, den Eindruck von Hühnern auf der Stange erwecken. Benutzer des öffentlichen Personennahverkehrs können diesen Eindruck besonders morgens zwischen sieben und acht Uhr dreißig und abends zwischen sechzehn und achtzehn Uhr dreißig gut nachempfinden. Da haben sie den falschen Bus gebucht, sagt die *Gütegemeinschaft Buskomfort* dazu....

Als Vogel gehört zunächst der Hahn zu den symbolträchtigen Tieren. Der Gallische Hahn als Symbol Frankreichs stammt aus der vorrepublikanischen Zeit des Landes. Der Hahn ist ein männliches Orakeltier, als Wetterhahn ist er die stolze Krone des Hauses, gar des Kirchturms. Er ist der Chef des Hühnerstalls, allerdings nie ohne Konkurrenz. Von einer der aufregendsten weiß Christian Andersen zu berichten, nämlich der von Hofhahn und Wetterhahn, beides rechte Angeber und stolze Gockel. Der eine schweigsam und hochmütig, der andere auf seinem Mist, so aufgeplustert wie aufgeregt. Gerade hat sich eine Salatgurke hingebungsvoll seinem Picken ergeben, da verkündet der Hahn eine große Neuigkeit: „Ein Hahn kann ein Ei legen! Und wißt ihr, was in diesem Ei liegt? Da liegt ein Basilisk! Seinen Anblick kann niemand aushalten! Das wissen die Menschen, und nun wißt ihr es auch, wißt, was in mir wohnt, wißt, was ich für ein Allerhühnerhofskerl bin! Und dann schlug der Hofhahn mit den Flügeln, stellte den Kamm auf und krähte wieder. Es durchschauerte alle Hühner und alle kleinen Küchlein; aber sie waren fürchterlich stolz darauf, daß einer von ihnen so ein Allerhühnerhofskerl war; sie gluckten und sie piepsten, so daß der Wetterhahn es hören mußte, und er hörte es, aber er rührte sich nicht dabei. 'Unsinn das Ganze!' sagte es drinnen im Wetterhahn. 'Der Hofhahn legt niemals Eier, und ich mag nicht. Wollte ich, so könnte ich wohl ein Windei legen; aber die Welt ist kein Windei wert! Unsinn das Ganze.'" Die Geschichte endet wie jeder

Und Nun Zur Kornaussage Dieser Werbebotschaft:

Was will uns Henrietta, die Kornspezialistin, mit dieser Anzeige sagen? Richtig, roggenecht muß ein Korn schmecken. So wie der echte Nordhäuser Doppelkorn. Denn er wird seit 1507 nach alter Nordhäuser Brenntradition nur mit Roggen gebrannt. Das Körnchen Wahrheit für Geschmack und Klarheit. Und daß wir uns bei der Werbung selbst mal gern aufs Korn nehmen, ist auch klar, klar wie Echter Nordhäuser Doppelkorn.

Echter Nordhäuser Doppelkorn.
Roggenecht – So Muss Ein Korn Schmecken.

Henrietta
Produkt:
Echter Nordhäuser Doppelkorn, Eckes AG, Nieder-Olm
Agentur:
Young & Rubicam GmbH Werbeagentur, Frankfurt/M
Laufzeit:
seit 1991
Medien:
TV, Hörfunk, Verkaufsförderung
Auszeichnungen:
u.a. „Berliner Klappe" in Gold und Bronze in „Cannes"

Hahnenkampf, einer ist der Verlierer, in diesem Fall ist es der Wetterhahn, der nachgibt. Unserem Allerhühnerhofshahn steht darum ein siegreiches Schluß-Kikeriki zu: „Es ist doch besser zu krähen, als blasiert zu sein und abzubrechen."

Mit seinem Ruf ist er sowohl Wächter wie morgendlicher Wecker, pünktlicher, lauter und verläßlicher als jeder elektronische Nachfolger. Von Natur aus ist er nicht monogam, weshalb er sich schlecht zur moralischen Verkörperung des Familienoberhaupts eignet, sehr wohl aber für allerlei menschliche Fehltritte herhalten kann. In bezug auf seine männliche Rolle und seinen Erfolg im Hühnerhof hat er einen schlechten Ruf. Ein stolzer Hahn ist Symbol männlicher Potenz, aber auch von Streitsucht, Aggression und Gewalt. Bei Hahnenkämpfen muß so mancher Gockel Federn lassen, aber so mancher Sieger tönt doch bei Erfolgen gern laut und deutlich: Kikeriki.

Als Hahnrei wird in unseren Breiten der betrogene Ehemann, der Gehörnte, bezeichnet. Dahinter verbirgt sich der kastrierte Hahn, der Kapaun, dem man früher, um ihn zu erkennen, die Sporen abschnitt und in den Kamm setzte, wo sie anwuchsen und wie zwei Hörner aussahen.

Die Henne symbolisiert Mütterlichkeit, Wärme und ihre Stetigkeit führt zu Wohlstand und Erfolg, aber nur, wenn man geduldig ist, so die äsopische Fabel von der Henne, die goldene Eier legt. Jean de La Fontaine hat sie gereimt und allen Lesern eine Moral mitgegeben:

„Der Geizhals verliert, was er gewinnen will: alles.
Ich meine, zum Beweis des Falles,
den, dessen Huhn, wie die Fabel lehrt,
ihm täglich goldene Eier beschert.
Er schlachtet und öffnet es, glaubend,
es hätte einen Schatz im Bauch
und fands wie gewöhnliche Hühner auch,
sich selbst des besten Guts beraubend.
Ein schönes Beispiel für schrappige Leute!
Wie viele sieht, gestern und heute,
arm werden vom Abend zum Morgenschein
aus lauter Gier, schnell reich zu sein!"

Da Hühner Vegetarier sind, wird mit ihnen auch Gesundheit assoziiert. Sie bevorzugen Körner, eine Neigung, die Henrietta, ein echtes norddeutsches Huhn mit der Firma *Eckes AG* verbindet, die aus Körnern wiederum Schnaps, nämlich echten *Nordhäuser Doppelkorn* destilliert, den seine Kunden wegen des Roggengeschmacks mögen. Henrietta ist so überzeugend, daß der TV-Spot bisher sieben Auszeichnungen erhalten hat (Berliner Klappe in Gold, Bronze in „Cannes", Gold beim „New York Festival", Silber beim „ADC") und Auszeichnungen bei „Gewinnende Werbung", „Creativity '91", „Epica '91", „Eurobest").

Produkt:
Bankhaus, Löbbecke & Co.
Agentur:
Löhlein & Schonert Werbeagentur GmbH, Berlin
Laufzeit:
seit 1985
Medien:
Print, TV, Verkaufsförderungsmittel

Produkt:
Tempo, Jahreszeiten-Verlag GmbH, Hamburg
Agentur:
Knopf, Nägeli, Schnakenberg Werbeagentur GmbH, Hamburg
Laufzeit:
1989
Medium:
Kino

Etwas verunglimpfend kennt die deutsche Sprache allerdings auch dumme Hühner, was wahrscheinlich auf die Geschichte von der blinden Henne zurückgeht, die trotz ihrer Sehuntauglichkeit weiter fleißig scharrt und Körner sucht. Die gibt es auch, nur frißt die ein anderes sehendes Huhn, bis – so sagt das Sprichwort – auch mal das blinde Huhn ein Korn findet. Gotthold Ephraim Lessing hat in einer bissigen Fabelinterpretation die Deutschen mit dem blinden Huhn verglichen, deren arbeitsame Narrheit die Franzosen zu nutzen wüßten.

Von dieser Sichtweise des Huhns aber ist die Firma *Siemens/Nixdorf* weit entfernt. Sie arbeitet mit dem Motiv der Henne und dem Ei, was ein Symbol für das Leben und die Auferstehung ist. Mit „intelligenten“ Anwendungen wird hier die Firma *Nixdorf* neu geboren, betreut von der Glucke *Siemens.*

Das Ei, womöglich noch in Verbindung mit einem Küken, ist ein nicht nur sehr altes, sondern auch in allen Mythen wiederkehrendes Symbol des Lebens. In der griechischen Mythologie, so wie sie Homer erzählte, war am Anfang die Nacht, eine der größten Göttinnen, vor der selbst Zeus Respekt hatte. Die Nacht kam in der Gestalt eines großen Vogels mit schwarzen Schwingen und befruchtet vom Wind, legte sie ihr silbernes Ei. Aus dem Ei trat der Sohn des wehenden Windes hervor. Er hatte goldene Flügel und wurde „Eros“, der Liebesgott, genannt. Er brachte alles ans Licht, was bis dahin im silbernen Ei verborgen war, und das war die ganze Welt. Dieser großen Bedeutung des Eies war sich Aristoteles bewußt, als er in seiner Tierkunde den Ausdruck des „springenden Punktes“ prägte. Wieso springen Punkte? Ganz einfach: Aristoteles war der festen Überzeugung, daß sich im Weißen des Eies das Herz des werdenden Vogels als Blutfleck anzeigt. Der springende Punkt ist also der Lebenspunkt, der Punkt, auf den alles ankommt, damit sich springendes und hüpfendes Leben entwickeln kann. Diese Theorie scheint auch heute noch in weiten Zügen zu stimmen, wie die Geburt des *Tempo-Männchens* zeigt, nur die aristotelische Reduktion auf den Vogel, der aus dem Ei kommt, die scheint nicht mehr zeitgemäß zu sein.

Produkt:
SAT 1
Agentur:
von Mannstein Werbeagentur GmbH, Solingen
Laufzeit:
1990
Medium:
Plakat

Produkt:
Gütegemeinschaft Buskomfort e.V., Filderstadt
Agentur:
RTS Rieger Team Werbeagentur GmbH, Leinfelden-Echterdingen
Medium:
Print

Hund

Merkmal **Die treue Seele**
Verbreitung **Wo immer ein Herrchen lockt**
Gewohnheiten **Gräbt so manchen Knochen aus**

Das Haustier stammt in direkter Linie vom Wolf ab, den der Mensch vor etwa 12 000 Jahren begann zu domestizieren. Die Mehrzahl der etwa 400 verschiedenen Rassen, die seitdem gezüchtet wurden, haben bis heute eine ausgesprochen praktische Funktion. Die Schäferhunde, Dackel, Doggen, Windhunde, Collies, Chau-Chau, Pudel, Spitze, Spaniel, Hirtenhunde, Bernhardiner und andere mehr gelten den Menschen als treue Freunde und Begleiter, die ihnen mit Intelligenz ergeben sind. Hunde sind gesellige Tiere, bis heute haben sie die sozialen Instinkte ihrer Urahnen, der Wölfe, behalten, so daß Herrchen und dessen Familie jetzt seine Rudelgenossen sind. An die Stelle des Leittiers setzt der Hund seinen Halter.

Die kulturgeschichtlich sehr früh einsetzende Züchtung des Haushundes geht darauf zurück, daß der Mensch die großen Fähigkeiten der Hunde bei der Jagd einzusetzen wußte. Die Assyrer und Babylonier gebrauchten die Hunde beim Jagen großer Wildtiere.

- **Er ist auf den Hund gekommen.**
- **Den letzten beißen die Hunde.**
- **Es möge kein Hund so länger leben.**
- **Das ist des Pudels Kern.**
- **Ein Hündchen wird gesucht, das weder murrt noch beißt, zerbrochene Gläser frißt und Diamanten ...**
- **Hunde die bellen, beißen nicht.**
- **Damit lockt man keinen Hund hinter dem Ofen hervor.**
- **Bei dem Wetter würde man keinen Hund vor die Tür jagen.**
- **Da liegt der Hund begraben.**
- **Das ist ein dicker Hund.**
- **Er ist mit allen Hunden gehetzt.**
- **Er geht vor die Hunde.**
- **Er ist ein gerissener Hund.**
- **Er ist ein ganz gemeiner Hund.**

Produkt:
Undercover, HB, B.A.T. Cigarettenfabriken GmbH, Hamburg
Agentur:
Grey Düsseldorf GmbH & Co. KG
Laufzeit:
1992
Medien:
Print, Plakat, Verkaufsförderungsmittel

Produkt:
Braun AG, Kronberg
Agentur:
Michael Conrad & Leo Burnett GmbH & Co. KG, Frankfurt/M
Medien:
TV

Produkt:
Clausthaler alkoholfrei, Binding-Brauerei AG, Frankfurt/M
Agentur:
!EUREKA! GmbH, Düsseldorf
Laufzeit:
1992
Medien:
TV, Hörfunk

Mercedes 250 TD

Der Mercedes mit Platzvorteil.

► Nicht jeder, der viel zu transportieren hat, möchte deshalb ständig einen Transporter fahren. Limousinen dagegen haben nicht immer Platz genug für all das, was man mitnehmen muß. Würden Sie sich aber deswegen gleich zwei Autos in Ihre Garage stellen?

► Wir haben diese Frage mit den Mercedes T-Modellen beantwortet. Damit können Sie bis zu sieben Personen oder mehr als 1,6 Kubikmeter Gepäck transportieren. Die Rückbank läßt sich ganz oder teilweise umklappen. Wenn Sie dazu noch den Beifahrersitz flachstellen, ergibt sich dort eine fast 2,90 m lange Ladefläche.

► Ein Mercedes T-Modell ist trotz allem kein reines Arbeitstier. Sollten Sie hin und wieder mal ohne Begleitung und großes Gepäck verreisen, können Sie das mit all dem Komfort tun, den Sie von einer Limousine mit Stern gewohnt sind. Schließlich ist auch unser T-Modell vor allem ein Mercedes-Benz.

Mercedes-Benz

Ihr guter Stern auf allen Straßen.

Daran hat sich bis heute wenig geändert, nur hat sich seine nützliche Rolle den heutigen Gegebenheiten entsprechend entwickelt. Nachwievor wird er als Jagd-, Wach- und Hütehund gebraucht, er tut der Polizei treue Dienste, bewacht Staatsgrenzen und ist Blinden ein lebenswichtiger Begleiter, bei Lawinen oft ein Lebensretter und sein ausgesprochen guter Geruchssinn erschnüffelt heute nicht nur Fährten, sondern auch Rauschgift.

Daß der Hund in der Werbung so eifrig mitmischt, überrascht mitnichten. Ist er doch unser beliebtestes Haustier, treuer Gefährte des Menschen und Helfer in der Not. Wer diesen munteren Gesellen in seiner werbenden Botschaft geschickt einsetzt, hat von vornherein gewonnen: Aufmerksamkeit, Zuwendung, Sympathieanteile. Stars sind die Bassets, Beagles und Bernhardiner, die Collies, Dackel, Doggen und Dalmatiner, Pointer und Pulis, der Deutsche Schäferhund oder Sibirische Husky, um nur einige Rassen zu nennen. Ein amerikanischer Schuhhersteller konterfeite auf einem einzigen Poster einundsiebzig (!) Hunderassen und -arten, um Breite und Tiefe seiner Angebotspalette zu verdeutlichen: „Now Hush Puppies come in just as many styles and sizes."

Unsere vierbeinigen Freunde posieren nicht etwa nur für Hundefutter, sondern auch für menschliche Nahrung (*Healthcrafts*, englischer Hersteller für Vollwertkost, vergleicht – ähnlich der *AOK* – die Ernährung der Hunde mit jener der Menschen, wobei die Hunde jeweils besser wegkommen), für Tabak und Zigaretten, Alkoholika, Uhren, Reifen, Autos, Fernseher, Wäschetrockner, Banken, Versicherungen, Zeitungen, Hör- und Fernsehprogramme, Versand- und Warenhaus-Unternehmen usw.

In der Regel werden die Vierbeiner nur von ihrer besten Seite gezeigt. Versicherungen machen da schon mal eine Ausnahme. Hier dürfen Hunde auch mal zubeißen („Die Vereinte läßt Sie mit Überraschungen nicht allein."). Ein Kampfhund symbolisiert Sicherheit; so wählte die *Bridgestone*-Reifenwerbung den aggressiven Bullterrier zur Symbolfigur. Im Vordergrund steht aber die innige Beziehung zwischen Mensch und Hund, sei es als Gefährte der Kinder oder im Verhältnis zu Frauchen/Herrchen. Im Extremfall geht die Darstellung so weit, daß der

Wahlkampf Berlin
Produkt:
CDU Berlin
Agentur:
von Mannstein Werbeagentur GmbH, Solingen
Laufzeit:
Wahlkampf, 80er Jahre
Medium:
Plakat

Produkt:
Merceds Benz AG, Stuttgart
Agentur:
Springer & Jacoby, Hamburg
Laufzeit:
1991/92
Medium:
Print

Produkt:
Katapult-Karrieremagazin
Agentur:
Ruedi Wyler Werbung, Zürich
Laufzeit:
1990
Medium:
Print

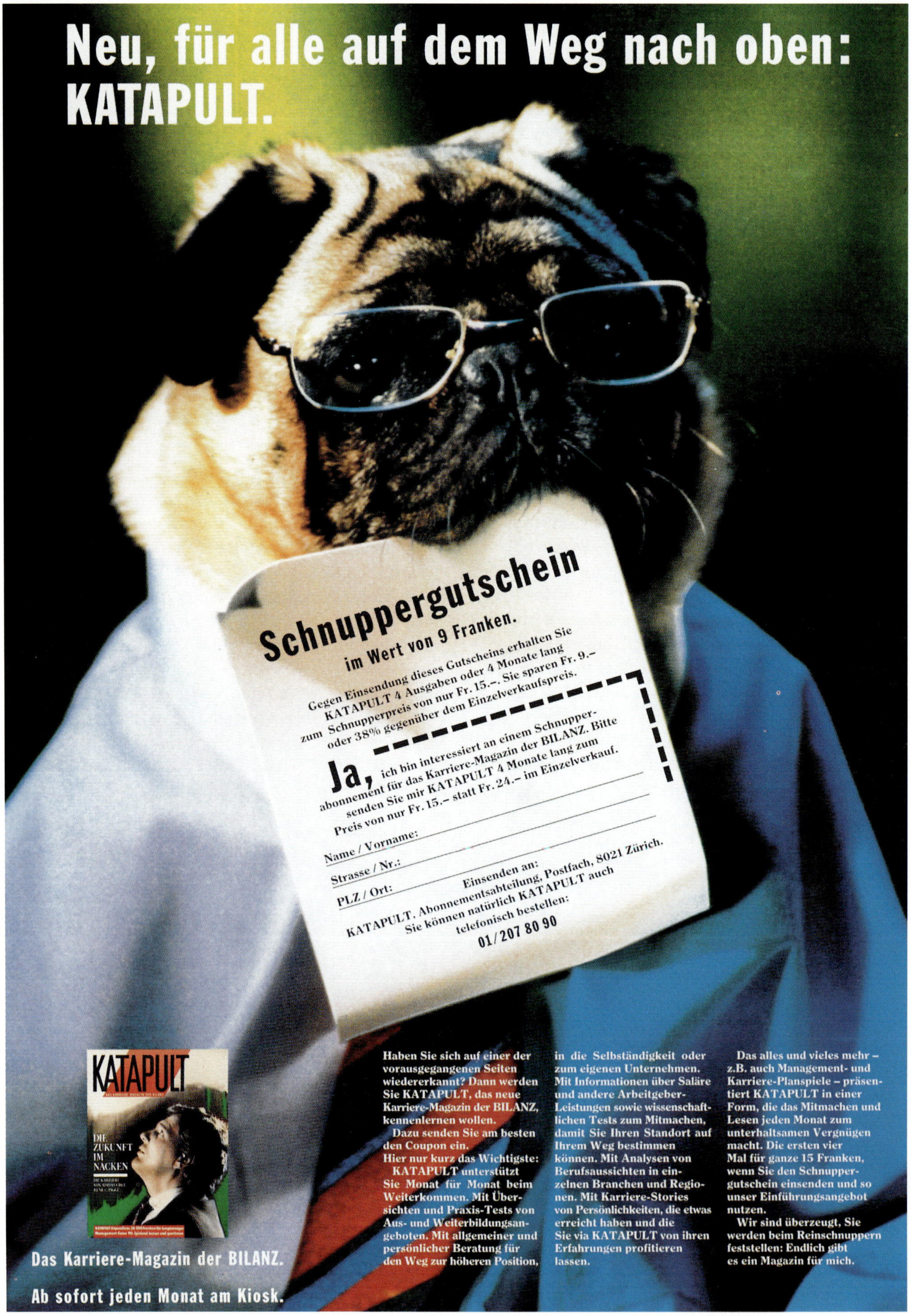

Hund nur gegen einen Mann oder eine Frau ausgetauscht werden brauchte, und wir hätten das typische Klischee der Mann-Frau-Beziehung im Werbebild. Tatsächlich ist der Hund oft einziger Ersatz für fehlenden sozialen Kontakt. So heißt es in einer Anzeige der amerikanischen Selbsthilfeorganisation *POWARS*: „For a lot of people with AIDS, this is the only human contact they have left.“ Humorvoll dagegen kann der Hersteller von Hundefutter *ONE* die enge Beziehung von Herr und Hund darstellen: „Some people say we look alike. Ralph’s the one with the big ears.“ Eine rührend-markante Visualisierung der Hund-Herr-Beziehung verkörperte die um die Jahrhundertwende eingeführte Symbolfigur des Hundes *Nipper* vor dem Schalltrichter *(EMI Electrola*, „His Master’s Voice“).

In manchen Werbemitteln wird die Zweierbeziehung Mensch-Hund auf eine Dreierbeziehung ausgedehnt: der kleine Geselle als „Familienmitglied“ oder gar Kinderersatz. Spannungsgeladene Dreiecksverhältnisse werden dabei nicht ausgeschlossen *(Schiesser, Javaanse Jongens)*.

Das Verhältnis zur Kreatur drückt sich auch in solchen Kreationen aus, die den Hund vermenschlichen, sei es als Schranze mit Brille und Mütze, sei es als Mensch mit Hundekopf. In das Tier werden menschliche Eigenschaften hineinprojiziert – gelegentlich wird es auch lediglich verkitscht – oder es soll das Animalische im Menschen widergespiegelt werden.

Um Zuwendung zu erheischen, genügt schon die Wiedergabe eines Hundeportraits nach dem Lorenz’schen Kindchen-Reizauslöseschema. Hunde fungieren in der werblichen Kommunikation als Blickfang, Sympathieträger, dekoratives Accessoire oder Landschaftsutensil, als Bedarfsverursacher, Beziehungs-Subjekt, Demonstrations- oder Warenvergleichs-Objekt, als Statussymbol oder Symbolfigur. Die tierfreundliche Werbewelt – ein Tummelplatz für ein kommunikativ erfülltes Hundeleben.

Dieter Vorsatz

Filmdiva
Produkt:
Pro 7 Television GmbH, München
Agentur:
ServicePlan, München
Laufzeit:
seit 1991
Medien:
Print, Kino, TV, Verkaufsförderungsmittel

Produkt:
Toyota Corolla, Toyota Deutschland GmbH, Köln
Agentur:
Baums, Mang und Zimmermann Werbeagentur GmbH & Co. KG, Düsseldorf
Laufzeit:
1990
Medium:
Print

Produkt:
Toilettenpapier, Scott-Feldmühle
Agentur:
J. W. Thompson GmbH, Frankfurt/M
Laufzeit:
1992
Medien:
TV, Print

Insekten

Merkmal **Klein aber oho**
Verbreitung **In den Nischen der Werbung**
Gewohnheiten **Könnte sich zur Plage entwickeln**

Produkt:
Zoologischer Garten Wuppertal
Agentur:
Boros Werbung, Wuppertal
Laufzeit:
1989/90
Medium:
Plakat

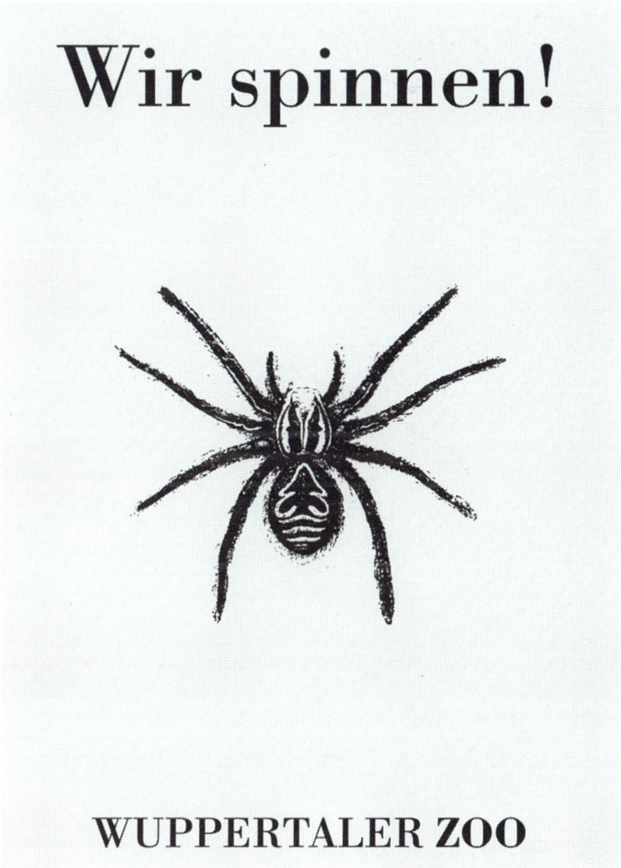

Obwohl die Zahl der Insekten immens ist – fast eine Million Insektenarten sind bekannt, vertreten sie Dreiviertel aller Tierarten. In der Werbung sind sie unterrepräsentiert. Von Ausnahmen wie den buntschillernden Schmetterlingen, fleißig-nützlichen Bienen, dekorativ-putzigen Marienkäfern mal abgesehen Das Pendel schlägt bei der Bewertung der Insekten eher zur negativen Seite aus. Ein Großteil der Käfer ist entweder zu klein, zu unauffällig oder zu unattraktiv, um Beachtungseffekte zu erzielen, andere erwecken Furcht oder Ekel, sind lästig oder gelten gemeinhin als schädlich.

Emotional negativ bewertete Insektenarten lassen sich in der Werbung nur schwer einsetzen, so daß sie sich kein attraktives Plätzchen im Blätterwald erobert konnten. Es gibt auch Ausnahmen.

Aggressive Gefühle der Zielgruppen stachelt die amerikanische Schuh-Handelskette *Kenneth Cole* an, wenn sie Küchenschaben in die gefährliche Nähe eines Auftritt-bereiten Schuhes rücken läßt. „Choose your weapon" (Wählen Sie Ihre Waffen), heißt die

- **Aus einer Mücke einen Elefanten machen**
- **Bienenfleißig**
- **Mein Herz ist wie ein Bienenhaus.**
- **Lauter Grillen im Kopf haben**
- **Wie ein Schmetterling hin und her flattern, von einer Blume zur andern gaukeln**
- **Wie ein Schmetterling ist sie aus der Puppe gekrochen.**
- **Schmetterlingsschwimmen**
- **Er tut keiner Fliege etwas zuleide.**
- **Zwei Fliegen mit einer Klappe schlagen**
- **Ich kann mich heute über die Fliege an der Wand aufregen!**
- **Das ist so eine Grille von ihm.**
- **Sie fielen um wie die Fliegen.**
- **Die blauen Ameisen**
- **Eine Million Fliegen können sich nicht irren.**

Aufforderung – Kreatur im Staube, zu Füßen des Menschen. Aufmerksamkeit, aber durchaus zwiespältige Gefühle erwecken die großformatigen Anzeigen der Ledermacher aus Florenz (*The Bridge*), wenn sie eine zünftige Rindsledertasche mit Dasselfliegen vorstellen. Headline: „Muuuuuuuhhhh".

Unter den vielen Eigenschaften der Insekten, die sich werblich ausschlachten lassen, ist ihre Kleinheit die nächstliegende. Unter der Überschrift „Klein, aber oho!" vergleicht die *Faulhaber GmbH & Co. KG* ihre Mikromotoren mit einer Waldameise: „Leistungsfähigkeit setzt nicht Größe voraus. Hier sehen Sie zwei Beweise." Es folgen ein visueller und ein verbaler Analogie-Schluß.

Doch was klein ist, muß in der Werbung nicht klein bleiben. Vergrößerungen vermögen die Wunderwelt der Insekten visuell zu offenbaren, selbst von jenen, zu denen der Mensch sonst keine positive Einstellung hat. Beispiel: Die amerikanische Firma *Clarka* stellt ein Schuhwerk als „Big Grippers" (große Greifer) vor und vergleicht die Sohlen mit den Haftbeinen einer Stubenfliege, illustriert durch die vielfach vergrößerte Wissenschaftsgrafik einer Musca Domestica – beschuht mit *Clarks.*

In ihrer Broschüre „Was sich aus einem Werkstoff alles machen läßt" vergleichen die *Schott Glaswerke* die Funktionsweise des Stech- und Saugrüssels einer Rindenwanze mit dem Einsatz der Lasertechnik beim Roboterschweißen. Das zehn Millimeter kleine Insekt „überflügelt" den Schweißroboter dabei noch an Größe.

Wir haben uns hier vor allem den „problembeladenen" Winzlingen der Werbung gewidmet. Viel einfacher ist die kreative Vermarktung jener Spezies, die der Mensch zu den Nützlingen zählt oder die ihm aus ästhetischen Gründen gefallen, eine hohe Popularität genießen. Aus dem Insektenvolk ist der Schmetterling wohl des Werbers liebstes

NERVENKITZEL
SERVICEPLAN
AUF PRO 7 22.00 UHR
Jetzt PRO 7 sehen! Einstellservice:
01 30/77 37 (zum Nulltarif)
Jede Nacht Krimi und Action in Serie.
PRO 7. DA KÖNNEN SIE WAS ERLEBEN.

Kind. Bei unzähligen Werbemitteln brachte er Farbenpracht, Leichtigkeit, Faszination, Ästhetik ins Spiel, diente dem Qualitätsbeweis für Farben, Druckverfahren oder fotografische Erzeugnisse, regte Grafiker zu immer neuen Darstellungen an.

Die Popularität der Insekten-Lieblinge erlaubt auch Assoziationen ohne grafisch-ikonische Abbildung, das visuelle Spiel mit Zeichen-Elementen oder das Wortspiel, um Wirkungen zu erzielen und Sympathieanteile zu übertragen. Dazu drei Beispiele: Ein Auto mit geöffneten Tür-Flügeln als Bienen-Metapher, Headline: „Luxus-Biene" (klein, spritzig, fleißig), Slogan: „Renault 5. Die freche Biene". „Käfer und König" – ein Mädchen („netter Käfer") mit schwarz gepunktetem, rotem Kleid (Marienkäfer) und einem Glas *König-Pilsener.* Eine lustigbeschwipst daherschwirrende Biene, für Scotch Whisky werbend: „Bee very happy", Biene ziemlich beschwipst, phonetisch auch: Sei sehr glücklich. Werbers Glück, daß es auch „gute" Insekten gibt.

Dieter Vorsatz

Tactel-Chemiefaser
Produkt:
ICI, London
Agentur:
Saatchi & Saatchi Advertising GmbH, Frankfurt/M
Laufzeit:
seit 1990
Medium:
Print

Katze

Merkmal — **Die Femme Fatale im Werbe-Zoo**
Verbreitung — **Überall, wo Werbung Mäuse fängt**
Gewohnheiten — **Liebt das Umworbensein**

Hoffmanns Reis-Stärke, Displays, um 1930

- Eine Katze im Sack kaufen
- Sie sind wie Hund und Katze.
- Er spielt Katz und Maus mit ihr.
- Die Katze läßt das Mausen nicht.
- Das hat wohl die Katze gefressen?
- Bei Nacht sind alle Katzen grau.
- Das klingt ja, wie wenn man einer Katze auf den Schwanz tritt.
- Wenn die Katze aus dem Haus ist, tanzen die Mäuse auf dem Tisch.
- Die Katze aus dem Sack lassen
- Das ist für die Katz!
- Sie ist katzenfreundlich.
- Er hat einen Kater.
- Da herrscht Katzenjammer.
- Was ist das für eine Katzenmusik!
- Die Kinder kommen an den Katzentisch.
- Morgens mache ich immer nur Katzenwäsche.
- Am liebsten esse ich Katzenzungen.
- Hast Du Katzenaugen am Fahrrad?
- Er stolziert umher wie ein gestiefelter Kater.
- Hokuspokus fidibus, dreimal schwarzer Kater
- Er ist verliebt wie ein Kater.
- Er macht gerade einen Katerbummel.
- Was ist das denn für eine Kateridee!

Produkt:
Sheba Katzennahrung, Effem GmbH, Verden
Agentur:
Grey Düsseldorf GmbH & Co. KG
Medien:
Print, Plakat, TV

Unter den Haustieren ist die Katze das Tier mit der größten Unabhängigkeit. Der Hund ist auf sein Herrchen als seinen Rudelführer programmiert, die Katze aber lebt nur in loser Gemeinschaft mit den Menschen, ist eher auf das Biotop der menschlichen Behausung orientiert denn auf eine bestimmte Person festgelegt. Den treuen Hund kann die Werbung schon einmal in Versatzstücke von Menschenkleidung stecken, mit der Katze wäre das nicht zu machen.

So zeigt die Werbung auch meist Szenen, in denen vor allem die Katzenfreundin – denn von

Produkt:
Wiskas, Effem GmbH, Verden
Agentur:
DMB&B D'Arcy Masius Benton & Bowles GmbH, Hamburg
Laufzeit:
seit 1963 unterschiedliche Motive
Medien:
Print, Plakat, TV

Besitzansprüchen kann auf keinen Fall die Rede sein – um die Gunst des Tieres buhlt. „Fühlt sich die Katze wohl, freut sich der Mensch“, dieses fast schon geflügelte (Werbe)wort, bringt die Sache auf den Napf. Ob *Wiskas* oder *Sheba*, nur das richtige Futter sorgt für Harmonie in dieser Beziehungskiste.

Seit der Jahrhundertwende wird mit der Katze vor allem für Seife geworben und Waschmittel wie *Hoffmanns Reis-Stärke* (Katzenwäsche) oder für Leckereien wie die *Katzenzunge* aus zarter Schokolade, der keine Naschkatze weit und breit widerstehen kann. Die Werbung läßt sich von der Tierbeobachtung leiten, dem auffälligen Reinlichkeitsverhalten und den Leck- und Schleck-Gewohnheiten des Tieres, die neben Süßwaren auch feinen Likören a la *Schwarze Katze* den Namen verliehen haben.

Wiskas Anzeigenmotive

Produkt:
Philips Personal Computer, Philips, Eindhoven (NL)
Agentur:
Publicis FCB, Eindhoven (NL)
Laufzeit:
seit 1991
Medien:
Print, Verkaufsförderungsmittel

Die „schwarze Katze", deren Weg zu kreuzen Unglück bringt, die als satanisches Wesen und Hexentier gilt, verweist auf den ambivalenten Charakter des Tieres, das zwischen der Pussycat und dem bösen Fritz the Cat des amerikanischen Underground-Comiczeichners Robert Crumb changiert.

Die Bindung ans Haus ist vor allem eine materialistische Beziehung über die Nahrungsquelle. Ursprünglich sind die Katzen gern gesehene Gäste der menschlichen Behausungen, weil sie den Bestand an Mäusen und ähnlichen Schädlingen dezimieren. Ihre Eigenschaften als Raubtier und Jägerin waren gefragt, erst später die des luxuriösen Schoß- und Schmusetiers.

Das Katz- und Maus-Spiel, dieses merkwürdige Verhalten der Katze, mit dem Opfer vor dessen endgültigem Exitus zu spielen, gehört gleichfalls zu den Verhaltensweisen, die den ambivalenten Charakter dieses Tieres zeigen. Walt Disney hat diesen Konflikt zwischen Katze und Maus in seinen Zeichentrickstories um Tom und Jerry verarbeitet. Es ist die unendliche Geschichte von der Maus als dem parasitären und der Katze als dem symbiotischen Wesen im Umfeld des Menschen. Disney hat die Gewichte zugunsten der cleveren und „niedlicheren" Mäuse verschoben, ein Grund, warum die Mäuse heute in der Werbung *Opel* fahren.

Schon den alten Ägyptern galt die Katze als Hüterin des Hauses, der Mütter und Kinder. In der griechischen Mythologie ist es Diana, die Heroine der Freiheit, zu deren Füßen sich die Katzen lagern. Und in der nordischen Mythologie ist es Freya, deren Schlachtwagen von Katzen gezogen wird.

Werden in der Werbung Katzen eingesetzt, so geht es immer auch um die Darstellung des Weiblichen, das – wie bei der Katze auch – changiert zwischen der Hüterin des Hauses, zuständig für eine wohlige Atmosphäre, die Schutz und Heimat verheißt und dem fatalen Vamp, der die Krallen ausfährt, um mit den Männern und ihren Begierden Katz und Maus zu spielen. Auch das eine unendliche Geschichte...

Kriechtiere

Merkmal **Die urzeitlichen Exoten**
Verbreitung **Immer gut für ein Key-Visual**
Gewohnheiten **Brauchen viel Rampenlicht**

Der Lurchi der *Salamander-Schuhwerke* ist sicherlich das älteste in Deutschland bekannte Kriechtier in der Werbung. Der gelb punktierte Feuersalamander machte eine erstaunliche Karriere vom Logo-Kriechtier bis zum Lurchi-Comic-Helden. Um die Jahrhundertwende stieg er in die Schuhbranche ein, Mitte der dreißiger Jahre bekam er einen eigenen Namen, unter dem er zusammen mit seinen Freunden zahllose Abenteuer bestand. Insgesamt in einer Auflage von rund 300 Millionen Exemplaren spricht der Lurchi-Salamander noch heute die Kinder an, die in seinen Geschichten natürlich en passant erfahren, daß es vor allem auf die richtige Wahl des Schuhwerks ankommt.

Die Eigenschaften des Chamäleon sind in den letzten zehn Jahren von der Werbung vollkommen neu entdeckt worden. Das Chamäleon galt zuvor zwar auch als ein faszinierendes Tier, dennoch haftete ihm etwas Zweifelhaftes an, ein Hauch von Opportunismus. Denn bekanntermaßen paßt sich das Chamäleon jeweils seiner Umgebung an, um sich vor seinen zahlreichen Feinden optimal zu tarnen. Mit dieser Übereinstimmung kann erst die Werbung für Kopiergeräte und -verfahren sehr viel in ihrer vergleichenden Werbung anfangen. Denn die Vorlage mit der Kopie zur Übereinstimmung zu bringen, ist eines der wichtigsten Kriterien bei der Auswahl eines Kopierers. Dieser Vergleich spielt auch bei der Werbung für Video-Bänder eine bedeutende Rolle. Denn hier ist das Kriterium die Farbechtheit von Aufzeichnung und Wiedergabe. Beides Eigenschaften, die das Chamäleon als seine natürlichen Fähigkeiten bietet.

Das Prestige dieser Tiere beruht in erster Linie auf ihrer Nähe zu den urzeitlichen Lebewesen. Sie stehen, verfolgt man den evolutionären Stamm-

Frill-Necked Lizard
Produkt:
Fosters Australian Pils Courage Ltd., London
Agentur:
Wensauer-DDB Needham Worldwide GmbH, Frankfurt/M
Laufzeit:
1991/92
Medium:
Plakat

Chamäleon
Produkt:
Arbeitskreis Trockenlichtpause, Stuttgart
Agentur:
RTS Rieger Team Werbeagentur, Leinfelden-Echterdingen
Laufzeit:
1991
Medium:
Print

Produkt:
Salamander AG, Kornwestheim
Laufzeit:
seit 1904 als Logo, seit 1937 Lurchi-Comics
Medien:
Hefte, Bücher, Figuren, Verkaufsförderungsmittel

Chamäleon
Produkt:
BASF AG, Mannheim
Agentur:
Michael Conrad Leo Burnett GmbH & Co. KG, Frankfurt/M
Laufzeit:
1991
Medium:
TV

baum des Lebens zurück, viel näher an der Quelle des Lebens. Schon von ihrem Äußeren her, ihren Panzerungen und Schwänzen, zeigen sie deutlich, daß sie einer älteren Evolutionsstufe angehören und die Selektionsmechanismen des Lebens – im Unterschied etwa zu den Sauriern – überlebt haben. Es ist dieses Prestige des Überlebenden, das auch diesen Tieren anhaftet. Ihre Andersartigkeit kann furchteinflößend wirken, der Salamander etwa wurde als Vorbote der Hölle angesehen, aber aufgrund der Tatsache, daß immer mehr Arten gefährdet sind, wachsen auch diesen Tieren große Sympathien zu, weil sie die Vielfalt des Lebens auf dem Planeten Erde anschaulich machen.

FILM+TECHNIK

INSZENIERTE KOMMUNIKATION MIT TIEREN*

*Wir befürworten die Artenschutzgesetze und sammeln Wertstoffe getrennt.

Ebenso engagiert sind wir, wenn Number One's ihre Number One präsentieren.

Telefon 0 69/6 70 80 31
Fax 0 69/6 70 29 92

Krokodil

Merkmal **Lacoste-Grün mit rotem Schlund**
Verbreitung **Im Dschungel der Werbung**
Gewohnheiten **Sorgt für Respekt und Beachtung**

Die bekannteste Krokodil-Art der Welt ist das *Lacoste*-Krokodil. Es ist das einzige aus der Gattung der Panzerechsen, das auf allen fünf Kontinenten rund um den Globus zu finden ist. Sein Lebensraum ist immer ein Baumwoll-Piqué-Hemd, sein Stammplatz dort: links über dem Herzen. Und die Haltung ist eindeutig: der riesige Schwanz ist angespannt, zum Schlag bereit, der Rachen ist weit aufgesperrt und der rote Schlund wird sichtbar.

Das *Lacoste*-Krokodil stammt nicht – wie seine übrigen Artgenossen – von den Archosauriern ab, sondern von René Lacoste, dem französischen Weltklasse-Tennisspieler der Golden Twenties. Zu einer Zeit, in der Tennis noch in Straßenkleidern gespielt wurde, erfand er sein Sporthemd, das maximale Bewegungsfreiheit sichert, den Schweiß aufsaugt und die Haut atmen läßt. Zum Markenzeichen wählte Lacoste seinen eigenen Spitznamen auf den Centercourts der Welt: wegen seines Kämpferherzens wurde er „das Krokodil“ genannt.

Produkt:
Soennecken e.G., Overath
Agentur:
Pragma Werbung GmbH, Heilbronn
Laufzeit:
seit 1991
Medien:
Print, Verkaufsförderungsmittel

Aufkleber
Produkt:
Lacoste-Produkte, Yello-Sport GmbH, Köln

Pate für das *Lacoste*-Markentier stand das Nilkrokodil, das von den Ägyptern als Gottheit verehrt wurde. Die heiligen Krokodile galten – wie auch die Sonne – als aus dem Wasser geboren. Da sie aber auch an Land leben, konnte sich in ihnen auch der Erdgott inkarnieren. In einigen indianischen Kulturen gilt das Krokodil gar als Schöpfer der Welt, in anderen trägt es die gesamte Welt auf seinem Rücken.

Die Faszination, die von diesem Tier ausgeht, rührt von seinem urzeitlichen und furchterregenden Aussehen her. Deshalb wurde es im christlichen Kulturkreis mit dem Drachen gleichgesetzt, der die vorzeitlichen gottfeindlichen Urmächte symbolisiert, die zu bekämpfen zu den vornehmsten Aufgaben der Ritter zählt. Zahlreiche Drachentöter-Mythen ranken sich um diesen ritterlichen Kampf gegen das Chaos-Tier. Für C.G. Jung spiegeln diese Sagen und Legenden den Konflikt zwischen dem Ich und den Kräften des Unbewußten. Einen schwachen Abglanz des Kampfes zwischen Gut und Böse stellen bis auf den heutigen Tag die Puppen-Figuren vom

Produkt:
Thera-med Junior, Zahncreme
Agentur:
Baums, Mang und Zimmermann Werbeagentur GmbH & Co. KG, Düsseldorf
Laufzeit:
seit 1992
Medien:
Print

Produkt:
Die Weltwoche
Agentur:
Lesch + Frei Werbeagentur, Zürich

Produkt:
Informationszentrum Weißblech e.V., Düsseldorf
Agentur:
Lintas:Hamburg GmbH
Laufzeit:
1990
Medien:
Print, Plakat

Kaspar und dem Krokodil dar, die zur Standard-Ausstattung eines jeden Handpuppentheaters gehören.

Das Krokodil in der Werbung sorgt für hohe Aufmerksamkeitswerte. Es eignet sich hervorragend für Schockwirkungen. Produkte, bei denen es auf den richtigen Biß ankommt, greifen gern auf dieses Key-Visual zurück. Wenn es um das Thema Zahnpflege geht, wie das Beispiel *Theramed* zeigt, ist das Krokodil ein hervorragendes Werbetier. Denn die Bedeutung der Zähne für ein gesundes Krokodil leuchten jedem Kind unmittelbar ein.

Kuh

Merkmal	**Nicht nur lila**
Verbreitung	***Auf den Anzeigen-Wiesen des Blätterwaldes***
Gewohnheiten	***Wiederkäuer***

- ***Einem ist sie die hohe himmlische Göttin, dem andern eine tüchtige Kuh, die ihn mit Butter versorgt.***
- ***Wenn der Pöbel aller Sorten tanzet um die goldenen Kälber, halte fest: du hast vom Leben doch am Ende nur dich selbst.***
- ***Sie hat Augen wie ein Kälbchen.***
- ***Das ist eine Kuh, die Milch gibt.***
- ***Sie stand da wie die Kuh vorm neuen Tor.***
- ***Er stand da wie ein Ochs vorm Berge.***
- ***Das war ein übler Kuhhandel.***
- ***Das geht auf keine Kuhhaut.***
- ***Den Stier bei den Hörnern packen***

Produkt:
Fachwerbung für Stuttgarter Zeitung, Stuttgarter Nachrichten
Agentur:
RTS Rieger Team Werbeagentur, GmbH, Leinfelden-Echterdingen
Laufzeit:
1991
Medium:
Print

Die Urahnen der heutigen Kühe sind die Auerochsen, auch Ur genannt, die noch bis ins zehnte Jahrhundert in unseren Wäldern zu Hause waren. Das letzte Exemplar dieser Kolosse starb wahrscheinlich 1627 in Polen. Da diese Tiere in der Altsteinzeit wichtige Jagdtiere waren, stellten sie ihre Jäger in den frühen Höhlenmalereien dar. Die Anfänge seiner Domestizierung gehen ins 6. Jahrhundert v. Chr. zurück. Man vermutet, daß der Auerochse deshalb die Aufmerksamkeit des Menschen erregte, weil er ihnen schon früh als religiöses Symbol galt. Seine gebogenen Hörner symbolisierten in den Augen der frühen Agrarkulturen die Mondgöttin, die Fruchtbarkeitsgöttin der Felder. Die braunen oder weiß-schwarz-gescheckten Wiederkäuer sind reine Vegetarier, die im Jahr bis zu 5000 Kilogramm Milch geben.

Rinder sind ausgesprochen friedliche, genügsame und nützliche Haustiere, es gibt sie mit Ausnahme der arktischen Regionen überall auf der Welt. Kühe und Stiere spielen in der Mythologie und

Produkt:
Neckermann Versand AG, Frankfurt/M
Agentur:
Michael Conrad & Leo Burnett GmbH & Co. KG Frankfurt/M
Laufzeit:
1992
Medium:
Print

der Geschichte der symbolischen Zeichen eine große Rolle. Im alten Ägypten galt der Stier als Symbol der Kraft, auch hier war das Rind das weitaus wichtigste Haustier.

Die Israeliten nahmen bei ihrem Auszug aus Ägypten ihre Rinder mit, die ihnen Nahrung gaben und als Arbeitstiere nützten. Aus der Zeit der alten Induskultur stammt die Verehrung der Kuh als dem heiligen Tier der Hindureligionen, die es den Menschen verbietet, die Tiere zu schlachten und zu essen. Die bei uns bekannte Redensart, das etwas eine Heilige Kuh sei, transportiert dieses für unsere Kultur unbekannte Hindu-Tabu in unsere Umgangssprache. In allen Weltkulturen ist das Motiv zu finden, daß ein Löwe eine Kuh anfällt. Ebenso häufig taucht in den Mythen das Motiv vom göttlichen Ritt auf dem Stier auf. Im Hethiterreich war dies der Blitz- und Wettergott, der als Jupiter Dolichenus in der Römerzeit nach Europa sowie Nordafrika übernommen wurde.

Besonders in der griechischen Mythologie spielt der Stier eine zentrale Rolle. Zeus erblickte Europa, verliebte sich in sie und näherte sich ihr in der Gestalt eines Stieres, um sie zu entführen. Europa setzte sich fasziniert und willig auf seinen Rücken und ließ sich über das Meer nach Kreta tragen, wo sie es zum Ärger der kuhäugigen Hera in einer Grotte miteinander trieben. Auch für die alten Griechen waren Rinder schon wichtige Haustiere. Dieser Umstand veranlaßte Äsop, in einer Fabel die menschliche Eigenschaft der Arbeitsamkeit auf das Rind zurückzuführen. „Als Zeus den Menschen schuf", meint er „gab er ihm nur kurze Lebenszeit. Der aber gebrauchte seinen Verstand, und als der Winter herannahte, baute er sich ein stattliches Gehöft. Wie es nun einmal sehr kalt wurde und Zeus den Regen vom Himmel herabgoß, konnte das Pferd es im Freien nicht mehr aushalten. So kam es dann im Galopp zu des Menschen Behausung heran und bat um Aufnahme. Der sagte: 'Ich will dich aufnehmen, aber unter der Bedingung, daß du mir einen Teil deiner Lebensjahre abtrittst.' Das Pferd war es zufrieden und erhielt Stallung und Futter. Kurz darauf kam das Rind und noch später der Hund, und mit beiden schloß der Mensch den gleichen Vertrag. So kommt's, daß der Mensch, solange er in den Jahren steht, die ihm Zeus selbst verliehen hat, unverdorben und gut ist. In den Jahren aber, die er vom Roß hat, ist er hochmütig und üppig; in denen, die er vom Rind hat, ist er ein gewaltiger Schaffer und in denen, die ihm der Hund abtrat, mürrisch und bissig."

In fast allen Kulturen ist der Stier das Sinnbild der ungebremsten männlichen Kraft, eine kulturelle Bedeutung, die dem Stierkampf zugrunde liegt. Stierkämpfe haben wahrscheinlich schon die Ägypter veranstaltet. Die klassische Form dieses Schaukampfes ist eine spanische Tradition, die bis heute nach ganz festen Ritualen besonders in den großen Arenen von Madrid, Barcelona, Sevilla und Valencia gepflegt wird.

Produkt:
Fruttis Fruchtjoghurt Südmilch AG, Stuttgart
Agentur:
Leonhardt & Kern Werbung GmbH, Stuttgart
Laufzeit:
1987-88
Medien:
Print, TV, Verkaufsförderungsmittel

SOLO

MILKA IST EINER DER AUGENFÄLLIGSTEN TRÜMPFE VON JACOBS SUCHARD. DAS UNTERNEHMEN, DASS DIE WELT MIT GENUSS GEWINNT. EINE HÜBSCHE FARBE UND EIN FRIEDLICHER WIEDERKÄUER STEHEN HIER SCHON SEIT ANFANG DES JAHRHUNDERTS FÜR DIE FREUDE AM GENIESSEN. DOCH AN DIE SPITZE KOMMT MAN NICHT NUR DURCH SOLCHE KONSEQUENZ. ES IST AUCH IMMER EIN KLEINES GEHEIMNIS DABEI. WER DER ZARTESTEN VERSUCHUNG AUCH NUR EINMAL ERLEGEN IST, WIRD ES SICHER KENNEN.

JACOBS SUCHARD

Jean de La Fontaine wählte die kämpfenden Stiere aus, um die Moral von Großen, die streiten und den Kleinen, die darunter leiden, zu erzählen:
„Zwei Stiere kämpften heftig
um den Besitz einer jungen Kuh.
Die Frösche seufzten. Nanu
was habt ihr? fragte die Schöne
einen der quakenden Wassersöhne.
Wie, seht ihr's nicht? sagt der geschäftig,
das Ende dieses Streites ist und bleibt
des einen Bann; ihn treibt
der andre von den blumigen Weiden.
Er, der die Herrschaft über Kraut und Gras verlor,
kommt stracks in unsern Sumpf, herrscht über
Schilf und Rohr,
tritt uns mit Füßen in den Schlamm,
erst den, dann jenen und wir müssen's leiden
und alles wegen Euch, Madame!
Die Furcht war diesmal Rechtens arg:
Der eine Stier, Verlierer der Runde,
der sich auf Kosten der Frösche verbarg,
zerstampfte ihrer zwanzig in der Stunde.
Da sieht man, daß zu allen Zeiten
die Kleinen bluten, wenn die Großen streiten."

Ist der Stier der Inbegriff des Männlichen, ist die Kuh das Sinnbild vegetabiler Mütterlichkeit und Gutmütigkeit. Ihre großen Augen und ihr friedliches und hübsches Aussehen haben so manchen Werber beflügelt.

Wie in den alten Mythen auch, sind Kuh und und Stier bis heute in der Werbung wichtige Kommunikationsträger. Der *Osborne*-Stier symbolisiert das Heimatland des Sherry, schwarze Stiere werben für Autos und kräftige Reifen. Kühe sind ideale Werbeträger für alle Arten von Milchprodukten, so tanzen die lustigen, bunten Kühe der Joghurt-Fruttis für die *Südmilch AG*, und mit ungebrochenem Charme verführt uns die Lila Kuh von *Milka* seit zwanzig Jahren zu alpinem Schokoladengenuß.

Produkt:
Milka Lila Kuh, Jacob Suchard Erzeugnisse GmbH & Co. KG, Bremen
Agentur:
Young & Rubicam GmbH Werbeagentur, Frankfurt/M
Laufzeit:
1972 bis heute
Medien:
Print, Plakat, TV, Hörfunk, Verkaufsförderungsmittel

Junge Milka-Fans im Supermarkt

hr werbung paßt ausgezeichnet in die hessische Werbelandschaft!

Hessen – das ist mit Sicherheit eine Landschaft, in der sich besonders in wirtschaftlicher Hinsicht markante Konturen gebildet haben.

Die Hessen:
Selbstbewußt, einkommensstark, kaufkräftig und konsumorientiert, durch unterschiedlichste Werbebotschaften stets ansprechbar. Durch Werbung, die gut informiert und bestens unterhält. Darin sind wir Profis!
Für Ihre Werbebotschaft bieten wir im Hessischen Rundfunk ideale Werbeträger: im Funk hr1, hr3 und hr4 – im Fernsehen TV REGIONAL hessen 1.

Rufen Sie uns doch einfach einmal an.
Unter der Telefonnummer
(069) 1509-220
erwarten Sie Details über eine faszinierende Werbelandschaft.

Funk- und Fernsehwerbung im
Hessischen Rundfunk
6000 Frankfurt am Main 1

hr werbung

Löwe

Merkmal	**König der Tiere**
Verbreitung	**Wo immer Stärke demonstriert wird**
Gewohnheiten	**Zeigt gern seine Waffen**

- **Gut gebrüllt Löwe!**
- **In die Höhle des Löwen gehen**
- **Der Löwe des Tages**
- **Er brüllt wie ein Löwe.**
- **Er ist stark wie ein Löwe.**
- **An der Klaue den Löwen erkennen**
- **Eins, aber es ist ein Löwe!**
- **Ein Leonischer Vertrag**
- **Der Löwenanteil**
- **Sie verteidigt ihn wie eine Löwin ihre Jungen.**

Produkt:
Wienerwald GmbH, München
Agentur:
Leonhardt & Kern Werbung GmbH, Stuttgart
Laufzeit:
1983
Medium: **Print**

Produkt:
Löwenbräu AG, München
Laufzeit:
seit 1991
Medien:
Print, Plakat

Den König der Tiere, wie er seit Urzeiten schon heißt, wird es bald nur noch in Zoologischen Gärten und Naturreservaten geben. Früher lebte er auf dem gesamten afrikanischen Kontinent, ebenfalls war er in Indien, Kleinasien und sogar in Griechenland zu Hause. Unvorstellbar ist heute, daß man zu einem Panem–et-Circenses-Ereignis 600 Löwen in eine Arena treiben konnte, um sie dann mit Sklaven, Gefangenen oder Legionären kämpfen zu lassen. Es gibt sie nicht mehr, die wilde Löwen. Den Berberlöwen, der im nordafrikanischen Raum von Marokko bis Ägypten bekannt war, hatten die Bewohner dieser Länder schon bis 1920 ausgerottet. Nicht anders erging es dem Persischen Löwen. In Indien wurde der dort beheimateten Rasse besonders hart zugesetzt. Riesige Rinderherden zerstörten die Vegetation seines Lebensraumes und vor allem die der natürlichen Beutetiere des Löwen. Einheimische Rinderzüchter vergifteten ihn, um ihre Herden zu schützen. Heute gibt es nurmehr 60 Exemplare des Indischen Löwen in einem Naturreservat.

Einzig der Massailöwe kann noch einigermaßen unbehelligt in Ostafrika und dem Nationalpark Serengeti leben. Dort tummeln sich noch rund 1 000 Artgenossen, die etwa 190 cm lang werden und 250 Kilogramm auf die Waage bringen.

Die berühmte Löwenmähne hat nur das Männchen, da es sich beim Verteidigen der Sippe mit seiner Mähne vor Prankenhieben feindlicher männlicher Eindringlinge schützen kann. Der Löwe ist gesellig, lebt in Gruppen mit zwei bis drei Männchen, zehn Weibchen sowie dem Nachwuchs und ist ausgesprochen stimmgewaltig. Man weiß zwar bis heute nicht, wann und aus welchem Anlaß ein Löwe brüllt, aber daß er es tut, ist nicht nur sprichwörtlich bekannt, man kann es auch kilometerweit hören. Eigentlich gibt es außer dem Menschen keine natürlichen Feinde für ihn, falls er sich aber bei der Suche nach einem schmackhaften Abendbrot den „falschen“ Opfertieren nähert, kann auch er zum Beispiel von Büffeln und Giraffen böse zugerichtet werden.

Von Natur aus hat ein Löwe eher Respekt vor dem Menschen und fällt ihn nicht an, vorausgesetzt, man bedroht ihn nicht und er ist nicht kurz vorm Verhungern. Aber alle Raubkatzen sind unberechenbar. Völlig anders verhält es sich bei domestizierten Löwen. Leben sie schon als Jungtiere mit Menschen zusammen wie Haustiere, sind sie bei ihren Herrschaften vollkommen zahm, verspielt und verschmust wie Katzen. Offensichtlich fühlen sie sich in ihrer Domestizierung im Tiergarten oder im Zirkus nicht unfrei oder unwohl, wofür spricht, daß heute mehr Löwen in der Gefangenschaft als in freier Wildbahn zur Welt kommen.

Der 205.
Voller Esprit.

Die Steigerung von Fahrspaß heißt PEUGEOT 205 Cabriolet CTI. Schnell wie der Wind durch seinen spritzigen 75-kW (102-PS)-Motor mit geregeltem Drei-Wege-Kat. Schön wie die Sünde durch Pininfarina-Styling. Dazu luxuriöse Ausstattung wie Leichtmetallfelgen, Lederlenkrad und elektrische Fensterheber. Entdecken Sie ein Auto, das zu Ihrem Stil paßt. Viel Vergnügen.

PEUGEOT

Der König der Tiere begleitet seit Urzeiten die Könige und Herrscher der Menschen. In den Religionen fast aller Völker werden die Götter mit Tierattributen bedacht und neben dem Elefanten nimmt der Löwe unbestritten den ersten Rang unter den Herrschaftssymbolen ein. An den Mauern der Prozessionsstraße in Babylon standen 120 Löwen, und Gilgamesch, der sagenhafte Held und die zentrale Gestalt der sumerischen Dichtung, hat den Kampf mit einem Löwen zu bestehen. Unter den mit unumschränkter Macht regierenden ägyptischen Gottkönigen wird der Löwe zum Symbol des Königtums. Die Sphinx, ein Löwe mit Pharaonenhaupt, verkörpert dies sinnbildhaft. Griechen und Römer übernehmen diese Symbolik. Wenn wir heute sagen, daß wir an dem Pinselstrich den Meister erkennen, so ist das eine sehr friedliche Übersetzung des Griechischen, das nach Plutarch „an der Klaue den Löwen erkannte". Auf eine äsopische Fabel geht die Antwort der gekränkten Löwin zurück, die dem Fuchs, der sie verspottet, weil sie nur ein Junges bekommen hat, erwidert: „Eins, aber es ist ein Löwe!" Und wer traut sich schon in die „Höhle des Löwen", wo doch die Spuren schrecken, die nach der Fabel nur hinein, aber nicht hinaus führen.

Bis in die Rechtswissenschaft reicht die lange Tradition der griechischen Allegorien. Als ein Leonischer Vertrag wird ein Gesellschaftsvertrag bezeichnet, aus dem nur ein Teilnehmer den Nutzen zieht. Diese Vertragsbezeichnung hat sich aus dem sprichwörtlichen „Löwenanteil" entwickelt, der die Quintessenz einer Äsop-Fabel ist, in der ein Löwe, ein Esel und ein Fuchs versuchen, sich zu einigen.

Im Christentum findet sich der Löwe im Alten Testament, der geflügelte Löwe aus der Vision Ezechiels ist die Symbolfigur des Apostel Markus. Heinrich der Löwe, Herzog aus dem Geschlecht der Welfen und in Braunschweig ansässig, ging aufgrund seiner rücksichtslosen Territorialpolitik in die Geschichte ein und Kaiser Haile Selassie von Äthiopien ist wahrscheinlich vorläufig der letzte Herrscher, der mit dem Symbol des Löwen seine weltliche Macht darzustellen suchte und sich „Löwe von Juda" nannte. Der Volksmund kennt aus der Fabel darum wohl auch das lästerliche Sprichwort: vom Esel in der Löwenhaut.

Als königliches Tier hält der Löwe auch in der Heraldik Hof. So finden wir ihn heute, entsprungen dem engen Rahmen des Wappens, auf den Plakaten, die für das bayerische *Löwenbräu* werben. Und ähnlich seinem Einsatz beim Bier markiert auch der Logo-Löwe bei *Peugeot* nicht eine biologische Eigenschaft des Löwen. Der interessiert sich weder für Alkohol, noch kann er beim Laufen mit Pferdestärken konkurrieren, er ist sogar von seiner Natur her ausgesprochen faul und lahm. Es ist seine Tradition als königliches Symbol, als Attribut einer besonderen Macht und Würde, die ihn bis heute als Werbetier attraktiv macht, so für die Computerfirma *Soemtron*. Nimmt er Platz am Arbeitsplatz, dann ist noch Platz für Sie, nicht aber womöglich für einen anderen Computer-Löwen.

Weniger als Salonlöwe denn ausgesprochen studentenbewegt gab sich der Mähnige, als er begann, für *Samson*-Zigarettentabak aktiv zu werben. Eine fröhliche Löwenclique, durchaus vereinbar mit der natürlichen Geselligkeit des Serengeti-Bewohners, ging ins Rockkonzert, in die Kneipe oder ins Kino, traf sich beim Flippern oder Zocken. Aber auch ein jugendbewegter Löwe kommt in sein Erwachsenenalter, und da findet er zu sich selbst, zu dem, was er immer war: König der Tiere, Klassiker jenseits von Zeit und Raum. Der König der Tiere galt schon immer als Symbol von Macht und Stärke. An wem konnte Simson (Samson) besser seine Kraft

Produkt:
Löwenbräu AG, München
Laufzeit:
seit 1991
Medien:
Print, Plakat

Produkt:
Limbo
CityRing e.V., Limburg
1992

Anzeigenmotive aus der Samson-Kampagne
Produkt:
Zigarettentabak, Theodorus Niemeyer Holland, Tabak GmbH
Agentur:
DMB & B D'Arcy Masius Benton, Bowles, Düsseldorf
Laufzeit:
1906 bis heute
Medien:
Print, Plakat, TV, Hörfunk

erproben? In der Werbung für den holländischen Drehtabak sind *Samson* und der Leu ein einig Gespann. Wieder verhilft der Wüstenkönig einem Samson zum Gewinn, indem er diesmal leibt und lebt, sich wandelt, größer wird – und das seit über 85 Jahren.

Der Löwe dürfte zu den frühesten Symbolfiguren der Werbung gehören. Städte wählten ihn zum Wappentier, Gasthöfe und Apotheken benannten sich nach ihm: „Zum goldenen Löwen", „Löwen-Apotheke" etc. Der Übergang des Löwensymbols auf die Markenartikelwerbung um die Jahrhundertwende gelang nahtlos. Ob als Produktname (*Löwensenf, Löwenbräu*), Bildzeichen (*Löwenbräu, Peugeot, Soemtron*), als Werbefigur oder Gestaltungsmotiv sowie im Slogan – in der Hackordnung des Werbezoos hat sich der Leu seinen Löwenanteil zeitig gesichert. Bereits um 1900 nutzten die *Troponwerke* Mühlheim/ Rhein die Löwenfigur – jugendstilartig schmuckhaft-ornamental gestaltet –, um die kräftigende Wirkung ihres Aufbau-Präparats zu symbolisieren. Der Text nahm keinen Bezug auf die Figur, der unausgesprochene Text-Bild-Zusammenhang reichte: „Tropon hat die fünffache Nährkraft von Fleisch. Tropon schafft Mark und Kraft". Reimend verhilft in unseren Tagen ein lustig karikiertes Löwelein einem Husten-Präparat zum Umsatz (*Bromhexin*): „Bromo mit Löwenkraft den Husten schafft". Ein weiterer Löwe schleckt sich auf einer Verpackung für ein Schokogetränk (*Trumpf Trink fix*) das Maul: „schmeckt löwenstark!".

Was den Mesopotamiern recht war, mag der *Bayerischen Landesbank* billig sein. Ein steinerner, furchterregend-wehrhafter Leu ist vor aufwärtsweisenden Treppenstufen und ebensolcher Statistik postiert. Er strotzt nur so vor (Finanz-)Kraft, assoziiert Sicherheit und verstärkt die Aussage „Zahlen, die Stärke beweisen". Natürlich bietet sich der bayerische Löwe auch für andere Unternehmen wie dem *Bayerische Staatsbäder* oder dem *Bayerischen Rundfunk* als Symbolfigur an. „Löwenstarke Angebote" offeriert der Handel (z.B. das Versandhausunternehmen *Quelle*). „Gut gebrüllt, Löwe", könnte man angesichts einer Großkatze dekodieren, die auf dem Ladendisplay eines Warenhauses, den Rachen zum Gebrüll aufreißend, Preisaggressivität verkörpert. Doch es muß nicht immer ein richtiger Löwe sein, der da brüllt. Während einer Vorstellungspause zu „Cats" lernen sich Menschen bei einer Zigarette (*Lux*) kennen. Schlagzeile: „Gut gebrüllt, Löwe".

„Verfremdet", in diesem Fall auch verbal verniedlicht, wird ein Löwenjunges in der Werbung für Weißblech: „Miezen brauchen Dosen". Nun ja, wenn Katzen Löwenhunger haben, brauchen sie eine ganze Menge (Katzenfutter-)Dosen.

Als furchterregendes, markantes oder einfach großes und starkes Tier läßt sich der Löwe werblich effektvoll, kontrastreich zu anderen Tieren in Bezug setzen. Da beißt eine Maus einem Löwen in den Schwanz (Symbolisierung einer ungewöhnlichen, Situation – Gemeinschaftswerbung für Kameras etc.), da wird bei der *Hypobank* aus einem Sparschwein ein gewaltiger Löwe („... wenn Sie es in die richtigen Hände geben, können Sie den Löwen in ihm wecken.") oder ein österreichisches Handelsunternehmen, das einen Löwen zur Werbefigur erkoren hat (*Hartlauer*), fordert potentielle Kunden auf: „Tigern Sie zum Löwen".

„Im Zeichen des Löwen" – mit diesem Slogan warb *Peugeot* in Deutschland (*Löwenbräu* wirbt übrigens mit dem gleichen Slogan). Sein neues Modell *30 S* empfahl *Peugeot* mit dem Claim „Der Löwe unter den Kompakten", und das Löwen-Symbol steht auch im Mittelpunkt des aktuellen Slogans: „Auf den Löwen ist Verlaß".

Wenn sich Unternehmen auf den Löwen verlassen und dabei an heraldische Traditionen anknüpfen, nimmt es nicht wunder, daß sich einige Signets stark ähneln. So unterscheiden sich die Zeichen von *Löwenbräu, Peugeot* und *Soemtron* kaum. Juristisch ist das kein Problem, denn sie vertreten verschiedene Warenklassen. Der Löwe ist nicht branchengebunden.

Die Integration des sympathischen, lustigen und verspielten Löwen mit der Tradition des majestätischen Heraldik-Löwen wird in der Stadt Limburg gesucht, ganz frei nach „Reineke Fuchs", wo Löwe Nobel, der König der Tiere, zum Treffen an seinen Hof ruft. Eine Initiative von Limburger Geschäftsleuten kam auf die Idee, den CityRing durch den Mähnenträger symbolisieren zu lassen. Aber wie sollte er aussehen, der neue Citylöwe? Da wir in einer demokratischen Zeit leben, entscheiden das nicht mehr Könige oder Kaiser, die City-Kunden selbst sollten zu Pinsel und Feder greifen. Das taten sie auch, und nun hat die Stadt ein neues Wahrzeichen: den Limburger CityLöwen Limbo aus dem Geschlecht derer zu Nassau.

Ob Hustentropfen, Schokotrunk, Computer, Autos, Handelsunternehmen oder Banken – etwas Löwenhaftes kann wohl jeder an sich entdecken. Als „Zugpferd" der Werbung ist der Löwe eben einfach löwenstark, komme er historisch oder heraldisch, symbolisch oder mystisch daher. Womit wir der „Löwen"-Werbung einen guten Leu-Mund ausgestellt haben wollen.

Dieter Vorsatz

Samson-Löwe
Produkt:
Zigarettentabak, Theodorus Niemeyer Holland, Tabak GmbH
Agentur:
DMB & B D'Arcy Masius Benton, Bowles, *Düsseldorf*
Laufzeit:
1906 bis heute
Medien:
Print, Plakat, TV, *Hörfunk*

Maus

Merkmal **Niemals untätig**
Verbreitung **Arbeit im Vorborgenen**
Gewohnheiten **Vermehrt sich gern**

- **Da beißt die Maus keinen Faden ab.**
- **Mit Speck fängt man Mäuse.**
- **Er sieht weiße Mäuse.**
- **Das Schiff ging mit Mann und Maus unter.**
- **Wie die Berge auch kreisen, geboren wird nur eine lächerliche Maus.**
- **Es ist mucksmäuschenstill.**
- **Ist die Katze aus dem Haus, tanzen die Mäuse auf dem Tisch.**
- **Er spielt mit ihr Katz und Maus.**
- **Er ist flink wie eine Maus.**
- **Da möchte ich mal Mäuschen spielen.**
- **Sich in ein Mauseloch verkriechen**

Mäuse gibt es überall auf der Welt und vor allem überall dort, wo es Menschen gibt, obwohl sie in den kleinen Nagern meist unliebsame Parasiten sehen. Das liegt wohl hauptsächlich an den Freßgewohnheiten dieser Tiere, denn obwohl sie Allesfresser sind, zeigen sie eine ausgesprochene Vorliebe für Getreidesamen, Brot und sonstige Kohlehydrate. Gut im Haushalt genährt, können aus einer Hausmaus auch ganz schnell viele Mäuse werden. Die Eigenschaft, sich schnell zu vermehren, hat die Alltagssprache als Wunschvorstellung auf ihr zentrales Tauschmittel übertragen. So spricht der moderne

Produkt:
Postbank
Agentur:
Spiess Ermisch Abels GmbH Werbeagentur, Düsseldorf
Medien:
Print, Plakat, TV

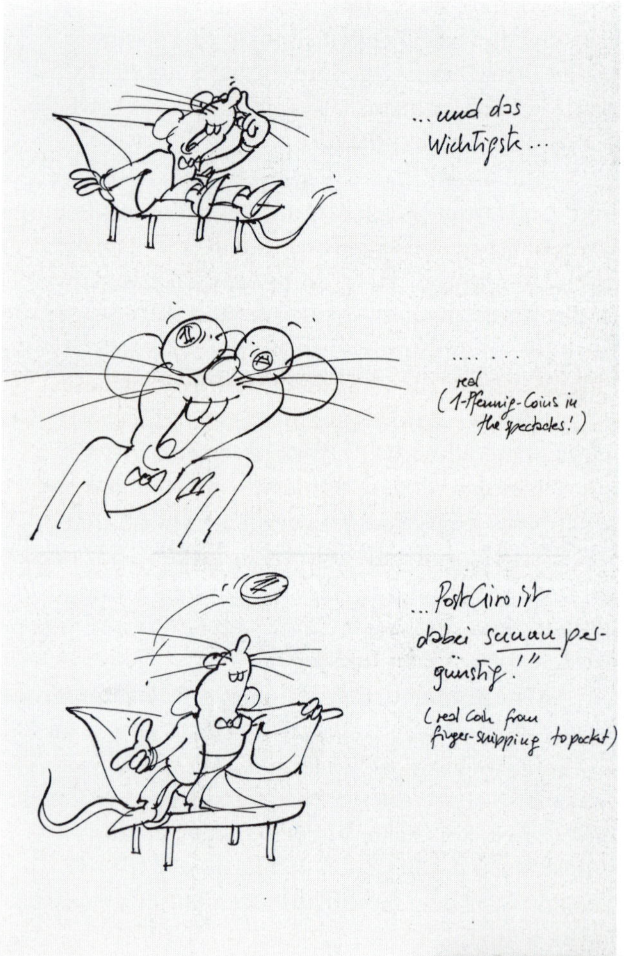

Storyboard für Postmäuse-Spot

Verbraucher von heute über Mäuse, die er auf seinem Postsparbuch hat. Da Mäuse ja bekanntlich Töne von sich geben, werden sie auch manchmal Piepen genannt. Im alten Ägypten glaubte man, daß Mäuse aus Erde entstehen. Auf die Legende, daß Mäuse unter dem Einfluß des Mondlichtes stehen, geht wohl ihre Karriere in der Magie zurück, wo Mäuseschwänze und -knochen eine nicht unbedeutende Rolle gespielt haben. In der Volksmedizin wurden, vielleicht aufgrund ihrer Funktion in der Magie, gebratene und pulverisierte Mäuse unter anderem gegen Zahnschmerzen, Fallsucht und Bettnässe eingesetzt. In den Mythen des asiatischen und nordafrikanischen Raums sind die kleinen Nager Geschöpfe böser Geister oder des Teufels. Anders hält es da die griechische Mythologie, in der der große mächtige Zeus durchaus auch mal in Mausform erscheint.

Spiegel-Leser wissen mehr.
DER SPIEGEL

Produkt:
Opel Corsa, Adam Opel AG, Rüsselsheim
Agentur:
Lowe, Lürzer GmbH Werbeagentur, Düsseldorf
Laufzeit:
seit 1990
Medien
Print, Plakat, TV, Hörfunk, Figuren, Verkaufsförderungsmittel

Die La Fontainsche Fabel von der Begegnung der Maus mit dem Elefanten allerdings warnt vor diesem Rollentausch:

„Ein Mäuslein sah einst einen Elefanten.
Zu steif und langsam fand es dessen Tritt
für solch ein hohes Tier von solchem Schnitt,
so prächtig ausgerüstet und so elegant.
Stockwerke trug es, eins, zwei, drei;
darin die Sultanin mit einem Reiherstrauß,
Hund, Katze, Affe, Papagei,
die alte Zofe, fast ein ganzes Haus;
nach Mekka ging es Schritt um Schritt.
Die Maus erstaunte, weil das Volk der Gasse
verwundert war ob dieser Mammutmasse:
Wie wenn, wer mehr Platz braucht oder minder,
sagt sie, mehr oder minder wichtig sei!
Wozu denn, euer Angstgeschrei?
Ihr fürchtet euch wohl vor dem Plumpsack, Kinder?
So klein ich bin, mich ficht's nicht an,
zum Elefanten fehlt mir bloß ein Gran.
Sie hätte gern noch mehr gesprochen.
Vom Kater ward sie unterbrochen;
im Nu macht er sie mit dem Satz bekannt:
Ein Mäuslein ist kein Elefant."

Vielleicht aus Angst vor dem spöttischen Horaz-Wort, der über Dichter mit allzu hochtrabenden Worten sagte: „Wie die Berge auch kreisen, geboren wird nur eine lächerliche Maus", haben sich Künstler wie Wilhelm Busch und Walt Disney mehr oder weniger auf das Zeichnen von Mäusen verlegt. Zumindest der letztere hat damit die wenig geliebte mausgraue Erscheinung ins Rampenlicht gerückt. In der Gestalt der Micky Mouse ist das kleine Wesen der Keller und unscheinbaren Ritzen zum Megastar geworden, zur Ikone unseres Jahrhunderts. Nicht zu vergessen die beiden Filmstars Tom und Jerry, die unser Bild vom Mäuseleben völlig verändert haben und uns tiefe Einblicke in die konfliktreiche Beziehung zur Katze als natürlicher Feindin der Maus erlauben.

Nager

Merkmal **Der Kinderfreund**
Verbreitung **Überall, wo es um Schätze geht**
Gewohnheiten **Hamstern und goldene Nüsse verstecken**

- **Er ist ein Hamsterer.**
- **Er ist mit Hamsterware erwischt worden.**
- **Das waren Hamsterkäufe.**
- **Er versteckt Nüsse wie ein Eichhörnchen.**

Hamster und Eichhörnchen sind pussierliche und vom Menschen gerngesehene Tiere. Kinder lieben sie als Stofftiere, wie die Eichkätzchen, oder als lebendiges Haustier wie den Hamster. Sie gelten als niedlich und gescheit, schnell, aber auch scheu, naschhaft und ängstlich. In freier Wildbahn lebt der Hamster in Erdbauten unter Getreidefeldern, in die er im Sommer Vorräte für den kargen Winter bringt. Dabei transportiert er die Körner in seinen großen Backentaschen. „Hamsterbäckchen" sagt man darum scherzhaft zu Menschen, die ausgeprägte, runde Wangen haben, und „hamstern" nennt man eine besonders in wirtschaftlichen Krisenzeiten sehr verbreitete Neigung, Vorräte anzulegen. Nach dem Ende des Zweiten Weltkrieges fuhren ganze Züge voller nahrungssuchender Menschen aus den Städten auf das Land, um dort bei den Bauern zu „hamstern". Deshalb wurden diese Reisen Hamsterfahrten genannt.

Aber die Zeiten besserten sich, der Krieg ist lange her, und heute wird mit einem Goldhamster nicht mehr das Anlegen von Nahrungsmittelvorräten und nagender Hunger verbunden. So kann das kleine Haustier der *Commerzbank* zum Hamstern animieren, nicht zum Horten von Eßbarem, um den Hunger zu bekämpfen, sondern zum Ansammeln von Geld auf einem Konto.

Produkt:
Commerzbank AG, Frankfurt/M
Agentur:
Young & Rubicam GmbH Werbe agentur, Frankfurt/M
Laufzeit:
seit 1974
Medien:
Verkaufsförderungsmittel, Figur

Produkt:
Vitakraft-Werke Wührmann & Sohn KG, Bremen
Agentur:
J. Lambert Coldewey Werbeagentur GmbH, Bremen

Produkt:
Sparbriefe von der Dresdner Bank, Frankfurt/M
Agentur:
Hildmann Simon, Rempen & Schmitz/SMS Werbeagentur GmbH, Düsseldorf
Laufzeit:
1991
Medium:
TV

DER CORSA ECO

VIEL SPASS, WENIG SPRIT.

Was bringt Tom zur Weißglut, wenn Jerry in den Urlaub fährt? Jerry fährt ihm davon … im Corsa Eco („Economy“), weil er längst noch nicht tanken muß.

Denn der Corsa Eco gilt als kleines Wirtschaftswunder, das zeigt, was heute bei einem Wagen dieser Klasse technisch alles machbar ist. Z.B. eine Zentraleinspritzung, die bereits in großen und PS-starken Autos für mehr Sparsamkeit sorgt. Dann ein 5-Gang-Getriebe, das im Corsa Eco Drehzahlen und damit den Verbrauch senkt. Und er hat Reifen mit besonders geringem Rollwiderstand. Insgesamt heißt das: noch weniger Sprit, ohne daß der Corsa Eco an Spritzigkeit verliert. Resultat: ein Verbrauch von 6,1 l/100 km (Euromix) und eine Reichweite von 690 km (Hamburg–Stuttgart). Sie sehen, wir haben an nichts gespart, damit Sie sparen.

Konsequent, wie wir sind, wird Ihnen der freundliche Opel Händler ein besonders günstiges Leasing- und Finanzierungsangebot unterbreiten. OPEL

DER OPEL CORSA ECO. TECHNIK, DIE BEGEISTERT.

Nilpferd

Merkmal **Das Kraftpaket**
Verbreitung **In der Naßzellen-Werbung**
Gewohnheiten **Badet und frißt gern**

Das Nilpferd gehört zur Gattung des Hippopotamus amphibius und hält sich nach jüngsten Erkenntnissen des Badewannen-Herstellers *Kaldewei* am liebsten in Wannen dieses Herstellers auf. Ob es unbedingt pinkfarbene Wannen sein müssen, die das Wohlbefinden von Nilpferden, Badenixen und anderen Wasserratten steigern, ist noch nicht eindeutig erwiesen.

Das Nilpferd ist auf den ersten Blick für Werbezwecke alles andere als geeignet. Schon im alten Ägypten war es wegen seiner Freßsucht gefürchtet und galt als Verkörperung böser Kräfte. Auch die Bibel sieht im Nilpferd ein Symbol brutaler Kräfte, die nur von Gott zu bändigen sind.

Für *Kaldewei* ging es aber bei diesem überaus beliebten Nilpferd-Motiv darum, die Robustheit der Stahl-Email-Wannen zu kommunizieren und durch witzige Bildumsetzungen dieser Botschaft herauszufallen aus dem sterilen Einerlei der Naßzellen-Werbung. Daß dieses Ziel erreicht wurde, zeigt auch die Auszeichnung dieser Werbemotive zur „Design Kampagne '89".

Jetzt kann es ja verraten werden: das Nilpferd stieg nicht wirklich in die Wanne. Es wurde von Christian von Alvensleben im Hannoveraner Zoo abgelichtet. Dieses Photo wurde mit einer Porträtaufnahme von der Wanne kombiniert. Die Werbung und ihr Hunger nach Bild-Sensationen macht's möglich.

Produkt:
Badewannen, Kaldewei, Ahlen
Agentur:
Hildmann + Schneider Werbeagentur, Düsseldorf
Photographie:
Christian von Alvensleben
Laufzeit:
1989/90
Medium:
Print

Produkt:
Kosmetik-Grundstoffe, Hoechst AG, Frankfurt/M
Agentur:
Das Kreative Rathaus, Walbrunn i. Odenwald
Laufzeit:
1978-1990
Medium:
Plakat

Pelikan
Der Wasservogel Pelikan ist in aller Welt ein natürliches Wahrzeichen für saubere Luft und reine Gewässer. Diesem Symbol fühlen wir uns verpflichtet. Wir gehen mit Rohstoffen und Energie sparsam um. Wir entwickeln Produkte, die den Menschen nicht gefährden, und wir vermindern Abfälle, wo immer es geht.
Kindermalfarben aus Pflanzen. Papier aus chlorfrei gebleichtem Zellstoff oder aus 100 % recyceltem Altpapier. Korrekturgeräte ohne Lösungsmittel. Kolbenfüllhalter, die aus dem Tintenglas nachgefüllt werden. Farbband-Kassetten-Recycling. Refill-Systeme bei Hardcopy-Zubehör.
Pelikan Vertriebsgesellschaft,
3000 Hannover 1

Pelikan

Merkmal **Kennt jedes Schulkind**
Verbreitung **Auf Logos**
Gewohnheiten **Opfert sich für den Nachwuchs**

Die Entwicklung des Pelikan-Logos über die Jahrzehnte. Tendenz: immer sachlicher, immer abstrakter

Plakat-Entwurf von Julius Dietz für den Wettbewerb von 1898. Er erhielt den ersten Preis. Pelikan-Werke, Hannover

Plakat-Entwurf von Ludwig Hohlwein für den Wettbewerb von 1898. Pelikan-Werke, Hannover

Pelikan gehört zu den ersten deutschen Schutzmarken, die bereits 1878 – in der Frühzeit des Markenartikels – amtlich registriert wurden. Er leitet sich aus dem Wappen der Familie des Farben-Fabrikanten Günther Wagner ab und ist in seiner über 100jährigen Geschichte immer wieder dem Zeitgeschmack angepaßt worden. Dabei reduzierten die Gebrauchs-Grafiker den Pelikan immer stärker auf das Wesentliche, und alles ornamentale Beiwerk blieb zugunsten der Zeichenhaftigkeit des Pelikans von einer Entwicklungsetappe zur nächsten auf der Strecke.

Am Anfang der *Pelikan*-Werke in Hannover stand die Herstellung von Künstlerfarben. Daher gab es im Hause *Pelikan* ein natürliches Interesse an der Kunst und ihrer Entwicklung. 1898 schrieb die Firma Günther Wagner ihren ersten „*Pelikan*-Plakatwettbewerb" für Künstler aus. Über 500 Künstler beteiligten sich daran. Eine Sensation für die damalige Zeit. Denn das Plakat hatte sich erst in den letzten Jahrzehnten vor allem in England und Frankreich zu einer eigenständigen Kunstgattung entwikkelt. Besonders die Plakat-Sonderausstellung auf der Pariser Weltausstellung 1889 hatte diese Entwicklung beflügelt. Die erste Plakatausstellung in Deutschland fand 1895/96 im Hamburger Kunst gewerbemuseum statt. In Deutschland setzte sich *Pelikan* an die Spitze der Innovation auf dem Gebiet der Werbung. Hatten Plakate bis dahin nur für Kunst und Unterhaltung geworben, so gab *Pelikan* die ersten Werbeplakate für Industrieprodukte in Auftrag.

Der Wettbewerb an dieser Nahtstelle von Kunst und Wirtschaft verfolgte zwei Ziele: aussagestarke Plakat-Motive für die Produkte und die Marke zu entwickeln und Künstler einer breiten Öffentlichkeit vorzustellen.

Die Wettbewerbe wurden bis 1930 fortgeführt. An ihnen beteiligten sich so namhafte Künstler wie Ludwig Hohlwein, Fidus, Siegmund von Suchodolski, César Klein, Max Pechstein und El Lissitzky, um nur einige Namen zu nennen. Die *Pelikan*-Plakate gaben der Avantgarde des Jugendstils, des Expressionismus und Konstruktivismus eine öffentliche Plattform.

Jener tubenbeißende Zornesvogel, jener tintenspeiende Pelikan der Künstler-Plakate, der den Motiven ihre phantastische Bild-Dramatik verlieh, schwächte sich über die Jahrzehnte hinweg zugunsten eines klar umrissenen Verkaufsarguments ab.

Durch die Flut der Bilder, die um die Aufmerksamkeit buhlen, kommt es der Werbung immer stärker darauf an, die Bildaussage auf das Wesentliche zu reduzieren, schnell erfassbar zu sein und weniger Rätsel aufzugeben.

Plakat,
Siegmund von Suchodolski,
1909,
Pelikan-Werke,
Hannover

Pfau

• Er stolziert einher wie ein Pfau.
• Er spreizt sich wie ein Pfau.

Merkmal **Er ist nicht zu übersehen**
Verbreitung **Universell zu verwenden**
Gewohnheiten **Natürliche Werbung durch Radschlagen**

Die herausragendste Eigenschaft des männlichen Pfaus ist es, mithilfe seiner Schwanzfedern ein Rad zu schlagen. Werbung par excellence. Meist geht es um ein Weibchen, das durch diese Geste beeindruckt werden soll. Je farbenprächtiger und imposanter das Federnrad, um so blasser schaut die Konkurrenz aus. Eine dieser Schwanzfedern mit dem Pfauenauge der Dame seines Herzens darzureichen, gehört auch heute noch zum Balzverhalten des menschlichen Männchens.

Mit diesem auffälligen Werbegebaren hat sich der Pfau einen Ruf verschafft, den sonst nur noch der Hirsch für sich in Anspruch nehmen kann.

In Indien wird der Vogel als Lichttier und Sonnensymbol verehrt, im islamisch geprägten Kulturkreis gilt er gar als Sinnbild des Universums. Der persische Schah regierte sein Land vom Pfauenthron aus, inszenierte sich so als Herrscher des Universums. Nur die christliche Tradition, die stärker auf die inneren Werte denn auf das äußere Gepränge orientiert ist, hat dem Pfau nicht nur Freunde verschafft. Er gilt als Symbol selbstgefälliger Eitelkeit.

Zu diesem etwas zweifelhaften Image hat sicherlich auch beigetragen, daß die Pfauen in Europa vor allem als dekorative Tiere die Fasanerien der europäischen Dynastien des 18. Jahrhunderts schmückten, die für das Volk tabu waren.

In der Werbung dient der Pfau als Logo-Tier vor allem bei asiatischen Fluggesellschaften. Der augenblicklich berühmteste Werbe-Pfau aber macht die *Peacock*-Computer und -Monitore zu unverwechselbaren Markenprodukten. Hier ist es vor allem die Differenziertheit der Gefiederfarben, die auf die Wiedergabe-Brillanz der *Peacockschen* Computer-Bildschirme übertragen werden soll.

Produkt:
Personal Computing Peacock Computer GmbH, Wünnenberg-Haaren
Agentur:
Die Werbe Euro-Advertising GmbH, Düsseldorf
Laufzeit:
1986 bis heute
Medien:
Print, TV, Verkaufsförderungsmittel

Pferd

Merkmal	**Der Freund des Menschen**
Verbreitung	**Im Land von Freiheit und Abenteuer**
Gewohnheiten	**Trägt den Menschen neuen Horizonten entgegen**

Vor allem die Geschwindigkeit dieses Huftieres hat die Menschheit von Anbeginn an fasziniert. Das Pferd zu domestizieren, es zum Fahrzeug zu machen, gehört zu den wichtigsten Kulturleistungen. Denn auf dem Pferderücken liegt die Freiheit. Die Kombination des menschlichen Geistes mit der Geschwindigkeit des Pferdes hat den Aktionsradius des Menschen erweitert. Zugleich erhöht sich der Reiter über seine Mitmenschen, er wird zum Ritter. Vorbild sind die Götter, die – wie Mithras und Apollon – am Firmament auf von weißen Pferden gezogenen Streitwagen unterwegs sind oder die – wie Wotan auf seinem achtbeinigen Streitroß – die Kulturlandschaften der Erde durchstreifen.

Die Werbung hält diese Ur-Erfahrung in ihren Pferde-Stories wach. Das Marlboro-Country erzählt die archaischen Geschichten von Freiheit und Abenteuer, die auf dem Pferderücken zu finden sind. Der Cowboy lebt mit seinem Pferdeverstand in symbiotischer Beziehung zur Natur. Pferd und Reiter verschmelzen zu einer Einheit höherer Ordnung, die die Rinder zu reinen Treibetieren werden läßt. Den Herdentieren gegenüber behauptet das Pferd – schwarz oder weiß – seine Persönlichkeit, mit der sich der Cowboy freundschaftlich arrangieren muß, um nicht abgeworfen zu werden.

Diese symbiotische Beziehung und die Erfahrungen, die dabei möglich sind, versuchen auch Automarken für sich symbolisch zu besetzen, wenn etwa *Ferrari* den schwarzen Hengst als Logo führt.

Ferraris haben die Eigenschaft, wie stolze Hengste beherrscht werden zu wollen, um kein Unheil für die Insassen und ihre Umwelt mit sich zu bringen, die aber ihre ganze prachtvolle Leistungsfähigkeit bei verständiger Lenkung entwickeln.

Diese Urerfahrung vom Pferd als dem ersten Fahrzeug des Menschen läßt uns noch heute über die Leistungsfähigkeit von Motoren in Pferde-Metaphern sprechen. Von Pferdestärken ist da die Rede, vom ausdauernden Lauf, von Zuverlässigkeit und Treue, die das Fahrzeug als einen natürlichen Freund des Menschen in Szene setzen.

Das schwarze Pferd gilt in der Mythologie auch als Todessymbol, so stehen die vier apokalyptischen Reiter für Krieg, Tod, Hungersnot und Pest.

- **Das Pferd beim Schwanz aufzäumen**
- **Das hält ja kein Pferd aus.**
- **Die Pferde gehen leicht mit ihm durch.**
- **Mit dem kann man Pferde stehlen.**
- **Keine zehn Pferde bringen mich da nochmal hin.**
- **Er ist unser bestes Pferd im Stall.**
- **Er hat auf das falsche Pferd gesetzt.**
- **Er arbeitet wie ein Pferd.**
- **Er sitzt hoch zu Roß.**
- **Die Sache hat einen Pferdefuß.**
- **Ein Pferd, ein Pferd, ein Königreich für ein Pferd!**
- **Ein braves Pferd stirbt in den Sielen.**
- **Es ist nicht gut, die Pferde zu wechseln, während man den Fluß überquert.**
- **Der Kommunismus paßt zu den Deutschen, wie der Sattel für die Kuh.**
- **Roßkur**

Produkt:
Mustang, Waschmittel, Henkel KGaA, Düsseldorf
Agentur:
Team/BBDO GmbH Werbeagentur, Düsseldorf
Laufzeit:
70er Jahre
Medium:
Print

Produkt:
The magic of fashion; Otto Kern, Kaiserslautern
Agentur:
Hiepler, Valencise, Wackerbarth, Düsseldorf
Photographie:
Horst Wackerbarth
Laufzeit:
seit 1988
Medium:
Print

CREATION IS FUN

Das Beste
Pegasus
Award 92

Der Pegasus Award wurde zum siebenten Mal von DAS BESTE verliehen. Für Anzeigen, die in DAS BESTE erschienen sind.

Sollten Sie an der Broschüre Interesse haben, schicken wir sie Ihnen gerne zu.

Verlag Das Beste GmbH, Telefon 02 11/4 98 79-33.

Produkt:
Marlboro-Cigaretten, Philip Morris Inc., München
Agentur:
Michael Conrad & Leo Burnett GmbH & Co. KG, Frankfurt/M
Medien:
Print, Plakat, TV, Verkaufsförderungsmittel

Anzeigenmotiv, Marlboro-Cigaretten, Philip Morris Inc., München

Das Pferd hat den Aktionsradius des Menschen erweitert, hat aber auch viel Unheil mit sich gebracht, denkt man etwa an die traumatisierende Wirkung, die die Reiterheere der Tartaren im mittelalterlichen Europa anrichteten.

Ganz anders verhält es sich mit dem Schimmel. Er verkörpert die Sonnenseite des Pferdehimmels: das Leben, den Geist, den Sinn und Edelmut, die Reinheit, die Makellosigkeit und die Unschuld. Mit dieser Bedeutungsebene spielte etwa die *Mustang*-Waschmittelwerbung, deren Schimmel über die ausgebreiteten Steppen makellos weißer Wäsche galoppiert und damit das Pferd als Symboltier des Windes wie der Wellen zur *Mustang*-Waschkraft assoziiert.

Produkt:
Brauerei-Pferd, Henninger Brauerei AG, Frankfurt/M

Nette Menschen
trinken Henninger
Henninger
Bräu

Pinguin

Merkmal **Der Frackträger**
Verbreitung **Springt in jedes kalte Wasser**
Gewohnheiten **Lebt niemals allein**

Die Franzosen gaben diesem Clown unter den Werbetieren seinen Namen, indem sie seine runde Leibesfülle besonders betonten. Vom lateinischen „pingius“, also fett, leitet sich der Name Pinguin her. Obwohl sie zur Gattung der Vögel gehören, können sie nicht fliegen. Gut gepolstert, macht ihnen die Kälte der Antarktis nichts aus. Im Gegenteil, sie fühlen sich wohl und nutzen Schnee und Eis, um sich zu amüsieren. Dazu nehmen sie Anlauf, schlagen mit den Flügeln und machen eine Rutschpartie. Pinguine sind sehr gesellig, stehen immer in großen Gruppen beieinander und schnäbeln dabei miteinander. Neben ihren körperlichen Formen und ihrem watscheligen Gang haben es besonders die Farbe und Art ihres Federkleides den Menschen angetan. Der Pinguin erscheint uns so, als trüge er ständig einen Frack. Aufgrund dieser Laune der Natur ist er das ideale Tier, um von dem Menschen mit menschlichen Eigenschaften belegt zu werden, läßt das Tier so menschlich erscheinen, daß wir uns in der Werbung mit ihm identifizieren können. Kinder lieben diese Vögel, ein *Steiff*-Pinguin ziert so manches Kinderbettchen.

Die kleinen stummeligen Flügel dienen dem Pinguin beim Schwimmen zum Rudern, mit seinen Füßen, an denen er Schwimmhäute trägt, steuert er seine Richtung im Wasser. An Land stehen die Pinguine aufrecht und benutzen ihre steifen Schwanzfedern als Stütze.

Kaiser-Pinguine, wie eine Art genannt wird, werden bis zu 34 Kilogramm schwer, Königs-Pinguine sind etwas kleiner und langschnäbeliger.

Produkt:
Tactel-Fasern, ICI, London
Agentur:
Saatchi & Saatchi Advertising GmbH, Frankfurt/M
Laufzeit:
seit 1990
Medium:
Print

Raubkatze

Merkmal **Die Eleganten im Werbe-Zoo**
Verbreitung **Wo immer Werbung auf dem Sprung ist**
Gewohnheiten **So unberechenbar wie faszinierend**

- ***Er ist in die Stadt getigert.***
- ***Tigerlilli***
- ***Er ist ein Tiger.***
- ***Er reitet den Tiger.***
- ***Pack den Tiger in den Tank!***

Produkt:
Neckermann Versand AG, Frankfurt/M
Agentur:
Michael Conrad & Leo Burnett GmbH & Co. KG
Laufzeit:
1992
Medium:
Print

Inzwischen sind Felle von Raubkatzen weitgehend aus der Mode gekommen, ist doch jedem heutzutage bewußt, daß diese herrlichen Tiere in ihrer Existenz bedroht sind. Darüber hinaus unterliegen sie dem Artenschutz, und die Einfuhr der Felle ist strengstens verboten.

Die Werbung hat diesen Tieren einen bedeutenden Platz eingeräumt. Neben ihrem Äußeren sprechen auch andere Verhaltensmerkmale dafür, sie in der Werbung zu verwenden: ihr seltenes Vorkommen, das ihre Individualität unterstreicht, ihre Fähigkeiten, sich mit hoher Geschwindigkeit fortzubewegen, ihre Eigenschaft, quasi aus dem Stand heraus zu einem ungeheueren Sprung ansetzen zu können, ihre Geschmeidigkeit und ihre Doppelexistenz als „schnurrende Katze“ und als mörderisches Raubtier.

Vor allem die Luxusgüter-Industrie bedient sich gern des Prestiges, das diese Katzen im wörtlichen Sinne verkörpern. Die Vorstellung der femme fatale, jener unersättlichen, männermordenden Schönheit, die ihre Opfer in ihren Bann schlägt, klingt hier mit an. So wie die Tiere – wenn man vom Menschen absieht – ohne natürliche Feinde leben,

Tiger, Panther und Leopard sind die bevorzugten Raubkatzen in der Werbung. Es ist vor allem ihr Fell und dessen auffällige Zeichnung, das sie für die Werbung attraktiv sein läßt. Seit alters her gehört Fell zu den ersten Bekleidungsmitteln des Menschen. Die Kräfte und Eigenschaften des Tieres auf den Träger des Fells zu übertragen, ist eines der Motive des Menschen, sich ein Tierfell überzuziehen.

Dieser animistische Zusammenhang spielt in den antiken Sagen eine Rolle. So ist es vor allem Herkules, der sich bei einer seiner Wundertaten, die ihm durch die Götter aufgegeben wurden, ein Löwenfell überstreift und sich damit auch Löwenkräfte aneignet.

Produkt:
Kodak AG, Stuttgart
Agentur:
Young & Rubicam GmbH Werbeagentur, Frankfurt/M
Medium:
Print

Produkt:
Esso AG, Hamburg
Agentur:
McCann-Erickson Frankfurt GmbH
Laufzeit:
seit den 20er Jahren bis heute
Medien:
Print, Plakat, TV, Verkaufsförderungsmittel

so kann es für die Umworbenen eine Wunschvorstellung sein, durch den Erwerb bestimmter Waren gleichfalls zur konkurrenzlosen „Königin" der jeweiligen Szene zu werden.

Die populärste Werbe-Raubkatze aber ist sicherlich der Esso-Tiger. Auch hier geht es in der Werbung um die Analogie der Tiger-Kräfte und den weitgehend unsichtbaren Eigenschaften eines Kraftstoffes. Der Tiger macht diese Eigenschaften sinnlich begreifbar und stellt sie in der vergleichenden Werbung „einleuchtend" dar.

Der berühmte, fast „geflügelte" Werbespruch: „Pack den Tiger in den Tank!" hat die Kraftstoff-Eigenschaften auf den Punkt gebracht, so daß die Marke *Esso* mit dem „inneren Bild" des Tigers dauerhaft assoziiert ist.

Produkt:
Opel, Adam Opel AG, Rüsselsheim
Agentur:
Lowe, Lürzer GmbH Werbeagentur, Düsseldorf
Medium:
Print

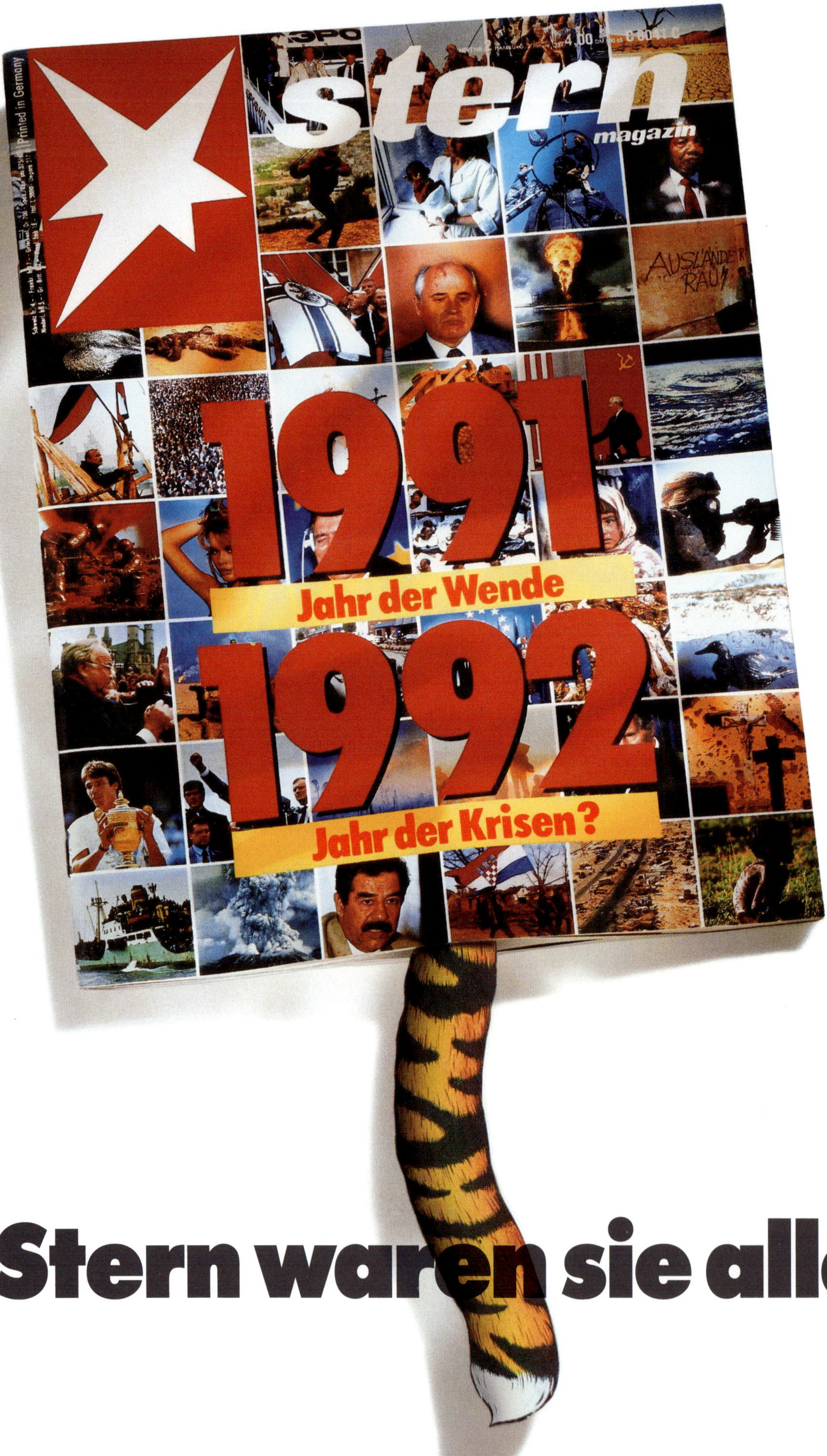

Im Stern waren sie alle.

Die *Gummiwerke* Fulda setzen auf den schwarzen Panther. Panther, wie auch die Reifen des Herstellers, haben nicht nur die Farbe gemein. Der zum Sprung ansetzende Panther läßt Macht und Körperbeherrschung, Zielbewußtsein und Selbstsicherheit assoziieren. Damit sind auch die Eigenschaften angesprochen, die die Konsumenten von einem Reifen erwarten. Er soll es ihnen gestatten, das Fahrzeug souverän zu beherrschen und optimale Sicherheit beim Ausreizen aller Möglichkeiten des Wagens bieten. Die vergleichende Werbung mit dem Panther kommuniziert diese Eigenschaften.

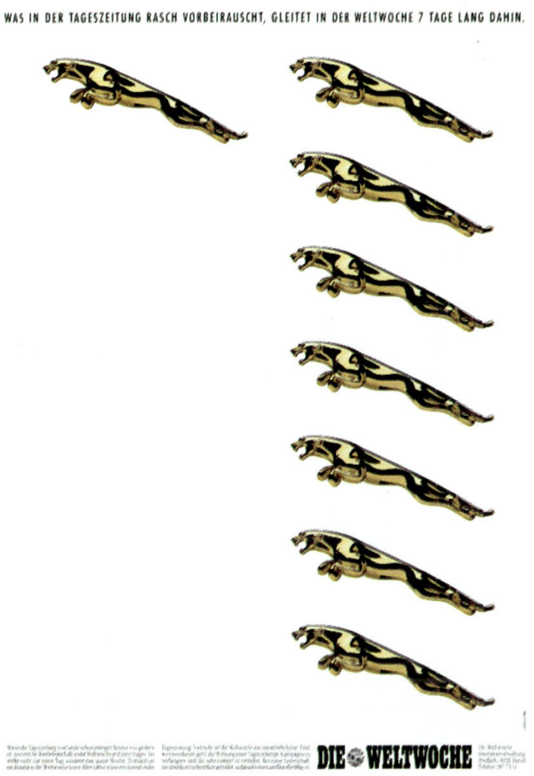

Produkt:
Die Weltwoche, Zürich
Agentur:
Lesch + Frey, Zürich

Produkt:
Mustang Jeans, Mustang Bekleidungswerke GmbH & Co, Künzelsau
Agentur:
Leonhardt & Kern Werbung GmbH, Stuttgart
Laufzeit:
1991
Medium:
Print

Wir haben das
ein paar Jahre

Saurier

Merkmal **Das Werbetier posthum**
Verbreitung **Wo immer es um kollosale Werbung geht**
Gewohnheiten **Wenig anpassungsfähig, ungezügeltes Wachstum**

„Haben Sie schon vergessen, wohin ungezügeltes Wachstum führt ?“ ermahnt die Agentur *BMZ* den Leser ihrer Anzeige für den *Toyota Corolla*. Der kompakte Kleinwagen wird in Konfrontation mit einem gigantischen Saurier gezeigt. Die Anzeige greift das Thema der Grenzen des Wachstums auf. Die Antwort, die die *Toyota*-Werbung hier in Szene setzt: Ökonomie gegen Gigantomanie. Dafür geben die urzeitlichen Riesen ein schlüssiges Bild ab.

In den Jahrmillionen der vorgeschichtlichen Zeit gingen die Saurier unter, weil ihnen von der Natur selbst die Lebensgrundlagen entzogen wurden. Sie konnten sich den für sie zu rasch sich ändernden natürlichen Gegebenheiten nicht anpassen.

Dieses Untergangs-Drama kennt jedes Schulkind, zumal in den 90er Jahren eine wahre Saurier-Manie ausgebrochen ist. Ausstellungen zum Thema Saurier, inszeniert in einer Mixtur aus Gruselkabinett und Information über die Evolution des Lebens auf unserem Planeten, sorgen für Besucherrekorde. Am Ausgang des zweiten Jahrtausends der menschlichen Zivilisation lassen sich Analogien herstellen zwischen dem Schicksal der Saurier und den Gefährdungen der natürlichen Grundlagen auch des menschlichen Lebens.

Die Saurier sind das bekannteste Beispiel zum Thema Auslese und Untergang in der Natur. Dieses negative Beispiel für Darwins Evolutionstheorie des „survival of the fittest“ ist eine einleuchtende Illustration, wenn es darum geht, die Marktwirtschaft als natürliche Wirtschaftsform, ihre Ausleseprinzipien und Überlebensstrategien als Optimierung von technischen Lösungen in Richtung einer Höherentwicklung von Komfort und Anpassung an die vorgegebenen Rahmenbedingungen darzustellen.

Produkt:
Anlagenbau, BBC/ABB, Stuttgart
Agentur:
Leonhardt & Kern Werbung GmbH, Stuttgart
Laufzeit:
1983/84
Medium:
Print

Produkt
Toyota Corolla Range, Toyota Deutschland GmbH, Köln
Agentur:
Baums, Mang und Zimmermann Werbeagentur GmbH & Co. KG, Düsseldorf
Laufzeit:
1988
Medien:
Print, TV

Schaf

Merkmal	**Wollig, kuscheliges Herdentier**
Verbreitung	**Wo Werbung Schäfchen ins Trockene bringt**
Gewohnheiten	**Anschmiegsam**

Das Schaf ist in Europa und in Nordafrika seit der Jungsteinzeit ein beliebtes Haustier. Schafe sind sehr genügsame Tiere. Als Vegetarier und Wiederkäuer sind sie gute Futterverwerter, die sich von Gras, Blättern und Kräutern ernähren. Sie sind sehr widerstandsfähig bei Trockenheit, aber empfindlich gegen Nässe. Schafe werden vom Menschen geschätzt, weil sie ihm rundum von Nutzen sind. Ihre fünf bis sechs Liter Milch, die erwachsene Schafe täglich geben, kann zum Trinken verwandt, aber auch zu Schafskäse und Butter weiterverarbeitet werden. Begehrt ist die Wolle der Schafe, weshalb auch die verschiedenen Rassen dieser Tiere nach dem Charakter ihrer Wolle gezüchtet und benannt werden. Neben Ziegen und Kamelen gehören Schafe zu den größten und begehrtesten Wollproduzenten. Auch einige Pelze dieser Tiere, besonders ausländischer Rassen, haben einen hohen Wert, von trauriger Berühmtheit ist der Persianer, ein Pelz von nur wenigen Stunden alten Karakulschafen.

Aufgrund seiner hohen Bedeutung für Haus und Hof spielt das Schaf in allen menschlichen Kulturen und Mythen eine große Rolle. Die Gottheiten im alten Griechenland zum Beispiel besaßen

- **Die gezählten Schafe frißt der Wolf auch.**
- **Ein räudiges Schaf steckt die ganze Herde an.**
- **Das schwarze Schaf der Familie**
- **Ein verlorenes Schaf**
- **Die Schafe von den Böcken scheiden**
- **Sanft wie ein Schaf**
- **Wer sich zum Schaf macht, den fressen die Wölfe.**
- **Silberne Schäfchen ziehen am Abendhimmel vorbei.**
- **Seine Schäfchen ins Trockene bringen**
- **Ein Schäferstündchen halten**
- **Es sind Schäfchenwolken am Himmel.**
- **Er ist lammfromm.**
- **Das Lamm Gottes**
- **Ich bin satt, mag kein Blatt, mäh, mäh, mäh!**
- **Er hat eine Lammsgeduld.**

Das Wollsiegel-Schaf als Schlüsselanhänger

Produkt:
Wollsiegel, Internationales Woll-Sekretariat, Düsseldorf
Agentur:
Team/BBDO GmbH Werbeagentur, Düsseldorf
Laufzeit:
1991
Medium:
Verkaufsförderungsmittel

Die Heidschnucke Lüpi, die Werbefigur der Holsten-Brauerei

Produkt:
Lüpi, Lüneburger Pilsener, Holsten-Brauerei, Hamburg
Agentur:
Lintas:Hamburg GmbH
Laufzeit:
1990 bis heute
Medien:
Print, Plakat, TV, Hörfunk, Kino, Verkaufsförderungsmittel

Widdergestalt, so etwa bei Hermes und Apollon. Rhea hat, nachdem sie Poseidon gebar, das Kind, um es vor Kronos zu schützen, in einer Schafherde versteckt. Poseidon hat später seine Angebetete Theophane entführt. Da sie umringt war von Freiern, hat Poseidon sie in ein Schaf und sich in einen Widder verwandelt, um von den Verfolgern ungestört, mit ihr die Widderhochzeit des Poseidon feiern zu können. Eine andere Geschichte berichtet, wie in Arkadien Hermes die Schafe eines sterblichen Herren hütete und sich dabei in eine Nymphe verliebte. Folge dieser Liebschaft war ein Kind mit Ziegenfüßen und Hörnern, lachend, fröhlich und lärmend. Seine Mutter war erschreckt und verließ ihn sofort. Da nahm Hermes ihn in den Arm und brachte ihn in den Olymp. Da die Götter Vergnügen an dem kleinen fröhlichen Wesen hatten, nannten sie ihn Pan.

In der christlichen Mythologie ist Jesus symbolisch das Lamm Gottes, das Agnus Dei, was auch die Bezeichnung für einen Bittruf zum Brotbrechen im katholischen wie evangelischen Gottesdienst ist. Das Lamm Gottes wurde oft bildhaft dargestellt, wobei ihm ein Heiligenschein, das Kreuz oder die Kreuzfahne und ein Kelch beigegeben werden.

Das Lamm gilt uns als Inbegriff der Unschuld und Geduld, als diese Figur hat es auch im Märchen und in der Fabel seinen festen Platz. Martin Luther, der nicht nur Kirchenreformer, sondern auch einbegeisterter Fabelerzähler war, berichtet die alte Äsop-Fabel vom Wolf und dem Lamm folgendermaßen:

„Ein Wolf und ein Lämmlein kamen beide von ungefähr an einen Bach, um zu trinken. Der Wolf trank oben am Bach, das Lämmlein aber weiter unten. Als der Wolf das Lämmlein erblickte, sprach er zu ihm: „Warum trübst Du mir das Waser, so daß ich nicht trinken kann?" Das Lämmlein erwiderte: „Wie kann ich dir das Wasser trüben, da du doch über mir trinkst? Eher könntest du es mir trüben." Der Wolf sprach: „Wie? Beschimpfst du mich noch dazu?" Das Lämmlein antwortete: „Ich beschimpfe dich nicht." „Doch", sprach der Wolf, „und dein Vater fügte mir vor sechs Monaten ein Gleiches zu." Das Lämmlein antwortete: „Warum soll ich für meinen Vater büßen?" Der Wolf sprach: „Du hast mir auch meine Wiesen und Äcker abgenagt und verdorben." Das Lämmlein antwortete: „Wie ist das möglich? Habe ich doch noch keine Zähne!" „Ei", sprach der Wolf, „wenn du auch viel schwätzen kannst, so muß ich dennoch heute etwas zu fressen haben!" Und er erwürgte das unschuldige Lamm und fraß es. Diese Fabel zeigt an, daß Gewalt vor Recht geht und wakkere Leute leiden müssen, sollte man gleich den Grund von einem alten Zaun brechen. Wenn man dem Hunde zu Leibe will, so hat er eben das Leder gefressen. Wenn der Wolf es will, so hat das Schaf nun einmal unrecht.

Auch in der Werbung spielt das Schaf eine ausgesprochen respektable Rolle. Als Spender bester Qualitätswolle ist es ebenso geschätzt wie als Inbegriff für Weichheit und Sanftheit. Ein kleines Schäfchen sagt uns, das der Pullover mit dem Wollwaschmittel *Sanso* bei der Wäsche nicht verfilzt. Die Heidschnukke symbolisiert heute zum einen die regionale ländliche Kultur, in der das Bier, dessen Werbetier sie ist, gebraut wird, und sie zeigt, daß Biertrinken durchaus auch noch Domäne des Männlichen ist.

Die traditionellen kulturellen Rollen von Lamm, Schaf und Widder können sich in unseren Zeiten aber durchaus ändern, und so gibt ein optimistisches, recht stolz anmutendes Schaf einem Mann schon mal gute Ratschläge.

Produkt:
Sanso Wollwaschmittel, Procter & Gamble GmbH, Schwalbach
Agentur:
DMB&B D'Arcy Masius, Benton & Bowles Werbeagentur GmbH, Frankfurt/M
Laufzeit:
1960 bis heute
Medien:
Print, TV

Produkt:
März-Strickwaren für Damen und Herren, März München
Agentur:
RG Wiesmeier Werbeagentur GmbH, München
Laufzeit:
1984 bis 1986
Medium:
Print

Schlange

Merkmal **Die ewige Verführerin**
Verbreitung **Überall, wo es eine Versuchung gibt**
Gewohnheiten **Fasziniert ihr Gegenüber**

- ***Schlange stehen***
- ***Eine Schlange am Busen nähren***
- ***Schlangenlinien fahren***
- ***Luftschlangen***
- ***Das ist ein Schlangenfraß!***
- ***Er ist ein Schlangenmensch.***
- ***Schlangengrube***
- ***Sie ist eine falsche Schlange.***

Produkt:
VW Golf Cabrio, Volkswagen AG, Wolfsburg
Laufzeit:
Ende der 80er Jahre

Die Schlnge gehört zu den geheimnisvollsten Tieren, denn sie bewegt sich ohne Beine über die Erde, schlüpft aus Eiern wie die Vögel, häutet sich periodisch und kann als einziges Tier sich selbst in den Schwanz beißen. Zudem tötet sie ihre Beute durch Gift. Diese Eigenschaften haben dazu geführt, daß sie in zahlreichen Mythen und in fast allen menschlichen Kulturen eine Sonderstellung einnimmt.

Die Schlange war es, die Eva dazu überredete, Adam zum Genuß der verbotenen Früchte zu verführen: „Ihr werdet mitnichten des Todes sterben; sondern Gott weiß, daß, welchen Tages ihr davon esset, so werden eure Augen aufgetan, und werdet sein wie Gott, und wissen, was gut und böse ist." Die Schlange verkörpert Weisheit, aber sie redet auch mit gespaltener Zunge. Ihr Gift kann Heilung und Verderben bringen, dies symbolisiert das alte Zeichen, das auf den griechischen Gott der Heilkunst Äskulap zurückgeht und bei dem sich um einen Stab zwei Schlangen winden. So ist sie als Gegenspielerin des Menschen sowie als Hüterin heiliger Bezirke in der Kulturgeschichte zu finden. Ihre Fähigkeit zur Häutung wird als Symbol ewiger Jugend interpretiert, ihre Fähigkeit, sich selbst in den Schwanz zu beißen, als Symbol der Ewigkeit. Zugleich gilt sie als Sexualsymbol sowohl des Männlichen wie auch des Weiblichen. In vielen Darstellungen umschlingt eine Schlange ein Ei. Das Ei gilt als Keim des Lebens und Fruchtbarkeitssymbol, in mythischen Vorstellungen vieler Kulturen enthält dieses Weltenei die Totalität aller schöpferischen Kräfte. Ist es von einer Schlange umschlungen, so verkörpert sie die Zeit, die diese Kräfte entfaltet oder auch nicht.

Die Traditionslinien lassen sich von den Mythen und Sagen, über die Bibel und die christliche Symbolik bis zur Schlange Kaa aus dem „Dschungelbuch" verfolgen. Die Werbung nutzt diesen Assoziations-Hintergrund, und setzt ihn ins Bild. Die um den Baum sich ringelnde Schlange ist in der christlichen Symbolik das Motiv für den Sündenfall, wer kann auch schon einer solchen Versuchung widerstehen.

Vom Bleistift zum Leuchtmarkierer

Bild und Wort leiten sich aus dem Namen des Firmengründers Gustav Schwanhäußer ab. Seine Familie, die das Unternehmen heute in der vierten Generation führt, stammt aus dem Ort Schwanhausen an der fränkisch-thüringischen Grenze.

Richtungsweisende Innovationen charakterisieren Geschichte und Gegenwart der Firma:
So zum Beispiel 1875 die Erfindung des später weltweit verwendeten, farbig schreibenden Kopierstiftes, 1925 die Einführung des damals einzigartigen Dünnkernfarbstiftes, 1927 die Entwicklung des ersten holzgefaßten Kosmetikstiftes der Welt, 1961 die Entwicklung der ersten blauadäquaten schwarzen Kugelschreiberpaste, 1971 die pionierhafte Erfindung einer neuartigen Leuchtstofftinte und die Einführung des STABILO BOSS, 1990 die Entwicklung des STABILO BOSS refills als erstes über die Spitze nachfüllbares Highlighter-Refill-System der Welt.

Das Bild des Schwans ist seit jeher Gütezeichen und Schutzmarke des Unternehmens und seiner Produkte. Im Firmenzeichen spiegeln sich Kontinuität, Tradition und Innovation wider. Es steht als Synonym für Qualität hochwertiger Markenschreibgeräte. Farben, Schriftzüge und Symbole haben trotz wandelnder Zeit- und Stilrichtungen ihren ursprünglichen Charakter bewahrt und sind unverändertes Erkennungsmerkmal des Hauses Schwan-STABILO geblieben.

ca. 1925

ca. 1930

ca. 1950

ca. 1960

bis 1987

seit Jan. 1988

Schwan

Merkmal **Der majestätische Werbevogel**
Verbreitung **Im Kielwasser der Mythen**
Gewohnheiten **Stolz und selbstbewußt**

Schwan-Stifte, Packungs-Etikett, England, ca. 1920

Der Schwan steht in erster Linie für Anmut, Vornehmheit und Mut. Er gilt als Symbol des Lichtes und der Reinheit, besitzt aber auch die übersinnliche Fähigkeit, den Tod anzukündigen. Sein Gesang klingt, ganz im Gegensatz zur äußeren Erscheinung, klagend und jammervoll. Als Schwanengesänge werden deshalb auch die letzten Werke und Worte eines Menschen bezeichnet.

In der Werbung taucht der Schwan auf den Produkten der Firma *Schwan-Stabilo* an prominenter Stelle auf. Er leitet sich ganz direkt vom Namen der Bleistift-Fabrikantenfamilie Schwanhäußer ab, die seit 1865 ihre Produkte mit dem Schwan als ihrem Gütesiegel und Markenzeichen versieht.

Die Kopierstifte aus dem Hause *Schwan* wurden 1875 patentiert und begannen ihren Siegeszug um die ganze Welt. Der Schwan spielte dabei auf den Packungs-Etiketten und Trennblättern eine zentrale Rolle. Reich ornamentiert wird er als majestätisches Tier in Szene gesetzt. Der Schwan zieht unter phantastischen Namen seine Bahnen auf den vom Winde leicht gekräuselten Teichen, so wie die Stifte über das Papier gleiten und ihre fließenden Linien hinterlassen.

Der wohl wichtigste Schwanenmythos stammt aus der Antike und erzählt die Geschichte von Zeus, der sich in Schwanengestalt der Leda nähert. Aus dieser Verbindung gehen Kastor und Pollux, Klytämnestra und Helena, deren Raub durch Paris den Trojanischen Krieg auslösen sollte, hervor. „Leda“ bedeutet im Kretischen soviel wie „Frau“, und der „Schwan“ gilt als heiliges Tier einer ursprünglich matriarchalischen Ordnung. Dieser

Produkt:
Documenta IX
Laufzeit:
1990-1992
Medium:
Corporate Identity

DOCUMENTA IX

Schwan-Stifte, Packungs-Etikett, England, ca. 1920

Diverse Aufsteller für Schwan-Stabilo, ca. 1920 bis 1950

Mythos des Geschlechterkampfes um den Vorrang läßt sich durch die gesamte Kunstgeschichte verfolgen.

Der andere Mythos – aus dem Parzival-Komplex – erzählt, wie Lohengrin – von Schwänen gezogen – nach Brabant kommt, um dort für die Ehre der Herzogin zu kämpfen, sich nach gewonnenem Zweikampf mit ihr zu vermählen. Über seine Herkunft gebietet er Stillschweigen. Als die Gattin aber immer wieder auf ihn eindringt, bekennt er sich und benennt Parzival als seinen Vater. Daraufhin verschwindet er für immer – von seinen Schwänen begleitet – aus den Augen der trauernden Herzogin. Diese phantastischen Mythen umgeben den Schwan mit der Aura eines großen Geheimnisses.

Vielleicht wurde er deshalb auch zum Logo-Tier der *documenta 9* in Kassel, zusammen mit seinem Alter Ego, dem schwarzen Schwan, erkoren, weil bis zur Eröffnung das öffentlich inszenierte Geheimnis um das Konzept der Documenta-Ausstellung nicht gelüftet wurde.

Schwein

Merkmal	**Nackt und rosa wie der Mensch**
Verbreitung	**Überall, wo man Schwein braucht**
Gewohnheiten	**Bringt Glück**

„Sie sind klug wie Delphine, zart und ausdauernd in der Liebe und sensibel genug, um es nicht mit jedem oder jeder zu treiben. Sie sind verspielt und genußsüchtig, frech und anhänglich, gute Läufer, ausgezeichnete Schwimmer und wären des Menschen bester Freund, erschräke dieser nicht vor seiner Ähnlichkeit mit dem sprachverwandten Borstentier. Es wäre nicht das erste Mal, daß Ähnlichkeit zu erbitterter Feindschaft geführt hätte," schreibt die Schriftstellerin Cora Stephan.

Jedes Schwein hat zwei Seiten: einerseits ist es Fruchtbarkeits- und Glückssymbol, andererseits gilt es als Symbol der Verrohung, der Völlerei und der Unkeuschheit. Wegen dieses schweinischen Durcheinanders teilten die Ägypter die Schweinewelt in die gute Sau und den bösen Eber.

Die Ablehnung des Schweines als dem unreinen Tier bei Juden und Moslems hat zwei ganz praktische Gründe: einerseits ist Schweinefleisch in heißem Klima schnell verderblich, zum anderen ist das Schwein als „Treibetier" für die Tierhaltung von Nomaden gänzlich ungeeignet.

„Mehr Schwein" hatte das Borstenvieh mit den Griechen, Römern, Kelten und Germanen. Es war ein bevorzugtes Opfertier und bei den Kelten galt das Wildschwein als Symbol der Krieger- und Priesterkaste. Unvergessen sind die Gelage von Asterix und Obelix in jenem kleinen gallischen Dorf, in dem bei jeder sich bietenden Gelegenheit diese Leib- und Magenspeise aufgetischt wurde.

Die Redewendung vom „Schwein haben" übrigens erklärt sich so: Wer bei mittelalterlichen Wettspielen auf dem letzten Platz landete, und deshalb eigentlich unverdientermaßen einen Preis erhielt, bekam ein Schwein. Er habe „Schwein gehabt", wurde spöttisch angemerkt. Es ist einfach das Schicksal des Schweines, zu Lebzeiten verspottet und als Schweinebraten verehrt zu werden.

Wegen ihrer zahlreichen Nachkommenschaft von rosigen Ferkeln gilt die Sau als Glücksbringer, weshalb heute vor allem Lotterien ungern auf eine Schweinerei in ihrer Werbung verzichten. So sind denn Otto vom Lotto und seine Artgenossen schnüffelnd und grunzend auf der Suche nach dem verborgenen Schatz. Denn Schweine haben eine gute Nase, deshalb werden sie nicht nur zur Trüffelsuche eingesetzt, sondern kontrollieren heutzutage an den

- **Er hat Schwein gehabt.**
- **Haben wir etwa zusammen Schweine gehütet?**
- **Er ist ein armes Schwein.**
- **Da haben wir das falsche Schwein geschlachtet.**
- **Es kümmert sich kein Schwein darum.**
- **Das versteht kein Schwein.**
- **Daraus wird kein Schwein schlau.**
- **Du bist ein kleines Schweinchen!**
- **Das ist eine riesige Schweinerei!**
- **Es sieht hier aus wie im Schweinestall.**
- **Das ist eine Schweinigelei.**
- **Das Glücksschwein**
- **Du bist ein altes Ferkel!**

Produkt:
Merz. Pharma GmbH & Co., Frankfurt/M
Agentur:
Publis-Vicom Werbeagentur GmbH, Frankfurt/M
Laufzeit:
1990
Medium:
Plakat

Grenzen ganze LKW-Ladungen auf der Suche nach Rauschgift. Ein weiterer Beweis dafür, daß die angebliche Dummheit des Schweines nur auf Vorurteile gegründet ist.

In der Gestalt von Sparschweinen betätigen sie sich als Schatzhüter, ohne jedoch dem tödlichen Schicksal zu entgehen. Erst werden sie mit kleiner Münze gemästet bevor sie dann geschlachtet werden und ihren wahren Wert posthum offenbaren.
So ungerecht kann es Schweinen ergehen.

Werbeschweine wühlen natürlich nicht im Dreck, suhlen sich nicht im Schlamm oder durchstöbern den Abfall nach Verzehrbarem. Die Werbung läßt in puncto Borstenvieh kaum jemals die Sau raus, das Werbeschwein ist sauber und adrett mit seinem geringelten Schwänzchen, schaut listig aus der Wäsche und wird zum liebenswerten Maskottchen vermenschlicht. Wir haben es halt zum Fressen gern. Denn zumindest die Nacktheit und das zarte Rosa der Haut verbindet Mensch und Schwein.

Produkt:
IZE - Informationszentrale der Elektrizitätswirtschaft e.V., Frankfurt/M
Agentur:
A.B.S. Werbeagentur GmbH, Frankfurt/M
Laufzeit:
1991
Medium:
Print

Vögel

Merkmal **Mittler zwischen Himmel und Erde**
Verbreitung **Vor allem im Luftraum**
Gewohnheiten **Fliegt mit Airlines rund um den Globus**

„Am Anfang", so schreibt die Bibel, „schuf Gott Himmel und Erde. Und Finsternis lag über dem Urmeer und der Geist Gottes schwebte über den Wassern." Aber nicht nur das Christentum, alle Kulturen sehen in den Vögeln den Vermittler zwischen Himmel und Erde. Sie sind die Verkörperung des Immateriellen, der menschlichen Seele. Die Seele eines Menschen, so sagt eine alte Vorstellung, lebt nach dessen Tod als Vogel weiter. Die Psychoanalyse kennt sie als Symbole der Transzendenz, sie bedeuten Veränderung, geistige Aspiration und Grenzenlosigkeit geistiger Freiheit. Sie sind Traumzeichen, die andeuten, daß der Mensch sein höchstes Ziel erreichen kann, die Verwirklichung seines individuellen Selbst. Daß es dabei auch Ausrutscher geben kann, berichtet Äsop in seiner Fabel, die uns lehrt, sich beim Selbstfindungsprozeß nicht mit fremden Federn zu schmücken:

„Zeus beschloß, den Vögeln einen König zu geben. Daher setzte er eine Versammlung an; in dieser wollte er den schönsten zum König machen. Da eilten alle Vögel zum Fluß, um sich zu säubern und zurechtzuzupfen. Auch die Krähe kam, und da sie sich ihrer Häßlichkeit bewußt war, sammelte sie die Federn, die den andern Vögeln bei ihrem Putz entfielen, und fügte diese dem eigenen Gefieder ein.

- **Nachtigall, ick hör dir trapsen!**
- **Eulen nach Athen tragen**
- **Eine Schwalbe macht noch keinen Sommer.**
- **Lust und Liebe sind die Fittiche zu großen Taten.**
- **Es muß auch solche Käuze geben.**
- **Er ist ein seltener Vogel.**
- **Selten wir gesehen haben, schwarze Schwanen und weiße Raben.**
- **Sich mit falschen Federn schmücken**
- **Mögen die Federn der Diplomaten nicht wieder verderben, was das Volk mit so großer Anstrengung errungen.**
- **Die diebische Elster**
- **Friß Vogel oder strib!**
- **Er hat den Vogel abgeschossen.**
- **Der Vogel ist ausgeflogen.**
- **Du hast ja einen Vogel!**
- **Eine Vogelfluglinie**
- **Eine Vogel-Strauß-Politik**

Produkt:
Vitakraft-Werke Wührmann & Sohn KG, Bremen
Agentur:
J. Lambert Coldewey Werbeagentur GmbH, Bremen
Laufzeit:
1991
Medien:
Print, Display

PIA-
Pakistan
International
Airlines,
Frankfurt/M
Anzeigenmotiv
1992

Produkt:
Agentur-Plakat
Agentur:
Wagner Ufer und Compagnie Werbung GmbH, Frankfurt/M
Laufzeit:
1992

Eisvogel
Produkt:
Licher Bier, Licher Privatbrauerei, Lich
Agentur:
TBWA Tragos Bonnange Wiesendanger Ajroldi GmbH, Frankfurt/M
Laufzeit:
seit 1991
Medien:
Print, Plakat, TV

So kam es, daß sie viel bunter aussah als alle anderen Vögel. Dem Zeus aber gefiel sie, und er wollte sie zum König machen. Da gerieten die anderen Vögel in Zorn: sie stürzten sich auf sie, und jeder entriß ihr die eigenen Federn. Und die Krähe war wieder eine Krähe."

Die verschiedenen Vögel sind für uns von hoher symbolischer Bedeutung, besonders der Adler, der Eisvogel, die Elster, die Ente, der Fasan, der Hahn und die Henne, der Milan, die Nachtigall, der Pfau, der Pelikan, der Phönix, der Pirol, der Rabe, die Schwalbe, der Schwan, der Specht, der Sperber, der Storch, die Taube und die Wachtel.

Im Altertum ordnete man die Tauben aufgrund ihres ausgeprägten Liebesspiels und ihrer Fruchtbarkeit der Göttin der Liebe zu. Später wird sie zur Metapher für die Geliebte, im hohen Lied nennt Salomon seine Sulamith „meine Schwester,

Produkt:
Glasurit-Lacke, Glasurit Bautenanstriche
Agentur:
Agenta Werbeagentur GmbH & Co. KG, Münster
Laufzeit:
seit den 20er Jahren
Medium:
Corporate Identity

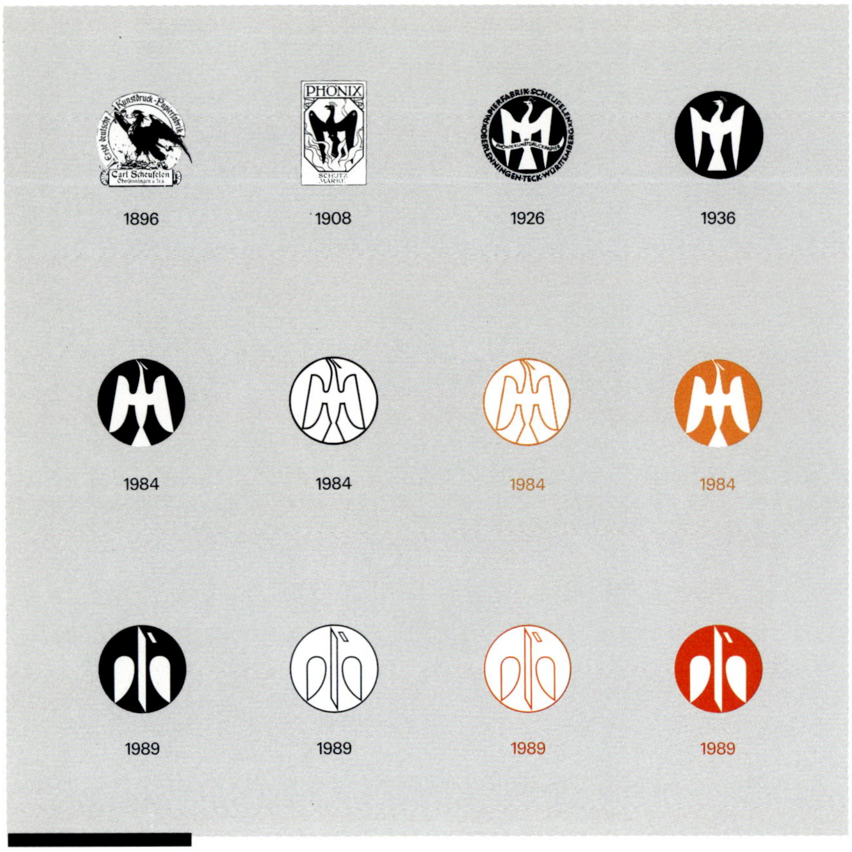

Markenzeichen
Produkt:
Papierfabrik Scheufelen GmbH & Co. KG, Lenningen
Laufzeit:
seit 1892 bis heute
Medien:
Print, Verkaufsförderungsmittel

meine Taube, meine Fromme“. Nach griechischer Vorstellung hat die Taube keine Galle und gilt darum als Sinnbild der Sanftmut, der Unschuld und der Frömmigkeit. Im Christentum erscheint Jesus der heilige Geist als weiße Taube. Sie ist der Bibel zufolge Noah mit dem Ölzweig erschienen, um ihm das Ende der Sintflut zu verkünden. Die Taube gilt bis heute als Symbol der Versöhnung, des Friedens und der Erneuerung, auch der Ewigkeitshoffnung.

„Eulen nach Athen tragen“ sagt man zu einer völlig überflüssigen Handlung, weil in Athen nach der griechischen Sage schon so viele Eulen sind. Sie waren der Schutzgöttin der Stadt Athen heilig. Seit dem Altertum gilt sie als Attribut der Weisheit, denn sie gilt – weil sie im Dunkeln sieht – als scharfsinnig. Die Eule galt auch Äsop als kluges und weises Tier, das anderen Vögeln rät, sich nicht in einer Eiche einzuquartieren, denn in diesem Baum wächst auch die Mistel, mit der die Menschen Vogelnester fangen.

Große, kräftige und majestetische Vögel wie der Adler oder der Milan sind häufig Totemtiere, die in der Rolle des Wappens, Logos oder Maskottchens die Identität des einzelnen mit seiner Gruppe repräsentieren.

Mit dem Eisvogel verbinden wir großes Glück, denn er erinnert uns an „halykonische Tage“ voll Frieden und Ruhe. Diese Erinnerung geht zurück auf eine griechische Sage, die erzählt, daß sich Halykone ins Meer stürzte, nachdem ihr Gatte auf See umgekommen war. Die Götter waren daraufhin so gerührt, daß sie die beiden in Eisvögel verwandelten.

Ein durchaus zwiespältiges Symboltier ist der Kuckuck. Weniger respekteinflößend, aber dennoch sehr liebenswert erscheint der Kuckuck im alten Griechenland, den man nicht so ganz ernst nimmt, aber dessen Optimismus man schätzt. Er lebt in den Wolken und baut „Wolkenkuckucksheime“, wie Aristophanes in seiner Komödie „Die Vögel“ schreibt. Und ins gleiche Horn stößt Äsop: „Der Kuckuck fragte einst die kleinen Vögel: ‘Warum fliegt ihr vor mir?’ Die antworteten: ‘Oh, wir wissen wohl: Wenn du groß geworden bist, bist du ein Habicht.’“

Wir kennen in unserem Sprachgebrauch auch das Kuckucksei, das einem ins Nest gelegt wird. Es geht auf die Angewohnheit dieses Vogels zurück, die eigenen Eier einem anderen Vogelelternpaar ins Nest zu legen. Der Jungkuckuck schlüpft dann nach 12 Tagen aus und wirft seine Stiefgeschwister aus dem Nest, so daß er ohne Futtermitbewerber aufwachsen kann. Hört man Kuckucksrufe im Wald, dann bedeuten die Anzahl der Rufe, dem, der zu hören versteht, Lebensdauer, Reichtum und Auskünfte über eine bevorstehende Heirat.

Und warum macht eine Schwalbe noch keinen Sommer? Auch dieser Ausspruch geht auf eine Geschichte von Äsop zurück: „Ein liederlicher Jüngling vertat sein ganzes väterliches Erbe, so daß ihm schließlich nur noch ein Mantel blieb. Als er spazieren ging, sah er eine Schwalbe, die vor der Zeit aus dem Süden zurückgekehrt war. Da glaubte er, es sei schon Frühling und er brauche jetzt keinen Mantel mehr. Also verkaufte er auch den. Aber auf einmal schlug das Wetter um, und es wurde wieder bitter kalt. Als er nun spazieren ging, fand er die Schwalbe tot am Strande liegen. Da sagte er: „Oh Schwälblein, du hast dich und mich zugrunde gerichtet.“

Michael K. Wustrack

Die Bedeutung des Vogels für die Luftfahrt

Mythos und Realität, Symbol und Emblem

Lufthansa-Kraniche
Produkt:
Deutsche Lufthansa
Agentur:
Young & Rubicam GmbH , Frankfurt/M

„Du siehst, wie die gegen die Luft geschlagenen Flügel den schweren Adler auf höchster, dünnster Luft schweben lassen, nahe dem Element des Feuers (...); so daß der Mensch, indem er sich dem Widerstand der Luft entgegensetzt und ihn überwindet, mit seinen großen zusammengefügten Flügeln die Luft unterjochen und sich über sie erheben könnte..." Während Leonardo da Vincis Gedanken zum Adler- und Menschenflug um 1500 noch von falschen Analogien ausgehen, dem Menschen mit einfachem Flügelschlagen es zu ermöglichen zu fliegen, lassen Jakob Krisevers Vorstellungen „über meine Erfindung, einen Luftballon durch Adler zu regieren" (Wien, 1801) einen gewissen flugtechnischen Fortschritt erkennen, in dem er die Antriebskräfte dieses Königs der Vögel dazu nutzen will, jene gerade erst 1783 erfundene Flugtechnik nach dem Prinzip „leichter als Luft", Montgolfiere und Charliere, von den Kräften des Windes unabhängig, beziehungsweise lenkbar zu machen. Urzeitliche Vorstellungen und Wirklichkeit verweben sich untereinander, indem der Vogel zum Symbol der menschlichen Seele wird; schon bei den fast vierzigtausendjährigen Malereien der Grotte von Lascaux finden wir diese Vorstellung in der Zeichnung eines vom Stier getöteten Menschen, über dem ein Vogel dargestellt ist, der wohl die Seele des Verstorbenen symbolisieren soll.

Der „Traum vom Fliegen", sich Göttern und Vögeln gleich in die Lüfte zu schwingen, ist so alt wie die Menschheit selbst. Das in diesem Traum zweifach angelegte Bestreben, die Erdenschwere verlassen und die Fesseln des irdischen (gesellschaftlichen) Daseins abwerfen zu können, findet im Mythos seinen klassischen, unsterblichen und zugleich ambivalenten Ausdruck. Während es Dädalus gelingen soll, seinen Erstflug mit wachsverkleideten Vogelfedern für die Menschheit erfolgreich zu absolvieren, scheitert Ikarus „vom Drang nach dem Himmel ergriffen" wohl an seiner eigenen Überheblichkeit und stürzt in das später nach ihm benannte Meer. Kein Märchen also, in dem sich alles in Wohlgefallen auflöst, sondern lebendig gebliebener Mythos, der auf die Realität verweist, in der es auch ein Scheitern gibt, in der Sieg und Niederlage nebeneinander möglich sind. Heute, da sich der „Traum vom Fliegen" aufgrund seiner Verwirklichung durch die moderne Flugtechnik erfüllt hat, – oder soll man sagen: „scheinbar erfüllt hat"? – erfährt er noch immer seine stärkste und vielfältigste Umsetzung in den kreativen Ausdrucksmitteln der bildenden Kunst. Und so lassen sich gerade in der Gegenwartskunst speziell der 80er und 90er Jahre, in ihren subjektiven Projektionen von Bedrohungen, Wünschen und Hoffnungen erneut der Ikarus-Mythos und verwandte Motive (Engelssturz, Euphorien, Metaphern des Fliegens und Schwebens allgemein) erkennen.

Stehen die genialen flugtechnischen Entwürfe und Flügelzeichnungen Leonardo da Vincis und die mit Flügelapparaten durchgeführten Flugexperimente der sogenannten „Vogelmenschen" im 18. und 19. Jahrhundert noch ganz in der Tradition des Ikarus-Mythos – das Scheitern ihrer aviatischen Bemühungen ist aufgrund eines physiologischen Irrtums geradezu vorprogrammiert und trägt nicht selten tragikomische Züge, wie auch im Falle des „Schneiders von Ulm" (Albrecht Ludwig Berblinger), dessen Flugversuch mit einem selbstkonstruierten Flügelapparat unter dem Hohngelächter einer tausendköpfigen Menge im Jahre 1811 buchstäblich ins Wasser fällt – so bringen die grundlegenden Forschungsergebnisse Otto und Gustav Lilienthals die Wende in der Flugtechnik nach dem Prinzip „schwerer als Luft". „Der Vogelflug als Grundlage der Fliegekunst – Ein Beitrag zur Systematik der Flugtechnik",

Logo der American Airlines, Luftfahrthistorische Sammlung der Flughafen Frankfurt Main AG

Gulf Air, Bahrain, Luftfahrthistorische Sammlung der Flughafen Frankfurt Main AG

1883 in Berlin von Otto Lilienthal, dem in der Folgezeit genialen Flugpionier, veröffentlicht, beschreibt erstmals „das Grundprinzip des freien Fluges“ und leitet gleichzeitig den rasanten Siegeszug des Flugzeugs in unserem Jahrhundert ein. „Die Beobachtung der fliegenden Tiere lehrt, daß es möglich ist, mit Hilfe von Flügeln, welche eigentümlich geformt sind (Flügelprofil und Auftrieb), und in geeigneter Weise durch die Lüfte bewegt werden, schwere Körper in der Luft schwebend zu erhalten und nach beliebigen Richtungen mit großer Geschwindigkeit zu bewegen“ (Auftrieb und Lenkung).

Es nimmt von daher nicht wunder, daß sowohl in der Frühzeit als auch in der fortgeschrittenen Entwicklung des Luftverkehrs bei zahlreichen Flugzeug-Typen und -Konstruktionen geradezu die gesamte Spezies der Vögel Pate steht und dies gleichermaßen beim motorisierten und nichtmotorisierten Flugzeugbau: Taube, Albatros, Schwalbe, Storch, Meise und Reiher benennen letztlich das formale Grundmuster des jeweiligen Flugzeug-Typs. Verkehrsflugzeuge der 20er und 30er Jahre trugen Vogelnamen wie Möwe *(A 17)*, Kiebitz *(S 24)*, Habicht *(A 24)*, Bussard *(A 32)*, Sperber *(A 33* – alle Flugzeugmuster aus der Produktion der *Focke-Wulf Flugzeugbau AG*, Bremen) und Adler *(L 83 – Albatros-Flugzeugwerke* , Berlin – Johannisthal). Während das erste vier motorige Nordatlantik-Verkehrsflugzeug (1938), die *Focke-Wulf FW 200* den stolzen Beinamen „Condor“ trägt und sich durch formale Eleganz auszeichnet, läßt das riesige Flugboot des amerikanischen Multimillionärs Howard Hughes, die legendäre „Spruce Goose“ (heute zu besichtigen in Long Beach, California), in der Tat an die Plumpheit einer Gans zu Wasser und zu Lande erinnern. Im Segelflugzeugbau der 30er bis 50er Jahre stehen Vogelnamen wie Rhönadler, Rhönbussard, Seeadler, Rhönsperber, Condor, Habicht, Reiher, Weihe, Meise und Phönix geradezu synonym für deren als hervorragend zu bezeichnende Gleitflugeigenschaften.

Daß sich heute Vögel als Symbol der Aviatik im wesentlichen nurmehr in der Emblematik der Airlines des internationalen Luftverkehrs wiederfinden lassen, liegt in der oben beschriebenen Tradition begründet: „Vogel“ und „Fliegen“ stehen nach wie vor gleichbedeutend für vogelfreie, grenzenlose und interkontinentale Freiheit, semantisch „überhöht“, für den „Traum vom Fliegen“, fernab jeglicher technischer Realisation. Dabei drückt sich diese menschliche, traumhafte Seite in der Entwicklung des Luftverkehrs unverkennbar in den sich von den Anfängen der Verkehrsfliegerei bis heute formal wandelnden Abzeichen der Airlines-Piloten und des Servicepersonals, den sogenannten „Wings“ (Schwingen), aus. Darüber hinaus tragen unzählige Airlines Vögel als Logo, ganz naturalistisch, national überhöht oder als stilisiertes Symbol. Von Fluggesellschaften, deren Firmennamen mit Vogelnamen identisch sind z. B. *Condor*, Chartertochter der *Deutschen Lufthansa, Eagle Air, Island, British Eagle*, USA, *Aero Condor*, Peru einmal abgesehen, spielen oft in der Darstellung der jeweils nationalen Airlines-Emblematik die jeweiligen national vorherrschendenVögel eine entscheidende Rolle. So identifizieren sich fast sämtliche Fluggesellschaften der USA, angelehnt an das Hoheitszeichen der Vereinigten Staaten, mit dem Adler. Beliebt ist hier verständlicherweise die besondere Spielart des Weißkopfadlers (zum Beispiel *American Airlines, Continental Airlines, Capital Airlines).* Verschiedentlich lassen sich aber auch Falken in nordamerikanischen Airlines-Signets finden. Dagegen scheint bei kanadischen Fluggesellschaften die Gans zu dominieren *Eastern Provincial Airways, Canadian Airways Ltd* oder *Canadian Pacific Airlines).*

Egypt Air, Ägypten, Luftfahrt-historische Sammlung der Flughafen Frankfurt Main AG

Japan Air Lines, Japan, Luftfahrt-historische Sammlung der Flughafen Frankfurt Main AG

Avianca SVC. Pasajeros, Kolumbien, Luftfahrt-historische Sammlung der Flughafen Frankfurt Main AG

Während Südamerika, vor allem in den Andengebieten seine aviatische Tradition im wesentlichen auf den „Flug des Condor“ bezieht, erscheinen in mittelamerikanischen Airlines-Emblemen auch Adler und Habicht.

Die Airlines der arabischen Welt lassen vorwiegend in beeindruckenden heraldischen Darstellungen den Wüstenfalken seine Kreise ziehen. *(Egyptair, Syrian Arab Air, Yemenia,* oder *Royal Flight,* Abu Dhabi). *Kuwait Airways* dagegen führt die Seemöwe in ihrem Emblem.

Die weltweit in reicher Zahl anzutreffenden geflügelten Fabelwesen wie Löwen, Elefanten, Antilopen oder Seepferdchen, die der Vogelwelt der Airlines zweifellos nicht zugeordnet werden können, beiseite lassend, sollen hier abschließend noch drei ausgesprochene Exoten der Airlines-Vogelwelt Erwähnung finden: der Pfau *(Airlanka,* Sri Lanka, *Air Hongkong Ltd,* Honkong), der Pinguin *(Austral Lineas Aereas,* Argentinien) und der Kranich. Daß die japanische Fluggesellschaft *Japan Air Lines* den Kranich in ihrem Signet führt, darf nicht verwundern, existieren doch in Japan noch heute rund 45 Familiensymbole mit Kranichfigurationen.

Für die *Deutsche Lufthansa (DLH)* besitzt der Kranich eine besondere Bedeutung. Seit ihrer Gründung im Jahre 1926 führt sie ihn als Firmensymbol. Vom damaligen Werbechef Otto Firle bereits 1918 für die *Deutsche Luft-Reederei,* Berlin, geschaffen, identifiziert sich die *Lufthansa* mit diesem über Jahrzehnte hinweg fast unveränderten Firmenzeichen auch heute noch. Mit dem Kranich wird die *DLH* auch weltweit von ihren Kunden und der Öffentlichkeit identifiziert. Mit ihm, der als Symbol der Wachsamkeit, der Weisheit, des Glücks und des langen Lebens gilt, werden Fruchtbarkeit und Mutterliebe, Lebensfreude und Kaufmannstugend, Treue und Demokratie assoziiert. Im Fernen Osten gilt der Kranich als heiliges Tier, als Medium der Reinkarnation und als Reittier der Unsterblichen.

TELEFONLISTE GGK FRANKFURT Juli 1992
GGK Telefon: 63 30 08-0, Fax: 63 30 08-64, Fax Media: -72, Fax RZ: -38

52	Boullon	Frank	
66	Bruch	Manfred	
35	Brünig	Robert	
43	Carus	Nina	
20	Dünnewald	Andreas	
30	Ehrlich	Katja	
32	Eller	Natalie	
55	Endara	Martin	
66	Fassing	Edgar	
40	Förch	Susanne	
75	Fuchs	Oliver	
73	Gdanitz	Conny	
21	Goyne	Martin	
47	Harris	Hiltrud	
48	Heid	Regina	
23	Hoffmann	Torsten	
41	Jelko	Dorothea	
39	Kaspars	Wally	
54	Lange	Ralph	
67	Langer	Annettte	
58	Lörcher	Christof	
56	Marzinzik	Conny	
49	Nicolai	Angelika	
32/41	Opatz	Wilhelm	
33	von Pelser	Annette	
65	Pobloth	Viola	
22	Reiser	Markus	
71	Romatka	Conny	
26	Schalt	Uli	
39	Schiffer	Susanne	
28	Schilling	Petra	
74	Schlosser	Christine	
30/31	Schmidt	Petra	
39	Schmiederer	Beate	
25(22/23/26)	Schneider	Heidrun	
24	Schraivogel	Stefan	
57	Schurr	Carmen	
42	Seynsche	Gabriele	
68	Sinz	Uta	
44	Spirandelli	Rainer	
37	Stoeckmann	Karl	
51	Strieth	Anette	
70	Tschap	Renate	
27	Walter	Marion	
29	Wetzel	Matthias	
69	Wieland	Christine	
36	Wittig	Birgit	
31	Zahn	Ulli	
34	Zimmermann	Caroline	
50	**Großer Konfl**	**Zentrale**	**20**

Wer an die Spitze will, muß informiert sein.

NEU: Flex Control 4550 universal cc, der Spitzenrasierer von Braun, verfügt über modernste Akku-Netz-Technik. Seine micro-computergesteuerte Kapazitätsüberwachung informiert Sie stets über den Ladezustand, die 1-Stunden-Schnellladung, die automatische Spannungsanpassung und der Überladeschutz bieten weltweit höchsten Komfort. Dank seiner einzigartigen Kombination von Doppelscherfolie und Schwingkopf paßt sich der Flex Control automatisch jeder Gesichtskontur an. Er stellt sich immer in den perfekten Rasierwinkel zur Haut und ermöglicht so eine kompromißlos gründliche und überaus sanfte Rasur.

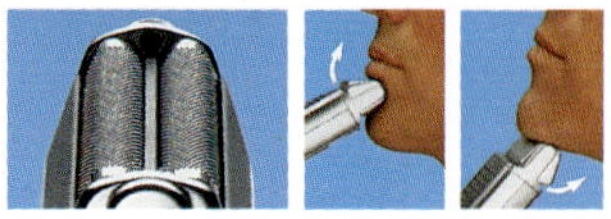

BRAUN

Blicken Sie hinter die Kulissen der Kommunikationswelt!
Frankfurt – eine Woche im Zeichen der Kommunikation
Ausstellungen – Symposien – Workshops und und und . . .
KOMMUNIKATIONS MARKT
7.–12. September 1992
Eine Gemeinschaftsinitiative der Kommunikationswirtschaft der Rhein-Main-Region und der Wirtschaftsförderung Frankfurt GmbH
Kommunikation zum Mitmachen
Aktionszentrum Römerberg
10.–12. September 1992
Erleben Sie die Vielfalt und Faszination der Kommunikation! Das ausführliche Programmheft erhalten Sie bei der Bürgerberatung Römerberg, den Fremdenverkehrsbüros Römer und Hauptbahnhof oder der Wirtschaftsförderung Frankfurt GmbH. Telefon (069) 21236209 oder 21238764
Frankfurt. Die Stadt am Informationsfluß.

Westermann-Kommunikation